乡村振兴背景下"三治结合"乡村治理体系研究

杨光明 ◎著

中国书籍出版社
China Book Press

图书在版编目(CIP)数据

乡村振兴背景下"三治结合"乡村治理体系研究 / 杨光明著. -- 北京：中国书籍出版社, 2024. 11.
ISBN 978-7-5241-0103-1

Ⅰ. D638

中国国家版本馆CIP数据核字第2024SF7917号

乡村振兴背景下"三治结合"乡村治理体系研究

杨光明　著

丛书策划	谭　鹏　武　斌
责任编辑	李　新
责任印制	孙马飞　马　芝
封面设计	博健文化
出版发行	中国书籍出版社
地　　址	北京市丰台区三路居路97号(邮编：100073)
电　　话	（010）52257143（总编室）　（010）52257140（发行部）
电子邮箱	eo@chinabp.com.cn
经　　销	全国新华书店
印　　厂	三河市德贤弘印务有限公司
开　　本	710毫米×1000毫米　1/16
字　　数	242千字
印　　张	15.25
版　　次	2025年1月第1版
印　　次	2025年1月第1次印刷
书　　号	ISBN 978-7-5241-0103-1
定　　价	98.00元

版权所有　翻印必究

前 言

乡村振兴战略是新时代中国特色社会主义事业的重要组成部分，对于实现全面建设社会主义现代化国家、全面深化改革、全面依法治国、全面从严治党具有重要意义。乡村治理是国家治理体系和治理能力现代化的重要内容，对于维护农村社会稳定、促进农村经济社会发展具有重要作用。

随着全球经济的快速发展和城市化的推进，我国农村社会治理面临着许多新的挑战，如乡村治理认知滞后、治理主体缺位、治理技术欠缺等问题。可见，传统乡村治理模式已经难以适应新形势下的发展需要。为了实现乡村振兴战略，提高乡村治理水平，保障农村经济社会持续健康发展，构建和谐美丽的新农村，我国政府提出了"三治结合"的乡村治理体系，旨在通过政治引领、法治保障、德治支撑，实现乡村治理的现代化，为乡村振兴提供有力保障。

本书以乡村振兴战略为背景，对"三治结合"乡村治理体系进行了深入探讨。本书首先概述了乡村振兴战略及其与"三治结合"乡村治理的关系，随后深入探讨了"三治结合"乡村治理体系的内涵、构成要素、形成逻辑、基本特征和时代价值。接着，本书分析了"三治结合"乡村治理体系的思想来源，包括马克思主义经典作家的社会治理理论、中国共产党的基层治理理论、中国传统文化中的乡村治理理论和现代乡村治理理论。在历史演进部分，本书详细回顾了中国传统乡村治理模式、中国近代社会变革中的乡村治理、中华人民共和国成立至改革开放前乡村治理体系分析以及改革开放以来乡村治理体系的发展历程。此外，本书还分析了"三治结合"乡村治理体系存在的问题及原因，并借鉴了"枫桥经验""桐乡经验"新乡贤参与乡村治理的实践探索以及国外乡村治理的模式与经验。在构建路径部分，本书提出了加强基层党组织建设、培育"三治结合"理念、强化制度建设和把握治理方向等策略，以推动"三治结合"乡村治理现代化。最后，本书探讨了乡村振兴背景下"智治"如何赋能"三治结合"乡村治理体系，包括数字赋能乡村"智治"，构建"智治"赋能"三治结合"的乡村治理新体系等内容。

本书立足于乡村振兴战略的实际需求，深入研究"三治结合"乡村治理体系的理论与实践问题，力求为我国乡村振兴战略的实施提供有益的理论指导和实践参考。综合来看，本书具有以下几个方面的特点：

第一，全面性。本书不仅探讨了乡村振兴与"三治结合"乡村治理的关系，还对"三治结合"乡村治理体系的历史演进、思想来源、存在的问题及原因等进行了全面的分析。

第二，理论与实践相结合。本书不仅分析了理论背景，还结合实际的乡村发展经验，如"枫桥经验""桐乡经验"等，为乡村治理提供了有益的借鉴。

第三，前瞻性。在乡村振兴背景下，本书特别强调了"智治"的重要性，探讨了数字赋能乡村"智治"的可能性和方向，具有前瞻性。

第四，系统性。从"三治结合"乡村治理体系的内涵、构成要素到构建路径，再到"智治"的赋能，本书为读者提供了一个系统的、完整的乡村治理知识体系。

总之，本书具有较高的学术价值、实践价值和政策价值，对于推动乡村振兴战略背景下的乡村治理体系研究具有重要的出版意义。在撰写的过程中，作者参考和借鉴了大量乡村振兴与乡村治理相关的研究成果及期刊、著作、论文等，在此对相关作者表示诚挚的感谢。由于作者的学识和经验有限，书中难免会有疏漏和不足之处，恳请各位专家、学者与广大读者批评指正。

作者

2024年9月

目 录

第一章 乡村振兴背景下"三治结合"乡村治理体系概述　　1

第一节　乡村振兴战略及其与"三治结合"乡村治理的关系　　1
第二节　"三治结合"乡村治理体系的基本构成与内涵　　7
第三节　"三治结合"乡村治理体系的形成逻辑与内在机理　　15
第四节　"三治结合"乡村治理体系的基本特征　　27
第五节　"三治结合"乡村治理体系的时代价值　　30

第二章　"三治结合"乡村治理体系的思想来源　　35

第一节　马克思主义经典作家的社会治理理论　　35
第二节　中国共产党的基层治理理论　　41
第三节　中国传统文化中的乡村治理理论　　55
第四节　现代乡村治理理论　　61

第三章　乡村治理及"三治结合"乡村治理体系的历史演进　　66

第一节　中国传统乡村治理模式　　66
第二节　中国近代社会变革中的乡村治理　　70

第三节　中华人民共和国成立至改革开放前乡村治理
　　　　　 体系分析　　　　　　　　　　　　　　　　73
　　第四节　改革开放以来乡村治理体系分析　　　　　76
　　第五节　"三治结合"乡村治理体系建设的发展历程　81

第四章　"三治结合"乡村治理体系存在的问题及原因　　84
　　第一节　"三治结合"乡村治理体系存在的问题　　84
　　第二节　"三治结合"乡村治理体系存在问题的原因　93

第五章　"三治结合"乡村治理体系实践经验借鉴　　　　99
　　第一节　"枫桥经验"在乡村综合治理中的应用　　99
　　第二节　"桐乡经验"对乡村治理的启示　　　　　108
　　第三节　新乡贤参与乡村治理的实践探索　　　　　116
　　第四节　国外乡村治理的模式与经验　　　　　　　129

第六章　乡村振兴背景下"三治结合"乡村治理体系的
　　　　 构建路径　　　　　　　　　　　　　　　　　142
　　第一节　加强基层党组织建设，发挥党建引领作用　142
　　第二节　强化理念培育与制度建设，促进"三治结合"
　　　　　 乡村治理协同发展　　　　　　　　　　　151
　　第三节　把握治理方向，推动"三治结合"
　　　　　 乡村治理现代化　　　　　　　　　　　　176

目 录

第七章 乡村振兴背景下"智治"赋能"三治结合"乡村治理体系   191

    第一节 数字赋能乡村"智治"   191
    第二节 "三治结合"乡村治理的智治化建设   197
    第三节 "智治"赋能"三治结合"的乡村治理新体系的实现路径   220

参考文献   228

后 记   232

第一章 乡村振兴背景下"三治结合"乡村治理体系概述

第一节 乡村振兴战略及其与"三治结合"乡村治理的关系

一、乡村振兴战略

乡村振兴战略是指国家对促进农业农村现代化、实现城乡全面发展和协调发展的战略部署。这一战略的提出旨在推动农村经济社会全面发展，实现农业农村现代化，构建现代农业产业体系和农村社会治理体系，增强农村经济活力、社会活力和生态活力，打造美丽宜居的乡村环境。

乡村振兴战略的重点包括优化农业结构、加快农村产业转型升级、推进乡村治理体系和治理能力现代化、改善农村基础设施和公共服务、提高农民收入水平、促进城乡融合发展等方面。通过实施乡村振兴战略，旨在不断提升农村地区的发展质量和水平，实现城乡间的协调发展，增强农民群众的获得感、幸福感和安全感。

具体来说，乡村振兴战略统筹推进"五位一体"总体布局，是一项复杂而有难度的战略规划，主要包含以下五个方面的内容：

（一）经济建设

乡村振兴是我国农村发展的重要战略。其中，产业振兴被视为乡村振兴的核心环节。为了实现这一目标，必须走出一条乡村经济多元化的发展道路，培育和发展特色产业，以满足市场需求，提高农民收入。首先，积极推动农村经济多元化。这意味着要依据各地的自然条件和资源优势，发展具有地域特色的产业。这不仅可以提高农业产值，还可以带动农民就业，促进农村经济发展。此外，还要注重培育农民合作社、家庭农场等新型经营主体，引导他们走专业化、品牌化的发展道路，提高农业竞争力。其次，深化农村土地产权制度改革。这是激发农村土地资源潜力，促进农业现代化的重要手段。通过改革，确保农民的土地承包权，稳定他们的收入来源。同时，完善农业的多样化经营制度，鼓励农民尝试新的种植、养殖模式，提高农业效益。再次，延伸农业产业链。这需要我们构建产销一体化的新型农业产业体系，通过技术创新和产业链的拓展，实现农业增值增效。在这个过程中，要注重发挥农民的主体作用，让他们在产业链的各个环节中获得更多的收益。此外，推动乡村一、二、三产业的融合发展。这意味着要打破产业壁垒，实现产业互动，促进农村产业升级。通过这种方式，可以为农民提供更多的就业机会，拓宽他们的增收渠道。在此基础上，还要推动现代农业发展。包括提高农业生产能力，实施质量兴农、绿色兴农战略，促进小农户和现代农业发展有机衔接。在这个过程中，要注重发挥科技的力量，推广现代农业技术，提高农业生产效率。

（二）政治建设

在我国乡村发展的进程中，政治建设与治理工作显得尤为重要。这不仅关乎乡村的生产要素能否在城乡之间实现双向畅通流动，更关系到乡村现代化的步伐和乡村振兴战略的实施。为了推动乡村政治建设与治理工作取得更

第一章　乡村振兴背景下"三治结合"乡村治理体系概述

为明显的成效,首先需要加强中国共产党的政治领导。党是乡村振兴的核心力量,要始终坚持党的领导,将党的方针政策贯穿到乡村治理工作的方方面面。通过加强基层党组织建设,提升基层党组织的凝聚力和战斗力,使党的政策主张在乡村落地生根。乡村治理工作需要一支忠诚干净担当的干部队伍来推动落实。要选拔培养一批熟悉农村工作、热心为民服务、敢于担当的基层干部,为乡村振兴提供坚强的组织保障。村民自治是乡村治理的重要组成部分,要引导村民依法依规开展自治活动,充分发挥村民委员会在乡村治理中的作用。同时,处理好乡镇政府和村委会的关系,明确权责、各司其职、互相监督,维护好乡村社会秩序。最后,健全自治、德治、法治"三治融合"的治理体系。在这一体系下,乡村治理将充分发挥自治、德治、法治的协同作用,形成共建共治共享的良好局面。要加强乡村法治建设,增强农民法治意识,推动乡村治理走上法治化轨道。同时,弘扬乡村优秀传统文化,倡导社会主义核心价值观,形成以德治村的良好氛围。

(三)文化建设

乡村发展不仅仅是经济层面的富裕,更是全面富裕,其中包括物质生活的丰富和精神文化的充实。在我国新时代的乡村振兴战略中,要注重乡村的全面发展,让农民群众不仅富足起来,更要提升他们的精神风貌。乡村的自然和文化遗产是乡村振兴的独特优势,是传承农耕文明的重要载体。保护好这些资源,不仅有助于保护生态环境,也有助于传承中华优秀传统文化。因此,需要加强对乡村自然和文化遗产的保护,让这些宝贵的资源在乡村振兴中发挥更大的作用。农村科学普及是提高农民素质的重要途径,而思想道德建设则是塑造良好社会风气的基石。要通过开展科学普及活动,提高农民的科学素养,帮助他们树立正确的世界观、人生观和价值观。同时,要加强思想道德建设,培育文明乡风、良好家风,树立文明风尚,切实提高农民的整体素质。优秀传统文化是乡村振兴的灵魂,要在传承的基础上,对其进行创造性转化和创新性发展,使其与现代社会相适应,为乡村振兴提供精神动力。同时,也要注重培育挖掘乡土文化人才,他们将是乡村振兴的重要力量。公共文化基础设施是文化传播的重要载体,要加强其建设和维护,确保农民群众能够享受到优质的文化服务。同时，要积极开展多种喜闻乐见的文化活动，让农民在参与中感受到文化的魅力，提升他们的精神生活。

（四）生态建设

满足人民对美好生态环境的追求和向往，建设美丽乡村，是我国当前生态环境保护和可持续发展的重要任务。在这个任务中，我们需要持续开展生态文明建设，推动人与自然和谐共生。这不仅是我国国家发展战略的重要组成部分，也是全体人民共同富裕的使命。在这个过程中，必须坚持山水林田湖草沙是一个生命共同体的理念。这意味着要把乡村的生产、生活和生态环境看作一个整体，全方位地进行保护和改善。要创造良好的乡村生产生活环境，让人们在这样的环境中享受到美好的生活，同时也保护好这片土地。大力发展绿色农业是实现这一目标的重要手段。要推广生物农药、肥料等环保农业技术，减少对环境的污染和破坏。这不仅有利于提高农业产量，保障粮食安全，也有利于保护土壤、水源和生物多样性，实现农业的可持续发展。绿水青山就是金山银山的发展理念，是推动现代农业发展的核心。要坚持这个理念，把乡村的生态环境优势转化为经济发展优势，让绿色成为乡村振兴的底色。在这个过程中，要推动我国现代农业的可持续性发展，提供优质生态产品供给，满足人民日益增长的美好生活需要。

同时，还要推动产业的生态化、生态的产业化。这意味着要在产业发展中充分考虑生态环境因素，使产业发展与生态环境保护相互促进。要通过技术创新和产业升级，实现经济效益和生态效益的双赢，为乡村振兴提供强大动力。

最后，要实行最严格的生态环境保护制度。这是保障我国生态环境安全、实现可持续发展的重要手段。要健全环保法律法规体系，加强环保执法监管，严厉打击生态环境违法行为。同时，还要加强环保宣传教育，增强全民环保意识，形成全社会共同参与生态环境保护的良好氛围。

（五）社会建设

我国在推动城乡一体化发展的过程中，高度重视城乡基础设施的互联互通和共建共享。这不仅有助于提高农村居民的生活质量，还能促进城乡融合发展的进程，使乡村居民能够与城市居民共享发展红利。为了让这一目标得以实现，我国积极开展乡村社会建设，致力于保障和改善民生。通过改善医疗、教育、养老、文化、社会保障等服务和设施条件，进一步提升农业社会化服务能力和水平，有效提高农村公共服务和公共产品的质量。在加强普惠性、兜底性、基础性民生建设的同时，提高乡村基础设施完备度和公共服务便利度，让乡村居民过上更加美好的生活。

二、乡村振兴是实现乡村有效治理的重要支撑[①]

乡村振兴战略在我国乡村事业发展中具有重要地位，它为乡村治理提供了有力支撑，促进了乡村人才培养和引进，以及生态环境的保护和改善。我们要紧紧围绕这一战略，努力实现乡村发展目标，助力我国乡村走向繁荣富强。

第一，乡村振兴战略旨在提高农村经济水平，增加农民收入。通过发展现代农业、乡村旅游、特色产业等途径，带动乡村经济发展，提高农民的生活水平。经济发展是实现乡村有效治理的物质基础，只有经济发展了，才能为乡村治理提供足够的财政支持。

第二，乡村振兴战略强调加强乡村社会治理，构建和谐稳定的乡村社会环境。通过完善基层组织建设、加强法治建设、推进民主监督等措施，提高乡村社会治理水平。良好的社会治理有助于维护乡村秩序，为乡村发展创造良好环境。

第三，乡村振兴战略重视乡村人才培养，通过加强教育、培训等手段，提高农村人才素质，为乡村治理提供有力的人才支持。人才培养是实现乡村有效治理的关键因素，只有拥有一支高素质的乡村治理队伍，才能确保乡村治理的有效实施。

[①] 郝兴娥. 乡村振兴战略引领下的乡村治理之路［M］. 北京：九州出版社，2021：56.

第四，乡村振兴战略强调生态文明建设，通过加强生态环境保护、推进绿色发展等措施，提高乡村生态环境质量。生态环境是乡村发展的重要基础，良好的生态环境有助于提高农民的生活质量，增强乡村治理的可持续性。

第五，乡村振兴战略注重乡村文化传承与创新，通过挖掘乡土文化资源、加强文化建设等途径，提升乡村文化软实力。文化是乡村治理的精神支柱，丰富的乡村文化资源有助于增强乡村凝聚力，提高乡村治理效果。

第六，乡村振兴战略关注民生问题，通过改善基础设施、提高公共服务水平等措施，不断提高的生活质量。民生改善是实现乡村有效治理的重要目标，只有解决好农民的切身利益问题，才能赢得农民的支持，确保乡村治理的有效实施。

总之，乡村振兴战略为实现乡村有效治理提供了重要支撑。通过推动经济发展、加强社会治理、培养人才、保护生态环境、传承创新文化和改善民生等方面的工作，为实现乡村有效治理创造了有利条件。

三、"三治结合"乡村治理体系是乡村振兴战略的重要基础

乡村问题的复杂性和多样性使单一的治理方式难以应对，因此，"三治结合"的治理体系应运而生。这一体系以自治、法治、德治为基础，既可以是各自独立运作，也可以协同发力，实现多元共治的效果。[1]这种混合式的治理模式既为实现乡村社会的安定有序提供了保障，也为乡村振兴战略的实施夯实了基础。

首先，自治是乡村治理的基础。通过建立健全的村民自治机制，可以提

---

[1] 于邦鑫.自治、法治、德治相结合的乡村治理体系研究［D］.济南：济南大学，2022：12.

高村民参与乡村事务的管理和决策能力，使乡村治理更加贴近民生，更加符合乡村发展的实际需求。自治可以使乡村居民自我管理、自我教育、自我服务，增强乡村社区的凝聚力和活力。

其次，法治是乡村治理的保障。乡村法治建设旨在增强乡村居民的法治意识，规范乡村社会的行为秩序，维护乡村居民的合法权益。通过加强乡村法治建设，可以有效遏制乡村社会的不良现象，为乡村发展提供良好的法治环境。

最后，德治是乡村治理的核心。德治强调乡村传统文化的传承和弘扬，以及乡村居民道德素质的提升。通过加强德治，可以引导乡村居民树立正确的价值观，形成文明乡风、良好家风、淳朴民风，为乡村社会和谐稳定奠定基础。

自治、法治、德治相结合的乡村治理体系是解决乡村问题、推动乡村振兴的关键。在这一体系下，乡村社会实现了多元共治，各种治理手段相互补充、相互促进，为我国乡村振兴战略的实施提供了有力保障。

第二节 "三治结合"乡村治理体系的基本构成与内涵

一、"三治结合"乡村治理体系的基本构成

（一）自治

乡村自治既是一个广义的概念，又体现在狭义的乡村治理模式中。从广义上而言，它指的是一种相对于中央集权的自我处理与管理的方式，是地方

分权的体现。这在我国五级行政体系以及乡镇政府建立的背景下显得尤为重要。另一方面，狭义上的自治特指乡村治理模式，是村民自我管理、自我教育、自我监督的一种形式，通过这种方式，村民可以直接行使自身权利，处理与生活紧密相关的事务。

更具体地说，自治不仅仅是村民参与和处理村庄公共事务的一个过程，更是他们通过行使民主选举、民主决策、民主管理和民主监督的权利，以及进行自我管理、自我教育、自我服务的过程。这种自治模式是中国特色社会主义制度的重要内容，也是乡村治理体系完善的基础。

虽然我国从1982年的宪法开始就规定了"村民委员会是基层群众自治性组织"，但是实际运行过程中存在着诸多问题。例如，乡镇基层政权的实际延伸和下沉、村民自治能力的低下和非均衡等，都导致村民委员会的成立、运行等欠缺规范化。因此，加强自治组织的规范化建设，优化乡村服务格局，提高村民的自我管理水平，都是我们在推进乡村自治时需要着力解决的问题。

（二）法治

传统的乡村社会治理模式根植于自给自足的小农经济，在这种模式下，村民主要关注自家田地的管理，无需与他人进行平等交易，因此也缺乏制定成文规则和法律来评判事务的必要性。这种环境难以孕育出以民主为基础的法治观念，因为法治作为与封建社会"人治"思想相对立的概念，其核心在于规范社会秩序、严格依法办事以及制约权力，形成了一种综合的社会管理机制。

法治通常包含两个层面：一是形式层面，如"依法治国""依法办事"的方式、制度及其运行机制；二是实质层面，强调"法律至上""法律主治"以及"制约权力"的价值、原则和精神。实质法治的实现必须依托于法律的形式化制度和运行机制，二者相辅相成、缺一不可。

从更广泛的角度来看，法治可以被视为一种社会意识，它属于法律文化中的上层建筑。因此，法治整体上涵盖了宏观的治国策略、民主的法制框架、理性的依法办事原则、现代法律的价值理念和精神，以及理想的社会秩序和形态。

（三）德治

德治是指通过道德教育、道德规范和道德激励等手段，引导人们自觉遵守法律、尊重社会公德、履行社会责任，从而实现社会秩序和谐、人际关系和睦的一种治理方式。它强调的是内在的道德约束力，而非外在的强制力。

乡村德治是指在乡村社区中，通过弘扬传统美德、培育乡村文化、加强道德教育和法治建设等途径，引导乡村居民自觉遵守法律法规、尊重乡土文化、关爱自然环境，共同维护乡村社会和谐稳定的一种治理方式。乡村德治注重发挥乡村居民的主体作用，强化道德教育和法治观念，提高乡村居民的道德素质和法治意识，从而促进乡村社会的和谐发展。

在乡村治理中，德治主要表现为"乡规民约""乡绅治村"和"乡贤治村"等形式。

首先，乡规民约是一种非正式的社会治理制度，它是村民之间约定俗成的民间法则，起着规范村民行为、维护乡村社会秩序的作用。乡规民约的历史悠久，我国最早的此类制度可能要追溯到《吕氏乡约》。此后，《龙祠乡社义约》《南赣乡约》等乡约制度都基本上沿袭了早期以孔孟为代表的儒家仁政思想，强调以道德来整顿民风，化解社会矛盾。[1]

其次，"乡绅治村"是一种以德治国的方式。这种方式体现在，乡绅们在治理乡村过程中，不仅合理运用道德的力量，还会结合法律这种规范性、强制性的手段，对乡村社会进行"硬调控"。乡绅们通常受过一定的教育，具备良好的道德修养，他们在乡村社会中具有较高的地位和影响力，因此能够在治理过程中起到凝聚人心、维护社会稳定的作用。

最后，"乡贤治村"是另一种体现德治的乡村治理方式。乡贤治村的关键在于，乡贤们在治理乡村时，不仅依靠道德引导和规范村民行为，还会运

---

[1] 李赛凤. 新时期乡村治理下德治、法治与自治的关系[J]. 法制博览，2019（23）：133-134.

用法律手段进行调控。这种方式既体现了道德的力量，又兼顾了法治的规范性，使乡村社会治理更加有序和有效。

总的来说，德治在我国乡村治理中起到了举足轻重的作用。它既体现了我国儒家文化的传统精神，又顺应了现代社会治理的要求。

（四）"三治"之间的关系

1.自治、法治、德治三者有着共同的价值追求

德治、法治和自治是社会治理的三个重要方面，它们在乡村治理中发挥着不同的作用，但同时也具有共同的价值追求。

第一，乡村德治强调道德规范和伦理观念，法治强调法律制度的公正性和公平性，自治要求民主决策和公平分配。这三个方面都致力于实现社会公平正义，保障人民群众的合法权益。

第二，乡村德治、法治和自治都是维护乡村社会和谐稳定的重要手段。乡村德治通过弘扬传统文化，培育良好的道德风尚，促进人际关系和谐；法治通过严密的法律制度，维护社会秩序，保障人民群众的生命财产安全；自治通过民主决策，让群众参与管理，增强群众的获得感和幸福感。

第三，乡村德治、法治和自治都强调民主参与。乡村德治要求群众自觉遵守道德规范，积极参与社区事务；法治要求群众了解法律，依法维权；自治要求群众参与决策，实现民主管理。这三个方面都有利于激发群众的积极性，提高社会治理水平。

第四，乡村德治、法治和自治都是乡村持续发展的重要保障。乡村德治有助于培养良好的道德风尚，促进社会风气的改善；法治有助于维护社会秩序，为经济发展提供稳定的环境；自治有助于激发群众的创造力，推动乡村经济社会的可持续发展。

第五，乡村德治、法治和自治都强调人与自然的和谐共生。乡村德治要求群众尊重自然，保护生态环境；法治通过制定环保法律法规，保护自然资源；自治要求群众参与生态保护，实现绿色发展。这三个方面都有利于构建美丽乡村，实现人与自然的和谐共生。

2.自治、法治、德治三者之间是密不可分的整体

乡村德治、法治和自治是密不可分的整体,它们在乡村事务处理中共同发挥作用,相互依赖和影响。具体来说:

德治是基础:德治是指通过道德教育和引导,提高乡村居民的道德素质和公民意识,形成良好的社会风气。德治是乡村治理的基石,为法治和自治提供了道德支撑。

法治是保障:法治是指依法治理乡村事务,确保乡村社会秩序的稳定。法治为德治和自治提供了制度保障,使乡村治理更加规范、公正、有效。

自治是目标:自治是指乡村居民自主管理、自我服务、自我教育,实现乡村事务的自我调节和自我完善。自治是乡村治理的核心,体现了民主、参与、协作的精神。

三者之间的协同关系恰如几何学中的稳固三角形,各自占据一角,相互支撑,共同维系着乡村治理体系的平衡与稳定。在理想化的状态下,三者之间应达到一种和谐共生的完美契合,彼此间既有清晰的界限又紧密相连,相互依赖、相互影响,共同为乡村治理贡献着不可或缺的力量。

二、"三治结合"乡村治理体系的内涵

(一)"三治结合"社会治理结构的体系化

"三治结合"乡村治理体系表现为一种"体系化"的治理结构。[①]这种体系结构深刻体现了"中心引领、边缘协同"的权力与资源配置逻辑,既保证了核心力量的主导地位,又促进了多元社会力量的和谐共生,展现了一主多

---

① 熊万胜将治理体系描述为有"体"有"系"的结构,"体"在中心,"系"在边缘。参见熊万胜.作为社会结构的市场体系——以我国农产品市场为例[J].中国研究,2011(2):3-34.

元、有序共存的结构特色。体系化设计与中国多元一体的社会政治架构紧密相连，蕴含着深远的治理智慧与动因。

回望历史，古代王朝受限于治理成本和范围的限制，其国家力量难以全面渗透至乡村基层，故多采用官僚体系与儒家伦理相结合的简约治理模式。然而，面对外来文明的冲击，这种传统模式显得力不从心。同时，传统的"士绅—地主"宗法体系，作为乡土社会整合的基石，也在现代化浪潮中逐渐瓦解。

进入新民主主义时期，中国共产党引领了土地革命，通过基层党组织的力量，成功动员并整合了乡村社会，将广大农村地区纳入国家建设的宏伟蓝图中。中华人民共和国成立后，国家通过有效调配农村资源，不仅完成了国家发展的原始积累，还逐步构建起适应时代需求的乡村治理体系。在这一过程中，党组织作为核心治理主体，深入基层，引领各方，推动了乡村治理的体系化进程。

步入新时代，国家治理体系的建设更加注重完善党的体制性力量，强化其体制性权力和领导力，以科学规划引领稳健发展。党组织继续扎根基层，推动国家治理体系向更加体系化、精细化的方向迈进，促进治理结构内部的紧密协调与高效互动，从而有效维护社会秩序，促进国家长治久安。这种体系化的社会治理模式既保持了核心力量的稳定与引领，又充分激发了多元社会力量的活力与创造力，使国家治理更加灵活应变、高效运转，完美契合了现代社会的复杂性和多样性需求。

（二）"三治结合"乡村治理机制维护社会公正

自治、法治和德治虽是不同的治理方式，但目标一致，即维护社会公正。在村庄层面，第一，自治是指自我管理和内部利益的协调与表达，是村庄共同行动的有效组织和动员机制。法治代表更普遍的规则和秩序，超越小共同体。德治代表教化和认同，为共同体提供文化支撑和保障。

传统中国乡村的"乡绅自治"由地方族长或乡绅控制，通过家户制和儒家意识形态实现自上而下的家族式治理，使国家无需直接管理基层，确保了封建社会的稳定。中华人民共和国成立后，国家重整了社会治理结构，建立

第一章 乡村振兴背景下"三治结合"乡村治理体系概述

了大量组织和群众组织。20世纪90年代中期,随着社会流动加剧,农村基层组织(人民公社)解体,原有治理机制失效。回顾历史可以发现,有效的基层社会治理组织如双轨政治、人民公社和村委会等,都为社会治理信息的上传下达提供了渠道,保障了国民与国家之间的联系机制。

第二,法治为社会提供让人普遍认同的公共规则和秩序,是公共秩序的维护机制。传统乡土社会是高度稳定的熟人社会,人们遵循内在的习惯来维持社会秩序。[1]这种现象主要是因为在传统乡土社会里,人们之间的关系建立在熟悉和信任的基础上,彼此之间有着深厚的人际关系。在这种社会结构下,人们遵循的规则大多是内化为习惯,不需要外部监督就自觉遵守,并通过社会共识来维护社会秩序。

然而,随着社会的发展和变化,现代社会变得更加流动和复杂,人们之间的关系也变得更加匿名和多样化。在这样的环境下,仅依赖传统的规范和习惯已经不足以维持社会秩序。因此,法治作为一种制度规则的体系被引入,提供了让人们普遍认同的公共规则和秩序,以实现人与人之间共同意愿的达成和有序相处。通过法治,国家通过法律确保制度秩序超越任何单一的利益,加强对社会的管理和调节。法治不仅意味着秩序和公正,更重要的是巩固了人们对国家和公共组织的归属和依赖,构建了国民与国家之间的联系机制。

第三,德治是社会治理共同体的文化认同机制。它强调的是通过历史传承、传统价值观和意识形态教化来维系社会秩序。在这个过程中,非正式的社会规则和习惯起到了关键作用,它们作为内生于社会的制度,是人们在长期博弈中形成的必须遵循的"定式"。这些"定式"为社会的秩序提供了坚实的基础。

法治的权威源于人民的内心拥护和真诚信仰。人们愿意服从新的规则和秩序,这种对规则的敬畏不仅代表着对国家力量的尊重,更代表着对法律文化的认同。合乎公认道德原则的法规才能够立根,因此"法治"的建立健全需要借助"德治"的文化资源。

---

[1] 费孝通.乡土中国[M].上海:上海世纪出版社,2013:52-53.

文化传统在德治中具有重要的作用，因为文化传统所体现的智慧和经验可以影响个人和群体的行为规范，并促进社会的和谐稳定。文化传统所具有的超越性和不可选择性，使人们在面对文化传统时不仅是被动接受的，而且是主动与之互动的。传统所具有的超越性意味着它超越了个人的意愿和选择，代表着一个共同的历史、价值观和行为准则。这种超越性使传统成为一个持久的、流传广泛的力量，能够与个体的意愿进行对抗或合作。人们可以从文化传统中获得认同感和归属感，同时也受到传统所规定的行为准则的约束。传统的不可选择性意味着人们不能随意选择是否接受传统的影响，因为个人的身份认同和群体的血缘联系都是基于传统而建立的。无论个人是否同意传统的价值观念和行为规范，他们都会被社会环境和家庭教育所塑造，并在行为上受到传统的约束。这种不可选择性使传统具有较强的约束力，对于个人和社会的行为产生较大的影响。

德治作为一种文化认同机制，强调的是历史传承、传统价值观和意识形态教化在维护社会秩序中的重要作用。在我国，儒家思想强调仁爱、忠诚、孝顺等道德观念，为德治提供了丰富的文化资源。在新时代的背景下，我们应该继续弘扬中华优秀传统文化，推动德治与法治相结合，共同构建和谐有序的社会。

（三）"三治结合"乡村治理坚持以人民为中心

治理在新时代的中国社会中扮演着至关重要的角色。它不仅是国家与社会之间的良性交流和互动，更是时代主题精神的直接体现。新时代中国特色社会主义的本质要求是"以人民为中心"，这一理念深刻体现在"三治结合"乡村治理体系的主旨表达中。

在新时代下，乡村治理体系的构建要求充分尊重人民的意愿和首创精神，使之成为基层治理的基础。这种治理模式旨在通过国家、市场、社会三者协调互动，促进乡村治理体系的健康发展，让人民参与其中，真正做到"以人民为中心"。

从历史上看，随着时代的发展和社会矛盾的变化，乡村治理的核心价值也在不断演进。"以人民为中心"作为中国特色社会主义的本质要求，在新时代呼唤着更加具体化和深入化。社会主要矛盾的改变使乡村治理思路和体系不断调整，要更好地服务于人民群众的需求和利益。"三治结合"乡村治理体系的提倡，正是在这一背景下诞生的，强调充分尊重人民群众的首创精神和群众的自我治理能力。这种治理体系的核心是体现民主参与、满足人民需要和支持产业发展，努力提升农民的生活质量和幸福感。这种"以人民为中心"的治理改革思想在基层乡村治理中的体现，有利于激发当地居民的活力和创造力，推动乡村社会的可持续发展，取得更多实质性的成果。因此，"三治结合"乡村治理体系的实践需要不断总结经验，继续探索适合中国乡村治理现实的路径，不断完善和提升治理水平，实现乡村振兴和社会的和谐稳定。

总之，"三治结合"乡村治理体系是在尊重人民首创精神和贯彻群众路线的基础上发展起来的。它是对传统治理理念的创新和发展，体现了中国共产党领导的多党合作和政治协商制度的优势。

第三节 "三治结合"乡村治理体系的形成逻辑与内在机理

一、"三治结合"乡村治理体系的形成逻辑

"三治结合"乡村治理体系是在实践中不断探索、总结和发展的。它既体现了中国特色社会主义制度的优越性，也彰显了中国共产党领导的多党合作和政治协商制度的独特优势。在乡村振兴战略背景下，深入推进"三治结合"乡村治理体系的建设，对于构建美丽乡村、实现乡村振兴具有重要意义。

（一）历史逻辑

1.传统乡村治理模式的变迁

中国封建时代的乡村治理模式经历了从集权到分权、从正式权威到非正式权威的演变过程。这种演变受到了历史、政治、经济和文化等多种因素的影响，为中国乡村治理积累了丰富的经验。

在封建统治时期，乡村治理主要依赖于乡绅和族长等传统权威人物，他们通过制定乡村规约和习惯法来维护社会秩序和稳定。这种治理模式在维护社会秩序和稳定方面起到了一定的作用，但也存在着权力过于集中、缺乏公正性、效率低下等问题。

随着现代化进程的推进，乡村治理模式也发生了变迁。在20世纪初，中国开始引入西方的政治制度和治理理念，推行宪政、议会、选举等制度，试图建立现代化治理体系。然而，这些改革并没有真正解决乡村治理问题，因为这些制度和理念并没有真正落地到乡村，而且受到了种种阻力和反对。

改革开放以来，乡村治理模式开始向现代化转型。政府推行了"三权分置""村民自治"等政策，鼓励村民参与乡村治理，提高了治理的民主性和效率。同时，政府还加大了对乡村基础设施和公共服务的投入，改善了农村居民的生活条件，促进了农村经济的发展。

随着乡村振兴的提出，乡村治理模式将继续向现代化和智能化方向发展。政府将继续推进乡村治理体系的改革和创新，加强乡村治理信息化和智能化建设，提高乡村治理的效率和公正性，促进农村全面发展和进步。

2.乡村治理政权的内卷

国家关于乡村治理政权的内卷是指国家在乡村治理方面的政策不断调整和变化。自20世纪初以来，我国乡村治理政策经历了多次变革。在列强入侵和民族危机的背景下，清政府开始实行"新政"，以加强国家权力，更好地控制社会。

20世纪初，国家权力通过中央政府和地方政府的机构设置、政策制定和资源分配等方式对乡村进行管理。在这一阶段，乡村自治在一定程度上受限，国家权力对农村社会有较大的控制力。

第一章　乡村振兴背景下"三治结合"乡村治理体系概述

受"西学东渐"的影响，民主意识觉醒，乡村自治开始得到更多的重视。在推动农村改革和发展的进程中，国家逐渐放开对乡村的严格掌控，给予基层自治更多的空间和权限。乡村自治的实践呈现多样化，包括村民议事会、村民自治组织等形式的参与和决策机制。

随着中国特色社会主义建设和农村治理的深入，乡村治理的权力关系得到进一步调整和完善。国家权力在农村治理中通过法律法规、政策引导等手段来规范乡村自治，确保乡村自治与国家利益的统一。同时，国家也加强了对基层政权的监督和评估，以确保权力的协调，从而改善乡村治理模式。

与此同时，社会参与的重要性日益凸显。乡村治理需要各方共同参与，包括村民、社区组织、非政府组织等，形成多元主体参与的治理格局。国家通过设立法律法规、公开信息、加强社会组织培育等措施，促进社会参与乡村治理的广泛与深入。

3.乡村社会秩序的重构

改革开放以来，国家从政策上逐步破除旧体制，促进了乡村的发展和社会管理体制的创新。

首先，通过安徽凤阳小岗村的家庭联产承包责任制实行，国家打破了原有高度集中的计划经济体制和集体所有制发展方式。这一改革开启了乡村经济体制的新篇章，使每家每户成为农业生产经营的主体，推动了农村经济发展的活力。

随后，国家开始重视乡村社会管理体制的改革。通过《中华人民共和国宪法》明确规定设立居民委员会或村民委员会作为基层群众性自治组织，为乡村治理提供了法律基础。同时，国家提倡村民自治，支持建立村民委员会，强调民主选举村干部，制定村规民约，逐步建立起"乡政村治"治理格局。在此基础上，国家出台了《村民委员会组织法（试行）》，正式确立了村民自治制度，强调村民参与乡村事务决策的重要性。逐步推动乡村治理由党政领导向村民自治转变，实现了国家权力和社会权力的平衡，促进了乡村治理的法治化和民主化进程。

4.乡村治理体系再造

随着新时代对乡村治理提出新要求，我国不断加强农村基层自治机制、推动农村法治建设，以及强化农村社会管理水平，致力确保农村社会和谐稳定。在此过程中，中央连续发布一系列政策文件，不断完善乡村治理体系，为乡村振兴和现代化提供系统的法律保障和动力支持。

首先，中央强调完善农村基层自治机制，坚持"自治为基"的原则，强调村民自治的重要性。通过设立国家乡村振兴局和出台《乡村振兴促进法》，推动乡村治理体系向自治、法治、德治相结合的方向发展，为乡村振兴提供战略指导和规范实施依据。

其次，乡村治理体系逐渐注重生态环境治理，强调创造和谐美丽的乡村。通过提升乡村德治水平，加强乡村法规建设，倡导绿色环保、可持续发展的理念，致力于打造宜居宜业宜游的乡村环境，促进农村社会生态的平衡和发展。

最后，通过推行"三治结合"治理模式，在乡村基层建立起自治、法治、德治相结合的治理体系。强调党组织领导的城乡基层治理体系，并倡导政府依法履责、各类组织积极协同、群众广泛参与的乡村治理新格局，为乡村发展提供全方位支持和保障。[1]

总之，我国乡村治理体系的再造是多方面政策的有机结合，旨在增强基层自治能力，推动乡村振兴，促进乡村社会的和谐稳定。

（二）理论逻辑

1.乡村治理体系转型的外部驱动

（1）国家"授权赋能"

在新时代，国家通过"授权赋能"策略，赋予基层更多的自主权和自由度，充分调动基层群众的积极性和创造力，使乡村治理更加活跃。这种模式

---

[1] 黄玉琳.乡村振兴背景下农村基层带头人队伍建设路径研究［J］.河南农业，2023（19）：57-58+61.

第一章 乡村振兴背景下"三治结合"乡村治理体系概述

有助于分流国家治理压力，使乡村治理更加贴近村民的实际需求，实现"三治"的有机互动。

首先，在乡村治理中，国家放权意味着乡村获得了更多的自主权和保障权。这使乡村在治理过程中可以更好地配置资源，加强自身建设。乡村治理能力的提升有利于落实国家政策，推动乡村振兴战略的实施。

其次，乡村治理体系的改革有利于激发乡村的内生动力。每个乡村都有其独特的发展路径，通过"三治结合"，乡村可以更好地发挥自身优势，实现差异化发展。这有助于提高乡村的整体发展水平，缩小城乡差距。

最后，乡村治理体系的完善有助于提升国家治理的合法性。乡村是国家治理的基础，只有加强乡村治理，国家治理才能真正落到实处。通过"三治结合"，国家治理的权威性和公信力得到了巩固，为国家的长期稳定和发展奠定了基础。

通过国家放权、乡村收权以及"三治结合"的治理模式，乡村社会得以更好地适应结构变化，激发内生性和有序性，为国家治理提供了坚实的基础。

（2）市场治理的"加权显能"

在我国全面深化改革的进程中，市场治理的"加权显能"策略占据了重要地位。这一策略的核心在于国家对市场的适度放权，以充分发挥市场在资源配置中的主体性作用。市场在资源配置中的主体性作用主要体现在两个方面：一是推动产权制度的完善，二是推进要素市场化配置。

首先，从完善产权制度的角度来看，这是我国农村改革的重要任务之一。农村改革的重点和难点在于如何有效地进行产权制度和土地等要素的市场化改革。这一改革不仅涉及市场化等经济体制改革话语，同时也是深化基层社会治理的热点和焦点问题。其中，需要明确市场在商业运作或市场化过程中的角色定位。

其次，从要素市场化配置的角度来看，需要探讨市场在保护农民自主权、激发农民在市场竞争中的主观能动性以及适应市场发展等方面的作用。其中，村企业商业化和市场化的运作显得尤为重要。双方在商业运作过程中应秉持诚信原则，严格遵守合约，这是德治问题的体现。同时，市场规范主体行为和维护市场秩序也是不可或缺的，这属于法治问题的范畴。

2.乡村治理结构优化的内在诉求

乡村的有效治理离不开各方面的紧密配合。从外部来看，国家治理战略和制度的驱动起着至关重要的作用。从内部来看，乡村治理结构的优化是实现善治的关键。我们要在国家和地方政策的指导下，不断优化乡村治理结构，动员全社会力量参与乡村治理，充分利用科技手段提升乡村治理能力，共同构建充满活力、和谐稳定的乡村治理体系，这是实现乡村振兴、全面建设社会主义现代化国家的重要保障。

在乡村治理过程中，对乡村之间的关系进行理顺是非常重要的，需要明确各级组织与党的领导原则、村民自治等之间的关系，确保权责清晰、协调一致。首先，在乡镇党委与村党支部之间，应肯定二者是领导与被领导的关系，体现了党中央权威和集中统一领导的原则。这既是一种组织关系，也是对党的领导体系的体现。其次，在乡镇政府与村委会之间，应认识到指导与被指导的关系，体现了村民自治的制度内涵。特别是在城镇化进程中，乡镇政府的角色逐渐转向服务，应辅助乡村自治建设。此外，在村两委之间，即村级党支部与村民委员会之间，也是领导与被领导的关系，是党的领导原则的具体体现。[①]需要建立明确的职责划分和工作协同机制，加强党的领导作用。

在乡村治理中，重点是理顺村两委之间的关系。问题的出现往往与村两委对自身职责划分不清有关，导致责任推诿和治理效能低下。需要加强村务管理、完善监督机制，并高度重视村干部队伍建设，以提升乡村治理的效果。

因此，应坚持在党和政府的领导下，推动治理方式的创新，构建起一种团结村民组织、社会组织，调动各种力量的乡村治理模式。这种模式以"自治、法治、德治"三者融合为核心，旨在提升乡村治理效能，实现乡村振兴战略的目标。

首先，要充分发挥自治的作用，激发村民的自我管理能力。在党和政

[①] 谢炜.中国农村基层民主自治的法律演进、实践困境与路径选择［J］.云南社会科学，2012（1）：69-73.

第一章 乡村振兴背景下"三治结合"乡村治理体系概述

府的领导下,要引导村民依据乡规民约,自觉地进行自我约束、自我管理、自我监督。这样既能保障村民的自治权益,又能提升村民的参与意识和责任感。

其次,要强化法治意识,通过制度化的方式显示法治的优越性。在乡村治理过程中,要坚持依法治理,保障村民的合法权益,营造一个公平、公正、公开的社会环境。这将有助于提升乡村治理的规范性和稳定性。

再次,要倡导德治,培育乡村治理文化。在党和政府的引导下,要通过弘扬社会主义核心价值观,塑造乡村文明的道德风尚,使乡村治理融入社会主义核心价值观,形成具有独特特色的乡村治理文化。此外,还要注重吸引优秀人才,解决农村空心化问题。在党和政府的支持下,要通过政策引导,吸引优秀人才回流农村,充实乡村治理的人才储备。这些优秀人才将带动乡村经济的发展,提升农民的幸福感。

最后,要充分发挥多元主体的参与作用,共同推进乡村治理体系的发展。在党和政府的领导下,要团结村民组织、社会组织等各种力量,共同参与乡村治理,实现共同发展。

另外,为了实现乡村振兴和全面建设社会主义现代化国家的要求,必须不断完善乡村治理各项机制,确保"三治结合"的乡村治理体系高效运行,让广大农民群众在乡村振兴中更好地实现人民当家做主。

首先,完善乡村治理机制是关键。包括优化治理结构、明确治理职责、提高治理效能等方面。通过建立健全乡村治理体系,可以使乡村治理更加规范、有序、公正,为乡村振兴提供有力保障。

其次,强化乡村治理的监督机制至关重要。加强对乡村治理工作的监督和评估,可以确保政策落地生根,防止腐败和滥用职权现象的发生。通过完善监督体系,可以提升乡村治理的公信力和透明度,为乡村振兴创造良好的环境。

最后,发展机制的完善是乡村振兴的内生动力。要充分发挥政策优势,推动农村经济、社会、文化、生态等领域全面协调发展。通过创新产业发展、人才培养、基础设施建设等方面的政策措施,可以激发乡村发展潜力,增强乡村振兴的内在活力。

二、"三治结合"乡村治理体系的内在机理

(一)村民自治是"三治结合"乡村治理体系建设的核心

村民自治是基层治理中最基础也是最直接的形式,涉及乡村居民对自身事务的参与和管理。通过村民自治,能够充分调动广大农民的积极性和创造性,让他们成为乡村治理的主体和参与者,增强基层自治的合法性和公信力。

村民自治体现了民主决策和基层治理的原则,通过选举产生村委会和村民代表,让村民参与决策,监督和评价村级事务。民主、自治的基层治理模式有利于形成规范化、制度化的村级自治机制,提高治理透明度和效率。

通过村民自治,可以更好地了解基层需求和问题,让真正需要解决的问题被提出和解决,有助于有效推动基层社会的发展和进步。村民自治体系可以在更深层次上了解和反映农民的利益诉求,提高治理精准度和民生满意度。

村民自治不仅仅是一种治理方式,更是一种社区共建共享的理念。通过村民自治,促进乡村社会内部各方之间的互信合作,增强共同体意识和凝聚力,实现村庄命运共同体的构建。

自治是法治和德治的有效载体,三者关系为一体两翼,自治为核心,法治为保障,德治为辅助。[①]无论学者对三者关系有何观点,均认同自治在乡村治理体系中的核心地位。村民自治经过多年发展,组织制度与运行机制日臻完善。法治和德治在农村治理中相对薄弱,短期内需借助自治组织载体发挥其作用。

[①] 蒋永穆,王瑞,豆小磊,等. 新中国"三农"十大理论问题研究[M]. 北京:社会科学文献出版社,2019:139.

（二）法治是"三治结合"乡村治理体系建设的保障

在现代中国的乡村治理体系中，法治的概念是宽泛的，它涵盖了国家法律、乡规民约等一系列规则制度体系。[①]这套体系在乡村治理中发挥着至关重要的作用，被誉为"三治"中最具有工具理性的治理模式。

首先，在乡村治理中面临具体的治理问题时，法治作为一种有效的治理工具，具有较强的问题意识。当其他治理模式无法解决问题时，法治便凸显出其捍卫者的角色，确保乡村治理在规范和有序的轨道上进行。

其次，法治在乡村治理过程中，对自治和德治起到了约束和规范的作用。自治和德治是乡村治理的重要手段，但它们的实施都必须在法律框架内进行，不能超越法律的边界。这既保证了乡村治理的合法性，也确保了乡村治理的公平和公正。

再次，法治在乡村治理中的实施，有助于增强乡村居民的法治意识。随着法治理念的深入人心，乡村居民逐渐学会运用法律手段维护自己的权益，这有助于提高乡村社会的法治水平，促进乡村治理的现代化。

最后，法治在乡村治理中的落实，有助于构建乡村社会的诚信体系。在法治的框架下，乡村社会成员之间的交往将更加规范，诚信成为彼此相互信任的基础。这将有利于减少乡村社会矛盾，促进乡村社会和谐稳定。

1.法治是基层自治的重要保障

法治是基层自治的重要保障，它为社区的和谐稳定提供了坚实的基础。法治的存在可以为基层自治提供明确的规范和准则，约束和规范行为，提高自治组织和村民自我管理的效率和规范性。法律是社会行为的有力规范，通过法律规定的范围和限制，可以防止乡村治理中的滥用权力、违法乱纪等问题，确保自治活动合法合规进行。

法治是维护秩序、保障稳定的重要手段。在乡村自治过程中，依法行使

[①] 陈松友，卢亮亮.自治、法治与德治：中国乡村治理体系的内在逻辑与实践指向[J].行政论坛，2020，27（1）：17-23.

自治权能够保护村民的合法权益，促进公平正义，增强村民对自治机构的信任和支持，提升整个自治体系的稳定性和可持续性。

在基层自治实践中，可能出现意见分歧、权益冲突等问题，法治可以为解决这些矛盾提供有效的途径和机制。通过依法解决纠纷、保障各方权益，可以在基层自治过程中化解矛盾、维护社会和谐。

法治框架下的基层自治，如果发生违法行为或者产生争议，可以依靠司法机关来提供公正客观的裁决和监督，保障村民自治的权利和自治组织的正常运行，确保自治机构合法合规开展工作。

在法治的框架下，村民自治既能充分发挥村民的积极性，又能保证社区的稳定和谐。这对于我国乡村治理体系的建设，具有重要的现实意义。

2.法治是提升德治水平的保障

法律和道德是两种在功能和实施方式上相互区别，但在社会治理中又密切相关的手段。它们共同构成了调节人们之间以及人与社会之间行为规范的两大支柱。法律和道德的区别主要体现在实施力量的来源上，法律依靠国家的强制力保障实施，道德则依赖于个体的内心信念和社会舆论的约束。

在社会治理中，道德的力量不可或缺。一个良好的社会秩序离不开道德的支撑。德治作为一种柔性的治理手段，在调节社会关系、维护社会秩序方面具有独特的优势。然而，德治并不能完全限制治理主体的行为，有时还需要具有强制性的法治来处理德治无法解决的问题，对治理主体或行为进行约束和惩戒。因此，法治与德治相辅相成，共同构成了完整的治理体系。

在乡村治理过程中，法治的作用尤为重要。一方面，依法严格规范乡村治理主体的行为，确保社会秩序的稳定；另一方面，要在遵守法律的基础上，积极培养良好的道德风气，引导村民树立正确的价值观和行为准则。这样才能实现乡村社会的和谐发展，为全面建设社会主义现代化国家奠定坚实基础。

（三）德治是"三治结合"乡村治理体系的重要支撑

德治作为一种源自中国传统文化的治理方式，一直以来都在中国的乡村社会中发挥着重要的作用。在现代社会，尽管法治已经成为国家治理的主要方式，但德治仍然在乡村治理中占据了重要的地位。这是因为，我国的乡村社会是一个"人情"社会，有着丰富的非正式制度资源，传统文化根基深厚，孕育了大量可以运用到乡村治理中的道德规范。这些道德规范不仅可以提高人们的道德水平，还可以引导人们自发调整社会秩序，从而有效地维护乡村社会的和谐稳定。

1.德治增强村民自治的有效性

道德作为一种内在的支撑力量，在乡村自治中的确能通过感染治理主体，间接影响村民自治的有效性。尤其在当前中国乡村自治仍处于能人治理模式的情况下，乡村精英的道德水平对乡村自治的效果至关重要。[1]

乡村精英在村民自治中扮演着领导和示范的角色，他们的道德水平直接影响到村民对自治的信任和支持程度。如果乡村精英具有高尚的道德品质和良好的道德修养，能够以身作则，树立正面形象，便能赢得村民的尊重和支持，增强乡村治理的有效性。反之，如果乡村精英缺乏道德规范和操守，治理效果会大打折扣，甚至导致治理秩序混乱。

通过德治手段，可以帮助提升乡村精英和村民的道德水平，并促进治理的有效进行。例如，建立道德评价机制，设立道德激励措施，加强道德教育和宣传等方式，可以引导乡村精英遵循良好的道德准则，树立正确的行为榜样，从而影响全村的风气和秩序。同时，借助舆论环境的引导，加强道德规范的倡导，培养乡村居民的良好道德素养，也能够提升整个乡村社会的文明程度和自治质量。

---

[1] 于邦鑫.自治、法治、德治相结合的乡村治理体系研究［D］.济南：济南大学，2021：16.

2.德治可以弥补法治的不足[①]

在社会治理的领域中,法律与道德始终扮演着至关重要的角色。法律是国家制定的行为规范,它以明确的规定约束人们的行为,维护社会的秩序。然而,在某些情况下,法律并不能覆盖所有社会问题,这时道德的作用便得以凸显。道德是一种源自人们内心深处的规范,它以柔性的力量引导人们的行为,促进社会的和谐。

道德在社会治理中的弹性作用,体现在它能够在不违反法律的基础上,灵活地处理各种问题。道德的弹性使人们在面对复杂的社会问题时能够根据道德准则作出合理的判断和选择。这种弹性使道德能够在法律鞭长莫及之处发挥其作用,弥补法律的不足。在这个过程中,道德以其独特的魅力赢得了人们的认同和尊重。

与此同时,法律作为社会治理的基石,具有明确的规范性和强制性。法律为人们设定了一条行为的底线,任何违反法律的行为都将受到相应的惩罚。这种刚性的规定使法律在维护社会秩序方面具有不可替代的作用。然而,法律的刚性也使其在处理一些涉及情感和道德问题时显得力不从心。

因此,法律与道德在社会治理中各有其优势,二者相互补充,共同构建了和谐的社会秩序。法治与德治相结合,既保证了社会的稳定,又满足了人们对于道德的追求。在乡村治理过程中,法治与德治共同发挥作用,规范人们的行为,调节利益关系,实现了社会治理的优化。

总之,法律与道德在社会治理过程中各有其角色和使命。法治与德治相辅相成,共同塑造了一个和谐、有序的社会环境。在这个环境中,人们遵纪守法,秉持道德,共同维护社会的稳定和发展。法律与道德相互依赖、相互促进,共同为社会治理提供坚实的基础。只有充分发挥法律与道德的作用,才能构建一个更加美好的社会。

---

① 郁建兴.法治与德治衡论[J].哲学研究,2001(4):11—18+79.

第四节 "三治结合"乡村治理体系的基本特征

一、整体性

整体性是一个极具哲学意味的概念，它贯穿于客观事物的发展过程，同时也是系统的基本属性。在这个概念下，需要遵循一个重要的原则，那就是体系的整体性。这意味着，在面对问题和进行处理时必须从整体的角度出发，全面地认识和理解问题。要明确的是，任何一个体系都是由多个不可或缺的要素构成的。这些要素在体系中各司其职，共同发挥着作用。因此，了解和研究这些要素之间的内在联系以及相互作用，是理解整个体系的关键。这不仅可以帮助我们更深入地理解体系的构成，更能揭示出体系在整体上所展现出的新属性和功能。

当我们把这一原则应用到"三治结合"乡村治理体系时，可以发现它包含了治理主体、治理方式、治理目标以及治理的制度机制等多个要素。这些要素共同构成了乡村治理体系，使其具有了整体性。乡村治理体系的整体性是实现乡村振兴的关键要素，它关乎乡村治理主体的共同利益，有助于推动乡村振兴战略稳步实施，为解决"三农"问题奠定坚实基础。[1]在探讨乡村治理体系的整体性时，需要关注到一个重要的治理模式——"三治结合"。"三治结合"的乡村治理体系，更进一步要求治理主体、治理方式、治理目标以及治理制度机制这三者要有机地结合起来。这一模式下，乡村治理不仅仅是政府和社会组织的责任，更是广大农民群众积极参与的过程。实践证明，"三治结合"有利于提高乡村治理水平，提升治理效果，逐步实现"善治"的目标。

首先，要认识到乡村振兴所面临的问题不是孤立的，而是相互关联、相

---

[1] 姜燕辉."三治"结合乡村治理体系研究［D］.哈尔滨：哈尔滨工程大学，2020：23.

互影响的。例如，乡村经济发展与生态环境保护、乡村文化传承与现代化建设等都是乡村振兴必须兼顾的方面。在这种情况下，单一的治理方式难以解决复杂问题，只有发挥"三治结合"的优势，才能确保乡村振兴的全面、协调、可持续发展。

其次，从乡村治理的实际需求来看，"三治结合"有利于整合各方资源，形成治理合力。民主治理可以使农民群众的参与权、表达权、监督权得到有效保障，法治治理可以确保乡村社会秩序井然、公平正义，德治治理则有助于弘扬乡村优秀传统文化，培育文明乡风。三者相辅相成，为乡村振兴提供了有力保障。

最后，强调"三治结合"乡村治理体系的整体性，还是为了更好地实现乡村振兴的战略目标。在我国全面建设社会主义现代化国家的进程中，乡村治理体系的整体性显得尤为重要。只有通过"三治结合"，不断提高乡村治理水平，才能让广大农民共享改革发展成果，实现乡村振兴与全面建设社会主义现代化国家目标的有机统一。

在我国乡村地区，当前存在着单一治理方式、两者相结合、两者相斥或者三治方式单纯叠加的治理困境。这些困境使乡村治理效果受到影响，无法达到预期。面对这样的状况，必须注重乡村治理体系的整体性原则。这个原则的核心在于，要将"三治"方式有机结合，实现"1＋1＋1>3"的效果。[①]这意味着，不能仅仅关注某一种治理方式，也不能将几种方式简单相加，而是要找到它们之间的有机联系，使它们共同发挥作用，实现治理的整体效果乘数效应。同时，要避免出现"1＋1＋1<3"的情况，即避免各种治理方式之间的相互掣肘和治理效果的相互抵消。

需要注意到，"三治结合"的乡村治理体系的整体性还体现在防止部分治理方式之间的相互制约。在实际操作中，需要确保各种治理方式完整、系统地相结合，避免单纯地将三者叠加。

---

① 高枫. 乡村振兴背景下三治融合的乡村治理体系研究［D］. 郑州：郑州大学，2019：12.

二、系统性

构建"三治结合"的乡村治理体系是一项复杂的系统工程，需要我们深入理解和全面分析。

首先，要明确"三治结合"乡村治理体系的总目标，即实现"善治"。在这个总目标的指导下，要充分发挥自治、德治、法治三种治理方式的相互促进作用，形成良性互动，以提升整体治理效果。这需要研究每一种治理方式与其他治理方式之间的关联性，理解它们之间的相互促进和相互制约关系。

其次，要认识到自治、法治与德治在乡村治理体系中的内在联系。自治作为基础治理方式，对其他两种治理方式具有牵引作用，同时也会受到其他治理方式的制约。这就要求我们在构建乡村治理体系时，不仅要关注各种治理方式的地位和作用，还要重视它们之间的相互关系和协调配合。

再次，要关注法治与德治对自治基础性作用的反作用。如果法治层面滞后，乡村的法治运行机制和制约监督体系不完善，将直接影响整个乡村治理体系的完善。因此，在推进乡村治理体系现代化过程中，必须重视法治建设，确保法治与德治在乡村治理中的有效实施。

最后，还要看到自治、德治、法治三者之间的相互融通。在实际治理过程中，要充分发挥自治的积极性、德治的引导性和法治的规范性，形成相互配合、相互促进、相得益彰的治理格局。

总之，在构建"三治结合"的乡村治理体系过程中，要运用系统思维，全面把握各种治理方式之间的关系，确保它们在实施过程中相互促进、相互支持。只有这样，才能充分发挥各种治理方式的优势，实现乡村治理体系的优化和提升，推动我国乡村社会的发展和进步。

三、协同性

"三治结合"乡村治理体系的协同性，是对其整体性和系统性的深入理解和实践探索。如前所述，"三治结合"乡村治理体系不是各个治理方式的简单叠加，而是像一台精密的机器，各个部件相互协作，共同推动整个体系的有效运行。在这个整体中，每种治理方式都有其独特的作用和地位，它们之间的相互作用和影响，构成了乡村治理体系的系统性。乡村治理体系的协同性，强调的是各个治理方式之间的互动和配合。在这个体系中，乡村自治、德治和法治三者相互依存，相互促进，形成了一种良性的互动模式。

进一步来看，乡村治理体系的协同性在实践中体现为各种治理方式的有效结合。以乡村自治为例，它是乡村振兴战略稳步前进的基础，而德治和法治则为自治提供了良好的环境和保障。德治的核心是村规民约，它包含了公平公正、与人为善等价值观，为乡村法治社会的形成提供了必要的道德环境。而乡村法治社会的形成又为德治治理中的道德文明提供了认同的必要条件。

总之，构建"三治结合"治理体系，需要我们注重自治、德治与法治各项治理方式的有效结合，强调它们之间的相互配合和协作。每一种治理方式的变化和问题，都值得其他治理方式的关注和回应。只有这样，才能推动"三治结合"的乡村治理体系更好地服务于我国的乡村社会治理，助力乡村振兴战略的实施。

第五节 "三治结合"乡村治理体系的时代价值

在当前社会背景下，"三治结合"乡村治理体系的时代价值愈发凸显。法治、德治、自治作为乡村治理的三大支柱，不仅有助于规范管理乡村事务、保障人民权益，更是促进乡村社会和谐稳定、推动乡村振兴的关键所在。这一新型乡村治理体系的出现体现了对传统农村治理模式的突破和超越，将法治、德治、自治有机结合，以适应当今社会多元化、复杂化的治理需求。

第一章 乡村振兴背景下"三治结合"乡村治理体系概述

一、"三治结合"乡村治理体系是乡村治理现代化的重要组成部分

现阶段，我国的发展目标从单纯追求经济速度和规模转向了追求经济社会的全面发展。乡村治理作为国家治理的基础，其现代化直接影响着国家治理现代化的实现。乡村治理体系不仅是国家治理体系的重要组成部分，也是国家治理能力在基层运行的直观体现。因此，乡村治理现代化的实现与否，关系到国家治理现代化的成败。

从国家治理现代化的视角来看，乡村治理体系具有多重意义。首先，乡村治理现代化有助于提高国家治理体系的完整性。乡村治理体系的完善，可以使国家治理体系更加健全，提高国家治理的效能。其次，乡村治理现代化有助于增强国家治理能力的基层落实。乡村治理能力的提升，可以使国家治理政策更好地在基层落地生根，提高政策的执行力度。最后，乡村治理现代化有助于推动国家治理理念的普及。乡村治理的现代化，可以使国家治理的新理念在基层得到广泛传播和认同，为国家治理现代化提供坚实的民意基础。

我国的乡村治理现代化起步较晚，离全面均衡的现代化有较大差距。实现乡村治理现代化的目标，要从构建完善的制度体系着手。在过去的一段时间里，我国乡村治理主要采用"乡政村治"的模式，这种模式在很大程度上推动了乡村社会的发展。然而，随着新时代的到来，社会转型给乡村社会带来了诸多挑战，如自治乏力、法治发展不充分、乡村社会道德滑坡等问题。这些问题成为实现乡村治理现代化的阻碍，单一的自治模式已无法适应乡村发展的需求。

为应对这些挑战，我国提出了自治、法治、德治相结合的乡村治理体系。这一体系能够针对性地解决乡村治理中的问题，发挥"自治、法治、德治"的协同作用，弥补乡村治理的短板。

推进自治、法治、德治相结合的乡村治理体系建设，是实现乡村治理现代化的有效途径。在这个过程中，需要强化乡村治理的制度保障，提升乡村治理能力，培养乡村治理人才，推动乡村治理创新。此外，还要加强对乡村

治理体系的研究，使其更好地适应乡村社会的发展需求，确保乡村治理现代化进程稳步向前。

二、"三治结合"乡村治理体系是化解乡村社会主要矛盾的重要机制

（一）有利于满足人民群众的多元化需求

人民群众是历史的创造者，这一观点在我国历史和现实中都得到了充分的体现。在乡村发展的过程中，人民的力量起着至关重要的作用。只有充分发挥人民群众的主体作用，乡村的发展才能获得源源不断的动力。

随着我国进入新时代，城市化进程飞速发展，对农村地区的影响也越来越大。城市对农村的反哺作用使农村居民的生活水平得到了显著提高，人们对物质文化的追求也从单一的物质满足转向了多元化的需求满足。"三治结合"乡村治理是满足人民需求的重要途径。

乡村自治是满足人民群众对乡村事务参与的重要途径。在我国，乡村自治制度的实施，使人民群众能够参与到乡村事务的管理和决策中来，这种参与感使乡村社会更加充满活力。实现人民当家做主，是乡村发展的基石，也是乡村社会活力的源泉。

乡村法治是保障人民群众合法权益的重要手段。通过建立健全的法律体系和法治机制，乡村法治可以有效地维护农民的合法权益，保障他们在经济、社会、文化等方面的权利不受侵犯，促进农村社会的公平、正义和稳定发展。

乡村德治是指在乡村治理中强调传统文化和新时代中国特色社会主义核心价值观的重要性，侧重于弘扬社会主义道德伦理观念，引导人民群众树立正确的思想观念和道德观念，促进社会和谐稳定发展的治理理念。乡村德治注重培育和传承优良的传统文化，倡导新时代的社会主义核心价值观，引导人们在乡村治理中以德治乡，通过提升人民内心的认同感和精神追求，实现

社会治理的目标。

当前，人民日益增长的美好生活需要已经成为我国社会主要矛盾的基本面。为了满足人民对美好生活的向往，需要构建"三治结合"的乡村治理体系，这是新时代乡村发展的必然要求。通过这一体系，可以不断增强人民的获得感、安全感和幸福感，为乡村发展注入源源不断的动力。只有这样，乡村才能实现可持续发展，全面建设社会主义现代化乡村的目标才能得以实现。

（二）有利于乡村社会的平衡发展

在国家发展的大背景下，城市与乡村的发展失衡已成为制约我国全面发展的瓶颈。城市的高速发展与乡村的相对滞后形成了鲜明的对比。这种现象不仅体现在经济发展上，也体现在政治、文化、生态、基础设施、教育、就业等各个方面。首先，从乡村发展的角度来看，我国东西部农村的发展差距十分明显。东部地区的乡村发展迅速，而西部地区的乡村发展相对滞后。这种区域性的发展不平衡影响了乡村的整体发展，对国家的全面发展造成了制约。其次，乡村社会在经济、政治、文化、生态、基础设施、教育、就业等领域存在着不同的问题。在经济领域，乡村地区的产业发展滞后，农民收入较低；在政治领域，乡村治理体系不完善，基层民主建设滞后；在文化领域，乡村文化传承和发展不足；在生态领域，乡村环境污染和生态破坏问题严重；在基础设施领域，乡村基础设施建设滞后；在教育领域，乡村教育资源匮乏；在就业领域，乡村劳动力就业困难。

因此，在当前的乡村发展过程中存在城乡发展二元化、区域发展失衡、多领域发展不充分等问题，传统的单一治理模式已难以满足乡村社会的需要。要通过"三治结合"的乡村治理体系，充分发挥自治、法治和德治在乡村治理中的协同作用来解决乡村面临的种种问题，推动乡村社会的平衡健康发展。

三、"三治结合"乡村治理体系是破解乡村治理难题的有效途径

通过将自治、法治和德治相互融合和衔接,形成"三治结合"的乡村治理体系,可以更好地解决乡村治理中出现的问题,提高治理效果,推动乡村的可持续发展。这需要不断探索和实践,充分发挥各种治理方式的优势,促进各方力量的协同合作,共同推动乡村治理的创新和进步。

自治、法治和德治各有自身的特点和优势。自治可以激发村民的主动性和参与度,促进基层民主,增强决策的合法性;法治可以提供一套公正、公平的规则体系,并对于侵害村民权益、干扰社会秩序的行为进行制约;德治则可以通过塑造和传播正面的道德观念,引导和激励公民自觉遵守法律和参与自治。将这三种治理方式结合起来,可以发挥各自的优势,形成一个相互补充、相得益彰的乡村治理模式。

传统的乡村自治模式在现代社会条件下已经存在一定的局限性,而单纯依靠法治和行政手段也不能完全解决乡村治理中出现的问题。通过"三治结合",可以弥补各种治理方式的不足,增强整体的治理效果。例如,在处理复杂纷繁的乡村事务时,可以充分发挥自治和德治的作用,让村民自己参与决策、自觉遵守道德规范;在维护社会秩序和保障公平正义方面,可以依靠法治来进行监督和制约。

随着中国乡村社会的发展和城乡一体化进程的加快,乡村社会变得更加复杂和多样化。传统的乡村治理模式已经无法完全适应这种发展需求。通过"三治结合",可以根据不同的情况和问题,灵活选择和组合相应的治理方式,以适应不同层次的治理需求。例如,在一些基层治理问题较为简单和明确的地方,可以重点发挥德治和自治的作用;在一些复杂的纠纷处理和权益保护中,则需要依靠法治的力量。

第二章 "三治结合"乡村治理体系的思想来源

第一节 马克思主义经典作家的社会治理理论

马克思主义经典作家的社会治理理论是一系列重要的思想和观点的集合,不仅对社会治理的本质和目标提出深刻的思考,而且为实现公平、公正、可持续发展的社会秩序提供了宝贵的思想借鉴和实践指导。马克思主义经典作家的社会治理理论强调阶级斗争和社会变革的历史进程,揭示了资本主义社会存在的剥削和压迫,以及无产阶级反抗和解放的必然趋势。同时,他们还呼唤人民群众的参与和当家做主,将人民的利益作为社会治理的核心。此外,马克思主义经典作家关注社会制度的变革和革命的推动力量,提出了理性规划和科学决策的重要性,并强调社会生产力和生产关系的统一发展。在当今复杂多变的社会背景下,深入研究和运用马克思主义经典作家的社会治理理论,对于构建社会主义现代化国家、实现人民对美好生活的向往具有重大意义。通过深刻理解和有效运用这些理论,可以更好地满足人民群众的多元化需求,推动社会稳定和经济发展,实现社会主义建设的伟大目标。

一、人民自治理论

马克思、恩格斯倾其一生，致力于探索人类解放和人的自由全面发展的道路。他们深刻地认识到，只有通过消除社会不平等、实现无产阶级专政，才能最终实现这一伟大目标。在这个过程中，人民自治理论成为他们始终关注的重要命题。

（一）通过公社组织实行人民自治

公社组织作为实现人民自治的有效途径，一直以来都是马克思主义理论的核心内容之一。卡尔·马克思认为，人民的自治并非遥不可及，而是需要通过切实有效的组织机构来落地生根。在这样的背景下，公社组织应运而生，成为人们实现自我解放和全面发展的关键政治机构。

在马克思的眼中，公社具有深刻的内涵和意义。

首先，公社是社会将国家政权重新收回，将其从统治社会、压制社会的力量转变为社会本身的生命力。这意味着公社要将国家政权从压迫人民的有组织的力量手中夺回，让人民群众成为国家政权的主人。公社作为一种政治形式，代表了人民群众对社会解放的追求，取代了敌对势力用来压迫人民的强制性力量。

其次，马克思强调实现人民自治需要分权和代表。分权是通过集体所有制中的公社组织来实现的。在公社组织中，权力下放到基层，让人民群众直接参与社会治理，从而使社会更加和谐、公平。同时，公社组织中的代表是实现治理的关键。选出能够真正代表人民利益的代表，是公社组织实现人民自治的基石。这些代表需要具备高度的责任感和使命感，始终坚守为人民服务的初心。

此外，马克思认为公社组织要实现民主、平等、自由的价值观。在公社组织中，每个人都是平等的参与者，都有权利发表自己的意见和建议。公社组织的目标是为了全体人民的福祉，而非少数人的私利。在这样的环境下，人民群众能够充分发挥自己的创造力，共同推动社会的发展。

第二章 "三治结合"乡村治理体系的思想来源

(二) 人民群众自我管理

人民群众自我管理是一个历史发展的必然趋势，无论是马克思还是列宁，都对这一问题进行了深入的探讨。列宁曾经说过："家也不可避免地要消失。在自由平等的生产者联合体的基础上按新方式组织生产的社会，将把全部国家机器放到那时它应该去的地方，即放到古物陈列馆去，同纺车和青铜斧陈列在一起。"[①]这句话阐述了马克思的人民自治理念，即在新的社会制度下，人民可以通过自我管理来实现社会的和谐与进步。

马克思主义主张的人民自治是建立在自由平等的生产者联合体基础上的。在这个新型社会中，国家机器不再是压迫人民的工具，而是服务于人民的公共设施。随着社会的发展，人民将逐步实现自我管理，将国家机器纳入古物陈列馆，与纺车和青铜斧一样，成为历史的见证。

在马克思的设想中，人民自治的具体实施方式是通过选举公社代表来进行管理。每一个地区的农村公社都可以通过设在中心城镇的代表会议来处理它们的共同事务。这样的组织架构使人民能够直接参与社会事务的决策，实现真正的民主。在代表会议中，每一个代表都代表着一定范围内的选民利益。他们不仅要接受选民的监督，还要时刻关注选民的需求。每一个代表都可以随时被罢免，以保证代表始终紧密联系群众，为人民利益发声。同时，代表们还会受到选民给予的限权委托书的约束，以确保他们行使权力的合法性和合规性。

(三) 通过人民自治进行国家建设

在列宁的指导下，苏维埃社会主义国家实现了人民自治的实践探索。列宁深刻地指出，人民自治是社会主义社会充满活力的源泉。他主张："生机勃勃的创造性的社会主义是由人民群众自己创立的。"[②]这一观点强调了人民

---

① 列宁全集（第三十一卷）[M].北京：人民出版社，1985：197.
② 列宁全集（第三十三卷）[M].北京：人民出版社，1985：53.

在社会主义建设中的主体地位，凸显了人民自治的重要性。

列宁对人民自治的内涵进行了深化和拓展。他明确提出，人民群众应通过有组织的自治形式参与社会政策的制定、讨论、通过和实施。这一观点赋予了人民自治新的意义，使之成为社会主义建设的重要组成部分。

同时，列宁强调，苏维埃社会主义国家的自治必须建立在法治的基础之上。他明确提出："我赞成地方苏维埃组织实行最广泛的自治，但是我认为……必须有统一的、严格规定的财政政策，必须自上而下地执行法令。"[①]这一观点明确了社会主义自治的原则，即在法治框架内实现人民群众的广泛参与。

在新时代背景下，我们应该继续发扬马克思、恩格斯和列宁的人民自治思想，积极探索适应新时代特征和人民需求的村民自治路径，为实现全面建设社会主义现代化国家的目标贡献力量。要坚定不移地坚持以人民为中心的发展思想，让全体人民在社会主义建设中发挥更大的主体作用，共同创造美好的未来。

二、人民法治理论

（一）通过法治调整社会关系

法治作为一种治理方式和理念，其核心在于通过法律来调整社会关系，巩固国家政权。在马克思、恩格斯和列宁的经典著作中，他们的法治思想首要体现在这一方面。

首先要明确，法律是私有制和阶级矛盾不可调和的产物。马克思深刻地指出，如同国家一样，法律也是这一矛盾的体现。在这一基础上，他强调，阶级的利益冲突只能通过特定的方式来解决。这就是通过夺取政权，并将阶

[①] 列宁全集（第二十七卷）[M]. 北京：人民出版社，1958：358.

级利益的要求以法律的形式确立下来，使其具有普遍的效力。[1]

然而，仅仅制定法律并不能建立法治，法治还需要确立相应的社会关系。在这个过程中，法律的作用至关重要。马克思指出，"把每天重复着的产品生产、分配和交换用一个共同规则约束起来，借以使个人服从生产和交换的共同条件。这个规则首先表现为习惯，不久便成了法律"[2]。也就是说，法治的起点是习惯，然后逐渐上升为法律，只有当公共的生活秩序上升为人们普遍遵守的规则时，法律才正式成为人民意志的代表，法治才能得以兴起。

在这个过程中，法治不仅起到了调整社会关系的作用，同时也巩固了国家政权。法治使社会各个阶层都能在法律的框架下有序地生产和交换，从而实现社会的稳定与和谐。稳定的社会环境又为国家的持续发展提供了坚实的基础。

总结起来，马克思、恩格斯和列宁的法治思想强调了法律在调整社会关系、巩固国家政权方面的重要作用。他们的观点启示我们，要实现真正的法治，就需要让法律成为人民意志的代表，成为维护社会公平正义的有力工具。在这个过程中，需要不断地推动社会进步，消除阶级矛盾，实现全体人民的共同利益。这样，法治才能真正发挥其应有的作用，为国家的发展和社会的和谐稳定提供坚实的保障。

（二）维护法律的权威和统一

列宁在苏维埃政权的治理中，高度重视法律的权威和统一。他强调，法律是统治阶级意志的体现，而在社会主义国家，法律的权威性和统一性是确保无产阶级和全体人民利益得到保障的关键。为了实现这一目标，列宁采取了一系列措施，将党的政策和方针上升为国家法律，从而确保了社会主义国

---

[1] 中国社会科学院马克思主义研究院. 马克思、恩格斯、列宁论意识形态[M]. 北京：人民出版社，2009：677.
[2] 恩格斯. 论住宅问题[M]. 北京：人民出版社，2019：88.

家法律的权威和统一。

首先,列宁主张党的领导和法律权威的统一。他认为,党是最高政治领导力量,负责制定国家和人民的政策方向。在此基础上,列宁强调,党的政策必须通过法律的形式予以确认和实施,从而使党的领导和法律权威相互补充、相互支持。这一观点体现了列宁对社会主义国家法治建设的深刻认识,为后来苏联社会主义法治建设奠定了基础。

其次,列宁主张无产阶级专政和法律统一。他认为,无产阶级专政是国家政治生活的核心,法律是统治阶级意志的体现。在无产阶级专政下,法律应当反映无产阶级和广大劳动人民的利益。为了实现法律统一,列宁提倡制定一部全面、系统的社会主义宪法,将无产阶级专政的原则和法律体系固定下来,确保国家政治生活的稳定和发展。

最后,列宁强调法律教育的普及和法治意识的培养。他认为,社会主义法治国家的建设离不开广大人民群众的积极参与。因此,列宁主张在全社会普及法律知识,提高人民群众的法律意识,使全体人民认识到法律在国家治理中的重要作用。这一观点体现了列宁对人民群众在法治建设中的主体地位的重视,为后来苏联法治国家的建设提供了重要指导。

(三)加强立法保障法治建设

列宁主义在加强立法保障法治建设方面具有深刻的见解和实践指导意义。列宁高度重视国家立法的重要性,他认为新政权通过颁布符合广大人民群众要求和期望的法律,能够在新的生活方式的发展道路上立下里程碑。[1]这一观点凸显了列宁主义在法治建设中的立场和视野。

在社会主义国家中,立法工作应以党的领导和施政方针为依据,紧密结合人民群众的需求,确保法律体现人民主权的立场。党的领导是社会主义法治的核心,离开了党的领导,社会主义法治将失去灵魂和方向。因此,在立

---

[1] [苏]娜·康·克鲁普斯卡娅.列宁回忆录[M].哲夫,译.北京:人民出版社,1960:361.

法过程中要坚持党的领导,确保法律符合国家和人民的根本利益。

第二节　中国共产党的基层治理理论

中国共产党一直非常重视乡村治理,认为乡村是中国式现代化建设的基础,乡村治理不仅关系农民群众的切身利益,也事关国家整体发展进步。通过长期的乡村建设实践,中国共产党不断总结经验、完善思想,形成了独具特色的乡村治理理念。

一、毛泽东的乡村建设思想

毛泽东在领导中国革命和社会主义建设的实践中,提出了许多有建设意义的乡村建设思想。他深刻认识到农民是中国革命的重要力量,乡村是革命的重要依托,因此将乡村工作放在优先位置。毛泽东提出了许多重要思想和政策主张,为乡村发展奠定了坚实的基础。

中华人民共和国成立后,毛泽东继续高度重视乡村工作,提出了"农业为基础,工业为主导"的发展思路。他强调农业是国民经济的基础,必须优先发展农业,保障农民的利益。

(一)以农民群众为主体,加强乡村民主政治

马克思列宁主义的核心理念之一就是强调人民群众,特别是农民群众在历史发展中的决定性作用。毛泽东深刻领会并发扬了这一思想,他指出,农村社会的发展离不开农民,农民是农村社会发展的主体。他以农民为本,以

农民为主体，这一观点在我国农村革命和建设事业中发挥了重要作用。

在土地革命时期，毛泽东充分认识到农民利益的重要性，认为农民是社会革命的重要力量和革命的主要对象。他认为农民是中国社会的主要基础，农村问题是中国革命的关键问题。

为了切实保护农民特别是贫苦农民的利益，毛泽东提出了"以农民为本，以农民为主体"的原则。他积极发动农民斗争，推动土地革命，对抗地主阶级的剥削和压迫。通过没收地主豪绅的土地并分配给贫苦农民，使农民群众翻身，并将农村从废除封建土地所有制转变为社会主义公有制的经济基础。此外，毛泽东还注重加强对农民的思想政治教育，提升农民群众的政治觉悟和组织能力。他强调党和农民之间的密切联系，倡导党员干部深入农村，与农民一起生活和工作，了解农民群众的实际需求和愿望。通过这种方式，促进了党与农民的紧密结合，增强了农民的自我管理能力和自主精神。

毛泽东对农民主体地位的关注和努力，彻底改变了农民的社会地位和阶级地位，使他们成为中国革命和社会主义建设的中坚力量，为巩固社会主义国家政权发挥了决定性的作用。

与此同时，在毛泽东领导下，中国共产党积极推动乡村民主政治的建设，让农民在政治上获得更多权利和地位。毛泽东强调农村政权应当通过选举产生，废除委派村吏制度，让农民直接参与乡村政权的建立和管理。这种乡村民主政治的实践，使农民能够更直接地参与社会事务的决策过程，增加了基层政权的合法性和透明度，也增强了农民的自治意识和参与感。通过乡村民主政治的推动，毛泽东力求实现农村社会的自治和民主，让农民真正成为自己事务的主人。这种政治模式激发了农民的积极性和创造力，促进了农村社会结构的变革和发展，为中国乡村的现代化进程奠定了基础。

总的来说，马克思列宁主义的立场、观点和方法在我国农村革命和建设事业中得到了充分的体现，那就是始终站在无产阶级和人民大众的立场，一切为了人民，一切依靠人民，全心全意为人民谋利益。以毛泽东为代表的中国共产党领导的农村革命和建设事业的成功，正是马克思列宁主义立场、观点和方法的成功，也是人民群众主体地位的成功。

（二）发展集体经济，促进农业现代化

发展集体经济，促进农业现代化是我国社会主义建设的重要内容。

在制度层面，毛泽东同志主张通过农业社会主义改造，实现农业集体化，以确保农民利益不受损害。在我国几千年的历史中，农业都是以个体分散经济形式为主，这种状况严重制约了农业生产力的发展。针对这一问题，毛泽东同志指出："克服这一状况的唯一办法，就是逐渐实现集体化，而达到集体化的唯一道路，依据列宁所说，就是通过合作社。"[①]

在发展生产方面，毛泽东提倡发展集体经济的理念，主张由农民自愿组建合作社、农村集体经济组织等形式，实现土地的集体所有和合理利用。通过集体经济的方式，可以整合农村资源，提高生产效率，促进科技进步和技术创新，在一定程度上解决个体农民生产力低下的问题，推动农业现代化的进程。

总的来看，毛泽东同志关于发展集体经济、促进农业现代化的思想是我国社会主义建设的宝贵财富，其发展思路具有深远的历史意义和现实意义。通过发展集体经济，我国农村地区实现了生产力的解放，农民生活水平得到了显著提高。

二、邓小平的乡村建设思想

邓小平作为中国改革开放的总设计师，对乡村发展和农民生活的关心和重视有目共睹。他在推动中国乡村改革方面作出了重要贡献，引领了乡村经济体制的变革，实施了多项政策措施来促进农村现代化发展。

---

① 毛泽东选集（第三卷）[M].北京：人民出版社，1991：931.

（一）乡村经营体制改革思想

邓小平提出了"解放思想，实事求是，与时俱进，一切从实际出发"的重要思想，强调要让生产关系适应生产力的发展，推动生产关系不断变革和完善，以促进经济社会的快速发展。这一理念在中国的改革开放进程中发挥了重要作用。

邓小平强调，生产力的发展是推动社会进步的关键，为了更好地发挥生产力的作用，必须调整和改革生产关系，使之能够适应生产力的要求。他主张通过改革完善所有制形式，激发各种生产要素的活力，推动企业和农村的发展，实现资源配置的有效性和效率。

在农村改革方面，邓小平提出实行家庭联产承包责任制，允许农民租赁土地进行自主经营，推动农村生产关系的转变，提高农业生产效率和农民收入。这些改革举措有助于激发农村生产力，调动农民的积极性，推动农业现代化和乡村振兴。

总之，邓小平的乡村经营体制改革思想是在马克思主义指导下，充分发挥实事求是精神，根据中国乡村实际情况创新发展的成果。这一思想不仅推动了我国农业的长期稳定发展，还为我国乡村经济的繁荣注入了活力。邓小平的这一理论贡献，为我们党领导下的乡村振兴事业提供了宝贵的理论指导，彰显了马克思主义在当代中国农村改革中的指导地位和巨大价值。

（二）科技兴农思想

邓小平倡导并强调，科学技术是第一生产力。他认识到科技的进步和创新对于提高生产效率、推动经济增长、改善人民生活水平具有不可替代的作用。在中国改革开放的进程中，他主张要大力推动农业科技进步，提高农业生产效率，实现农业现代化。邓小平同志在多次讲话中都强调了科技在农业发展中的重要作用。

邓小平强调，科技兴农要服务于经济建设，要把科技成果转化为生产力。他提倡农业科技成果要走出实验室，走向田间地头，让农民能够掌握和运用先进的农业技术。

邓小平认为，农业科研是农业现代化的基石，要加强农业科研机构的建设，提高农业科研水平。同时，要加强农业技术推广体系建设，让农民能够及时掌握和运用新技术。

邓小平强调，农民是农业现代化的主体，要大力发展农民教育，提高农民科技素质。通过培训、示范等方式，让农民掌握先进的农业生产技术，提高农业生产效益。

随着时代的发展，科技兴农的思想，并不仅仅局限于农业本身。在当前乡村振兴的大背景下，科技兴农的内涵已经延伸到了通过先进科技和科学理念进行乡村治理，进而更好地发展乡村经济。这一理念旨在运用科技力量，推动乡村生产方式的转型升级，提高农业生产效率，优化农业产业结构，丰富乡村经济业态。在乡村治理方面，科技兴农倡导运用现代科技手段，提升乡村治理水平。例如，大数据、物联网、人工智能等技术可以为乡村治理提供实时、准确的信息支持，帮助决策者更好地制定和实施政策，提高公共服务水平。在乡村文化传承与发展方面，科技兴农鼓励运用现代科技手段，弘扬乡村优秀传统文化，创新乡村文化形态。通过文化传承与创新，我们可以培育具有时代特征、地域特色的乡村文化，增强乡村的内在凝聚力，为乡村振兴提供精神动力。总之，科技兴农不仅是推动农业现代化的重要手段，更是乡村振兴的核心动力。

三、江泽民的乡村建设思想

在继承毛泽东、邓小平关于乡村建设的深邃思想基础上，以江泽民同志为核心的中国共产党人，秉持"三个代表"重要思想，深刻洞察时代变迁，勇于开拓创新，为我国农村发展绘制了一幅崭新的蓝图。这一思想体系不仅深化了农村改革的广度和深度，还强调了乡村精神文明建设的重要性，形成了独具特色的乡村发展路径。

（一）以社会主义市场经济为导向，深化农村改革

江泽民同志高瞻远瞩，明确提出以社会主义市场经济方向推进农村改革的战略构想。他强调，要在坚持社会主义公有制不动摇的前提下，进一步完善农村所有制结构[①]，这一举措极大地激发了农民群众的积极性与创造力，推动了农村个体私营经济和股份制经营的蓬勃发展，为农村经济注入了新的活力。

同时，他深刻认识到农产品流通机制对于农业发展的关键作用，主张建立宏观调控与市场调节相结合、以市场调节为主的农产品流通新机制。[②]这一观点为农产品流通环节的改革指明了方向，有助于释放农业发展的潜力。通过这一系列改革措施，我国农产品流通的各个环节得到了有效打通，市场在资源配置中的决定性作用得到了充分发挥。有利于农民收入的增加，为农业发展注入了强大的动力。

（二）强化乡村精神文明建设，构建和谐乡村

农村社会主义现代化建设是我国农村发展的必由之路。在这一过程中，江泽民同志明确指出，我们必须重视农村的社会主义精神文明建设和民主法治建设，同时加强农村社会治安综合治理。[③]

首先，要明确物质基础在农村发展中的重要性。农业生产力水平的提高，农民生活水平的改善，农村基础设施的完善，都离不开物质基础的支撑。然而也应看到，农村现代化建设并非只注重物质层面的发展，而是在此基础上，强调精神文明的培育和民主法治建设的推进。

其次，农村精神文明建设作为中国特色社会主义文化的重要组成部分，具有不可忽视的战略地位。在乡村治理过程中，必须坚决贯彻"两手抓、两

---

① 江泽民文选（第二卷）[M].北京：人民出版社，2006：214.
② 同上.
③ 十四大以来重要文献选编 上册[M].北京：人民出版社，1996：431.

手都要硬"的方针,既注重物质生活改善,又加强精神文明建设。只有这样,才能在农村形成积极向上的社会风气,为乡村善治创造有利条件。

进一步讲,加强农村精神文明建设,有利于先进文化在乡村占领文化阵地。在这一过程中,要坚决抵制错误思想和不良社会风气的影响,弘扬社会主义核心价值观,使农民群众在精神文化层面得到充分满足。这样一来,乡村治理才能得到有效推进,农村现代化建设才能取得更为丰硕的成果。

在实践中,要紧紧围绕农村现代化建设这个大局,切实加强农村精神文明建设和民主法治建设。在此基础上,进一步完善农村社会治安综合治理体系,为乡村善治提供有力保障。

四、胡锦涛的乡村治理思想

胡锦涛同志以科学发展观为指引,提出了一系列关于社会主义新农村建设的战略思想。这一思想体系不仅体现了对乡村发展的深刻理解和全面把握,更将和谐社会的理念融入乡村建设和治理的每一个环节,为乡村治理现代化奠定了坚实的基础。

(一)推进社会主义新农村建设、构建和谐乡村思想

改革开放以来,我国农业、农村和农民问题逐渐凸显,一系列矛盾和难题累积,形成了许多制约农村经济和社会发展的体制机制障碍。这些问题不仅严重影响了农村的和谐稳定,也制约了我国经济社会的全面发展。对此,胡锦涛同志深刻指出:"经济增长的资源环境代价过大;城乡、区域、经济社会发展仍然不平衡;农业稳定发展和农民持续增收的难度加大。"[1]

面对这些严峻挑战,以胡锦涛同志为领导的党中央高瞻远瞩,提出了建

---

[1] 胡锦涛.在中国共产党第十七次全国代表大会上的报告[N].人民日报,2007-10-25.

设社会主义新农村、构建和谐乡村的重要战略。这一战略旨在解决乡村治理中的关键问题，处理好乡村人口、环境和资源的关系，推动乡村全面协调可持续发展。

首先，党中央强调要加强乡村治理，建立健全乡村基层组织，提高乡村治理效能。通过完善乡村治理体系，确保政策落地生根，为农村经济发展和农民增收创造良好环境。

其次，注重乡村人口问题，实施计划生育政策，合理控制乡村人口规模，提高人口素质。同时，加大农村教育投入，保障农民子女接受良好教育，阻断贫困代际传递，为农村发展培养人才。

再次，关注乡村环境保护，落实生态文明建设要求，加大环境治理力度，确保农村生态环境得到有效保护。在发展农业的同时，坚决防止污染农业资源和破坏生态环境的行为，实现农业绿色可持续发展。此外，还关注乡村基础设施建设，提升农村公共服务水平。加强农村道路、水利、电力、通信等基础设施建设，提高农村生产生活水平，缩小城乡差距。

最后，推动农村产业结构调整，促进农民持续增收。鼓励农民发展多种经营，提高农业综合效益和竞争力。加大对农业科技创新的支持力度，推广现代农业技术，提高农业劳动生产率，助力农民增收。

（二）统筹城乡发展思想

我国在经济社会发展过程中，一直存在着城市与乡村、农业与工业发展不平衡的问题。城市与乡村的建设差距、农业与工业的发展差距日益明显，这对我国的全面发展造成了严重的制约。为了解决这一问题，胡锦涛同志提出了统筹城乡发展的战略思想，强调工业要反哺农业，城市要反哺农村，实现工农城乡的协调发展。

胡锦涛同志的这一思想，是我们党在工农关系和城乡关系认识上的一次重要升华。过去，我国城乡长期分割，形成了二元经济结构，导致乡村发展严重滞后于城市。为了打破这种结构，胡锦涛同志提出推进城乡一体化发展，旨在统筹城乡发展的思路、规划建设、配套改革和产业结构调整，全方位促进乡村的发展。

第二章 "三治结合"乡村治理体系的思想来源

在这一思想的指导下,我国开始积极探索和实践统筹城乡发展的路径。一方面,加大农村基础设施建设力度,提高农村生产生活水平;另一方面,推动农村产业结构调整,发挥农村资源优势,增加农民收入。同时,推进城乡一体化建设,打破城乡二元结构,使农村居民能够享受到与城市居民同等的教育、医疗、社会保障等公共服务。

胡锦涛同志的统筹城乡发展思想,不仅是科学发展观的重要内容,也为日后城乡协调治理奠定了坚实的理论基础,为我们解决城乡发展不平衡问题、实现城乡共同繁荣指明了方向。在新的历史条件下,应继续秉持这一思想,加大城乡融合发展力度,推动城乡发展迈向更高水平。

五、习近平新时代乡村治理思想

自党的十八大以来,习近平总书记高度重视乡村治理工作,提出了一系列新理念新战略,为新时代乡村治理指明了方向。

(一)党对乡村治理的集中统一领导思想

习近平同志在党的十九大报告中明确指出:"党政军民学,东西南北中,党是领导一切的。"[①]这一重要论述不仅强调了党在我国社会各领域中的领导核心地位,同时也为我们在新时代推进乡村治理提供了基本遵循。

1.党全面领导农村工作

为确保党在农村工作的全面领导落到实处,中共中央于2019年颁布了《中国共产党农村工作条例》。该条例的核心在于明确党中央在农村工作中的

---

① 习近平.决胜全面建成小康社会 夺取新时代中国特色社会主义伟大胜利——在中国共产党第十九次全国代表大会上的报告[M].北京:人民出版社,2017:18.

全面领导职责，具体包括：

战略引领：统一规划农村工作的大政方针，为农村长远发展提供方向指引。

政策制定：统筹谋划农村发展的重大战略，确保政策措施的针对性和有效性。

改革部署：统一部署农村重大改革任务，推动农村体制机制创新。

此外，党中央还通过定期召开农村工作会议、发布指导性文件等方式，持续深化对农村工作的研究部署，确保各项决策落地生根。

为强化组织领导，党中央成立了中央农村工作领导小组，该小组直接对中央政治局及其常务委员会负责，承担着农村工作牵头抓总、统筹协调的重任。它定期分析农村经济社会形势，研究解决"三农"领域重大问题，并督促各级党组织和政府部门贯彻执行党中央的决策部署。①

同时，条例明确了省、市、县三级党委在农村工作中的具体职责，构建了上下联动、协同推进的工作格局。省级党委负责全局性、战略性的研究部署；市级党委则强化上下衔接与域内协调；县级党委则作为一线指挥部，具体负责政策措施的落地实施。

2.基层党组织在乡村治理中的领导核心作用

中共中央在2019年印发的《关于加强和改进乡村治理的指导意见》中，对基层党组织在乡村治理中的领导核心作用进行了明确的阐述和强调。这一指导意见深刻认识到，基层党组织是乡村治理的坚强领导核心，是确保乡村振兴战略稳步推进、乡村治理现代化水平不断提升的关键力量。

首先，基层党组织在乡村治理中发挥着政治引领的作用。通过宣传党的路线方针政策，基层党组织能够引导农民群众听党话、感党恩、跟党走，确保乡村治理的正确方向。同时，基层党组织还能够通过加强思想政治工作，化解矛盾纠纷，维护农村社会和谐稳定。

其次，基层党组织在乡村治理中承担着组织保障的重要职责。通过加强

---

① 翁鸣.农村党建与乡村治理［M］.北京：中国农业出版社，2022：158.

第二章 "三治结合"乡村治理体系的思想来源

党的建设,基层党组织能够将各类组织和各项工作统一纳入党建引领的轨道,强化党建工作对乡村振兴的组织保障功能。有助于形成村级组织体系的有序运行,提升乡村治理的整体效能。

此外,基层党组织在培育人才、乡风塑造、生态维护等方面也发挥着主力军的作用。通过加强农村基层干部的培养和管理,基层党组织能够打造一支高素质、专业化的乡村治理队伍。同时,基层党组织还能够积极引导和推动乡村文化建设、生态环境保护等工作,促进乡村社会的全面发展。

在新时代背景下,要深刻领会习近平总书记关于党对乡村治理集中统一领导的重要论述,全面贯彻党的农村工作方针,加强和改进乡村治理,为实现乡村振兴战略目标和全面建设社会主义现代化国家贡献力量。要坚定不移地坚持党对农村工作的全面领导,加强基层党组织建设,提高党在农村工作的能力和水平,确保党的政策在乡村治理实践中得到全面贯彻。同时,还要充分发挥农村基层党组织在推动农村改革发展、维护农村稳定、服务农民群众等方面的核心作用,为乡村振兴战略实施提供有力保障。

(二)自治、法治、德治相结合的"三治结合"乡村治理思想

习近平同志在党的十九大报告中首次针对乡村治理要求"加强农村基层基础工作,健全自治、法治、德治相结合的乡村治理体系"[1]。这一思想体现了我党关于人民当家做主、依法治国和以德治国等理念在乡村落地实施的重大举措,意义重大且切实可行。通过强调自治、法治和德治的结合,不仅维护了乡村基层村民的自我管理权利,推动了乡村向法治村的转变,还弘扬了社会主义核心价值观在乡村的传播和贯彻。这一重大举措符合新时代实现乡村振兴战略的必然要求,有助于确保乡村社会充满活力,实现和谐有序的发展。正是通过这种"三治结合"思想的贯彻实施,才能让乡村焕发新的生机

---

[1] 习近平.决胜全面建成小康社会 夺取新时代中国特色社会主义伟大胜利——在中国共产党第十九次全国代表大会上的报告[M].北京:人民出版社,2017:32.

与活力，实现乡村振兴的伟大目标。

（三）共治共建共享的乡村社会治理格局

习近平同志在党的十九大报告中提出，我们要努力"打造共建共治共享的社会治理格局"[①]。这一理念并非一蹴而就，而是经历了一个逐步完善的过程。在这个过程中，我们党和国家领导人不断调整和完善社会治理策略，以适应新时代的发展需求。

在党的十七大和党的十八大报告中，强调"实现发展成果由人民共享"。这一理念深入人心，为广大人民群众带来了实实在在的利益。然而，随着社会的发展，我们意识到仅仅共享发展成果还不够，还需要构建一个公平、公正、和谐的社会治理格局。因此，在党的十八届五中全会上，以习近平同志为核心的党中央领导人将社会治理目标调整为"构建全民共建共享的社会治理格局"。这一调整意味着全社会都要参与到社会治理中来，共同维护社会的和谐稳定。这一理念的提出，既是对前述发展成果共享理念的继承，也是对新时代社会治理创新的回应。

在党的十九大上，以习近平同志为核心的党中央进一步提出"打造共建共治共享的社会治理格局"。这一格局的构建旨在从根本上解决乡村治理和乡村可持续发展的问题，为我国的乡村治理指明了新的发展方向。这一社会治理格局的构建需要我们全社会的共同努力。

1.坚持以人民为中心

打造新时代共建共治共享的乡村社会治理格局必须坚持人民主体地位，一是必须充分发挥人民群众的主体作用：让人民群众参与到决策、实施和管理的各个环节，确保人民群众的利益得到充分保障。二是必须坚持共建为基础：乡村社会治理需要全社会共同参与，政府、企业、社会组织和广大农民

---

① 习近平.决胜全面建成小康社会 夺取新时代中国特色社会主义伟大胜利——在中国共产党第十九次全国代表大会上的报告[M].北京：人民出版社，2017：49.

第二章 "三治结合"乡村治理体系的思想来源

群众都要发挥各自的作用,共同推动乡村治理的发展,要加强基层组织建设,发挥基层党组织的战斗堡垒作用,推动各类社会组织发展,形成共建共治共享的良好局面。三是必须坚持共享为根本:乡村治理的成果要让全体农民群众共享。要加强农村基础设施建设,提高农村公共服务水平,让农民群众享有更加便捷的生活。要加强农村产业发展,提高农民收入水平,让农民群众过上更加富裕的生活。要加强农村社会保障体系建设,让农民群众享有更加公平的社会福利。四是必须创新乡村社会治理方式:要坚持问题导向,针对乡村治理中的突出问题,积极探索创新有效的解决办法。要加强信息化建设,运用现代科技手段提高乡村治理效能。

2.扎实推进精准扶贫

精准扶贫是实现乡村治理共治共建共享的有力支撑。习近平总书记曾多次强调:"小康不小康,关键看老乡,关键是贫困的老乡能不能脱贫。"[①]这充分体现了我国政府对乡村治理成果共享的高度重视。长期以来,我党始终坚持以人民为中心的发展思想,将社会治理的成效交由人民来检验,将人民的需求和满意度作为一切工作的出发点和落脚点。

首先,推进精准扶贫有助于提升乡村治理水平。通过精确识别贫困人口,制定有针对性的帮扶措施,有利于优化资源配置,提高扶贫工作效率。这不仅能够帮助贫困群众摆脱贫困,还能够增强乡村治理的针对性和实效性。

其次,精准扶贫有助于促进乡村社会公平正义。通过对贫困人口进行精准识别和帮扶,确保了扶贫资源的公平分配,使贫困群众共享发展成果。这种公平正义的理念深入人心,有助于形成良好的乡村社会治理氛围,促进社会和谐。

再次,精准扶贫有助于提高党的执政能力和群众基础。我党始终坚持人民立场,关心民生福祉,通过实施精准扶贫,展现了党的责任担当和为民情怀。这有利于增强人民群众对党的信任和支持,巩固党的执政地位。

---

① 习近平同志系列重要讲话读本[M].北京:学习出版社,2014:68.

最后，精准扶贫有助于推动乡村经济发展。通过扶持贫困地区的产业项目和基础设施建设，精准扶贫政策为乡村经济发展注入了活力。这不仅有助于提高贫困地区的自我发展能力，还能够辐射带动周边地区，实现共同繁荣。

总之，扎实推进精准扶贫，既是实现乡村治理共治共建共享的有力支撑，也是体现我党对乡村治理成果共享高度重视的具体举措。我们要深入学习贯彻习近平同志关于精准扶贫的重要指示精神，始终坚持人民立场，充分发挥党的领导和组织优势，坚决打赢脱贫攻坚战，为实现乡村振兴战略目标贡献力量。

（四）加快推进乡村治理体系和治理能力现代化

2018年，中央一号文件首次明确提出要加快推进乡村治理体系和治理能力现代化。[①]这意味着在新时代背景下，需要探索一种适应乡村发展的新模式，将现代化的理念、技术和方法应用于乡村治理，以提高乡村治理效能。这一目标的实现，将对我国乡村发展产生深远的影响。在新时代背景下，加快推进乡村治理体系和治理能力现代化，是实现乡村振兴战略的关键。

国家治理现代化是一项系统性、全面性的工程。其中，乡村治理作为国家治理的有机组成部分，其现代化水平直接关系到国家治理现代化的目标实现。以习近平同志为核心的党中央高度重视乡村治理现代化，将其视为推进乡村振兴的重要任务，并提出了乡村治理现代化的指导思想。这一思想明确了新时代乡村治理的目标、任务、路径和要求，为我国乡村治理工作提供了科学指导。治理体系和治理能力是乡村治理现代化的双引擎，我们要在实践和困难中不断优化乡村治理体系，加强立法、执法、司法、守法等各环节建设，形成系统完备、科学规范的乡村治理制度体系。要加强和改进乡村治理，要充分发挥人民群众的主体作用，调动其参与乡村治理的积极性、主动性和创造性。要完善乡村治理组织体系，提高乡村自治水平，加强乡村法治

---

① 中共中央 国务院关于实施乡村振兴战略的意见［M］.北京：人民出版社，2018：2.

建设，形成共建共治共享的乡村治理格局。在政策、资金、技术等方面向乡村治理领域倾斜，为乡村治理现代化提供有力保障。

第三节　中国传统文化中的乡村治理理论

中华民族的辉煌历史和文化，历经数千年的沧桑巨变而不曾消散，其蕴含了中华民族独特的理念、智慧、气度和神韵。它深深地融入每一代中国人对乡土秩序和终极价值的追求中。这种文化力量，不仅包含着中华民族的传统农耕文化和治理文化，更是精神追求的代表形式。要以历史的、实践的视角，审视和挖掘中华传统文化中的治理智慧，为新时代的乡村治理提供现实的、历史的实践依据。

一、农耕文化

中华传统农耕文化，作为中华民族悠久历史的瑰宝，深深植根于广袤的田野与勤劳的民众中，其核心在于强调人与自然的和谐共生，以及在此基础上培育出的勤劳、诚信、友善等崇高价值观。这些价值观念不仅塑造了中华民族坚韧不拔、厚德载物的性格特征，更为传统中国社会的治理体系奠定了坚实的文化基础。

在新时代的背景下，面对乡村振兴的战略需求和乡村治理体系现代化的迫切要求，应当从农耕文化中深入挖掘和提炼其独特的治理智慧与文化精髓。这不仅仅是对历史遗产的致敬与传承，更是为构建"自治、法治、德治"相结合的乡村治理体系提供强有力的思想和理论支撑。

（一）以道德规范人伦关系

农耕文化以其深厚的道德底蕴，为规范人伦关系提供了丰富的智慧与准则。孔子作为儒家思想的奠基者，明确提出了君臣、父子、兄弟、朋友这四类基本人际关系，并创造性地将处理这些关系中的道德规范从家庭的小圈子拓展至国家的大舞台，从私人领域的情感联结延伸至公共领域的政治秩序，从而深刻塑造了中国后世社会的伦理政治格局。

在农耕文化的核心思想体系中，"仁"与"礼"被视为不可或缺的纲领性原则。其中，"仁"强调爱人之心，倡导人与人之间的友善与和谐；"礼"则注重社会行为的规范与秩序，确保人际交往的得体与尊重。"仁、义、礼、智、信"这一道德信条，更是将爱人、友善、诚信等美德集于一身，成为中华民族传统美德的集中体现，也是社会主义核心价值观的重要思想源泉。

在基层治理与家庭建设的实践中，应当深入挖掘并汲取古代伦理政治的营养与智慧，将"仁、义、礼、智、信"等道德准则融入日常生活，通过教育引导、榜样示范、制度保障等多种方式，促进村民之间形成相互尊重、相互帮助、相互信任的良好风尚。同时，还应注重将传统道德智慧与现代治理理念相结合，探索符合时代要求的基层治理新模式，推动乡村社会和谐稳定、繁荣发展。

（二）为乡土社会铸造核心价值

农耕文化为乡土社会铸造了一套独特的价值观体系，这套价值观体系既体现了人们对自然的敬畏和尊重，又体现了对家庭、亲情、道德、礼仪的重视，还体现了对社区凝聚力和互助合作的推崇。这套价值观体系在乡土社会中得到了广泛传承和发展，成为乡土社会的核心价值。

例如，儒家文化以其充满活力的入世精神为人们提供了一种深刻的本体

第二章 "三治结合"乡村治理体系的思想来源

价值属性。[①]这种本体价值贯穿于每个人的生活中。对于中国古代的士大夫来说,本体价值可以理解为"立功、立德、立言",即通过做出杰出的成就、塑造高尚的品德和发表有价值的言论来实现人生的价值。对于普通百姓来说,本体价值则更多地寄托在家族的繁衍生息、美好生活的追求上。正是这种普遍且平凡却又充满质朴愿望的力量,共同塑造了中华民族千年的历史长河与文化底蕴。然而,当今社会所呈现出的社会失衡和文化衰败现象,很大程度上是由于现代性价值观,尤其是西方市场经济观念,对传统文化的侵蚀和冲击所导致的文化失调。正如百年前梁漱溟先生所警示的,文化侵略与消亡所带来的"文化失调"[②]现象,至今仍在不断上演。

幸运的是,中国共产党以深邃的历史眼光和前瞻性的战略思维,精准把握了人类意识形态演进的脉络,深刻认识到弘扬中华优秀传统文化、传承红色革命文化精神与践行社会主义核心价值观的紧迫性和重要性。在此背景下,党领导全国各族人民,正以前所未有的力度和决心,将这三者有机融合,精心构筑起一套独具中国特色、时代特征的文化价值体系。这一文化价值体系,不仅是对中华民族悠久历史和灿烂文明的传承与发展,更是对新时代中国特色社会主义文化建设要求的积极响应与创造性实践。它深深植根于中华大地的沃土中,汲取了农耕文化的精髓与智慧,融合了革命文化的英勇与坚韧,彰显了社会主义核心价值观的引领与导向作用。通过这一文化价值体系的构建,为新时代的"文化之治"提供了坚实的思想基础和价值支撑。它引导我们树立正确的历史观、民族观、国家观和文化观,激发全民族的文化自信和文化自觉,推动社会主义文化繁荣兴盛。同时,这一文化价值体系也为中华民族的文化复兴注入了强大的精神动力,为实现中华民族伟大复兴的中国梦奠定了不可动摇的文化根基。

在乡村社会治理中,要坚定文化自信,深入挖掘和传承中华优秀传统文化,让其在现代社会焕发出新的生机和活力。同时,还要继续弘扬红色革命

[①] 贺雪峰.农民价值观的类型及相互关系——对当前中国农村严重伦理危机的讨论[J].开放时代,2008(5):51-58.

[②] 梁漱溟.乡村建设理论[M].北京:商务印书馆,2015:23.

文化精神，不忘初心、牢记使命，为实现中华民族伟大复兴的中国梦而努力奋斗。在这个过程中，必须坚决抵制西方市场经济所带来的文化冲击，守护好我们的文化根基，为中华民族的文化复兴贡献力量。

二、社会治理文化

社会治理文化强调的是道德教化、礼仪之道，倡导的是仁政、德治，为我国的乡村治理提供了丰富的思想资源。

（一）儒家的德治文化

儒家思想，以孔子为代表，主张建立在社会秩序有序发展基础上的德治，倡导"礼治"和"仁政"。这一思想体系的核心在于，通过实施仁政来实现社会和谐，维护道德规范和生活准则。

儒家礼治的思想源头可以追溯到《周礼》。这部古代典籍在汉朝的《周礼·注疏》中得到了详尽的阐释，为国家的治理架构与社会秩序的维护设定了细致的框架。具体而言，《周礼·注疏》将大宰的职责广泛涵盖官僚体系管理、教育普及、礼仪规范、行政运作、刑罚执行以及民生福祉等六大领域，全面体现了古代国家治理的智慧。

在儒家思想中，施行仁政被视为核心任务。这意味着，为政者应以德治国，对民众实行宽厚的政策。孔子主张，广大民众应遵从以尊卑等级为核心的礼法，社会精英阶层的士大夫应遵循"修身齐家治国平天下"的道德行为准则。这种思想观念体现了儒家对社会治理的深远思考，强调了领导者应当关心民生，关注国家大局。

在儒家德治思想中，统治阶层的责任在于施行仁政，即对百姓实施仁慈的统治。这一理念源于儒家对人性善恶的判断，认为人性本善，只要施以合适的教化，人们就能发挥出善良的一面。因此，仁政不仅是为政者的责任，也是实现社会和谐、增进百姓福祉的必要手段。

第二章 "三治结合"乡村治理体系的思想来源

总之,以孔子为代表的儒家思想体系强调为政以德,宽厚待民,实施仁政,以实现社会和谐、增进百姓福祉。儒家德治思想不仅对古代中国社会产生了深远影响,而且在当今世界仍具有一定的现实意义。在新时代背景下,我们可以从儒家德治思想中汲取营养,为构建和谐社会、推动国家发展提供有益借鉴。

(二)法家的法治文化

法家思想是我国古代一种重要的政治哲学,以管仲、商鞅、韩非子等人为代表。他们主张以封建法制为核心进行国家治理,强调法治在国家管理中的重要作用。法家思想的起源可以追溯到春秋时期,当时管仲提出了一套以礼义廉耻为基础的国家治理理念。

管仲的法治思想独具匠心,他主张"礼法"并用,既强调礼义廉耻在道德教化中的作用,又突出法治在国家治理中的地位。礼法并行,既能维护君臣之间的上下级关系,又能使全国百姓遵循统治者的意志行事。这种思想在当时产生了深远的影响,为后来的法家思想发展奠定了基础。

战国时期,法家思想得到了进一步的发展。韩非子对这一时期的法家思想和实践进行了全面的总结,形成了以法、术、势相结合的法治理论。韩非子认为,法律是国家存在的根本,应当"以法为教"[1],强调法治在国家治理中的权威地位。他主张严格执法,强调"法不阿贵",即法律面前人人平等,无论身份高低,都必须遵守法律。此外,韩非子还提出"刑过不避大臣,赏善不遗匹夫"[2]的观念,强调赏罚分明,激励人们为国家的繁荣富强而努力。

管仲、商鞅、韩非子的法家思想在我国古代社会产生了深远的影响。他们的法治理念为国家治理提供了一种有效的工具,使国家能够实现稳定和繁荣。同时,他们的思想也为后世留下了宝贵的文化遗产,让我们得以一窥古代国家治理的智慧。法家思想在我国历史发展过程中具有重要地位,对于我

---

[1]《韩非子·五蠹》
[2]《韩非子·有度》

们今天探讨国家治理体系和治理能力现代化具有一定的借鉴意义。

（三）墨家的"兼爱""非攻"思想

以墨子为代表的墨家学派，在当时具有广泛的社会影响力。

墨家思想，以墨子为代表，其核心理念"兼爱"与"非攻"跨越时空的界限，至今仍闪耀着智慧的光芒，对于促进社会的和谐发展与实现善治具有深远的启示意义。在墨子的思想体系中，这些理念不仅仅是道德上的倡导，更是治理国家、社会的重要原则。

《尚贤》篇中，墨子明确提出了任人唯贤的用人理念，他认为国家的兴衰存亡，关键在于能否选拔并重用贤能之士。这一思想直接挑战了当时的世袭制度，强调了能力与品德在选拔人才中的决定性作用，为后世的用人之道树立了标杆。

《尚同》篇则进一步阐述了墨子对于国家治理的构想，他主张通过"尚同"来实现社会的统一与和谐。在墨子看来，国家的治理应当有一个统一的标准和原则，即"义"，所有的人都应当遵循这一原则，以实现社会的和谐与稳定。这种思想体现了墨子对社会秩序与公正的追求。

在《法仪》篇中，墨子强调了律法的重要性，但他所主张的律法并非冷冰冰的规则条文，而是必须蕴含"仁义"与"兼爱"的精神。他认为，只有这样的律法才能真正地造福于民，促进社会的和谐发展。同时，墨子也警告说，那些违背"仁义"与"兼爱"原则的律法，不仅不能得到天道的支持，反而会带来灾难与祸患。

此外，《辞过》篇还体现了墨子对于君主清廉俭朴生活的倡导。他认为，君主作为国家的领袖，应当以身作则，过一种节俭朴素的生活，以树立良好的社会风气，即"君实欲天下之治，而恶其乱也，当为宫室不可不节"。这种思想有利于减少浪费，提高资源利用效率，增强民众对君主的信任与拥戴，从而巩固国家的统治基础。

总之，墨子的治理思想强调贤能政治、法治国家和君主品德，这些观点对于我国古代和现代的治国理政理念都具有重要的参考价值。在新时代背景下，我们应深入研究墨子思想，发扬其优秀传统，为实现国家治理体系和治理能力现代化，推动社会和谐发展，作出有益探索。

（四）道家的无为而治思想

老子的治国理念深刻地体现在"无为而治"的原则上。这里的"无为"，并不是指无所作为，而是主张在遵循客观规律和法律制度的基础上尽量减少政府对社会的干预，让民众有更多的自主权去管理自己的生活，发挥他们的创造力和主动性。这样的治理方式，旨在实现社会的和谐与繁荣。

在老子的理念中，一名好的领导者应该具备的品质是"无为""好静""无事"和"无欲"。这意味着领导者要尊重自然规律，不轻易干涉民众的生活，保持清静，让民众在自由的环境中自我发展。只有这样，社会才能实现真正的和谐与繁荣。

老子认为，如果领导者能够真正做到"无为"，民众就会在潜移默化中受到良好的教化，社会风气自然会趋于端正。在这样的环境下，民众不仅能够自主地追求幸福生活，还能自觉地遵守法律法规，社会秩序井然。

此外，老子的"无为"思想还强调领导者要摒弃私欲，以人民的利益为重。只有这样，才能使领导者与民众之间建立起信任与尊重的关系，为社会的和谐与繁荣奠定坚实的基础。

在现代社会治理中，老子的"无为"思想依然具有极高的指导意义，强调政府应该减少干预，让市场和民众发挥更大的作用，实现社会自治。同时，政府还要始终坚持人民至上，全心全意为人民服务，以实现国家的繁荣富强。

第四节　现代乡村治理理论

现代乡村治理理论的借鉴包括"华中乡土派"的乡村治理中观理论和微观村民自治理论、西方现代的"善治"理论，以及美国的乡镇自治理论。

一、乡村治理理论

"华中乡土派"是指中国华中地区（主要是湖北、湖南等省份）的一批学者在农村社会学、人类学和民俗学等领域的研究实践中所形成的一个学术流派。

"华中乡土派"注重对中国农村社会、文化和乡土生活进行深入的实地调查和研究，关注农村社会结构、传统文化、乡土经济、社会变迁等方面的问题，并致力于探讨乡土社会的历史渊源、文化传统和现代发展。他们提倡"回归乡土、回归实证"，强调理论与实践相结合，反映和关注乡村生活的当代现实。"华中乡土派"的学者在丰富和深化中国乡土社会问题研究的同时，也在一定程度上推动了中国当代社会科学研究方法论的创新和发展。

"华中乡土派"针对中国乡村治理研究所提出的三大主题，分别为乡村社会结构、乡村政治文化和乡村治理机制。这三个主题相互关联，共同构成了乡村治理研究的理论框架。

首先，乡村社会结构是乡村治理的基础。"华中乡土派"强调，深入研究乡村社会结构，可以更好地理解乡村治理的现状和挑战，包括对乡村人口、土地、资源、产业等基本要素的调查研究，以及对乡村社会关系、权力结构、利益分配等复杂层面的剖析。通过分析乡村社会结构，可以为乡村治理提供有针对性的改革措施和政策建议。

其次，乡村政治文化是乡村治理的精神支柱。"华中乡土派"认为，乡村政治文化影响着乡村治理的观念和行为方式。因此，研究乡村政治文化对于推进乡村治理现代化具有重要意义，包括弘扬乡村优秀传统文化，培育乡村公民意识，推动乡村民主制度建设等方面。通过提升乡村政治文化水平，增强乡村居民的自治能力和参与意识，为乡村治理注入新的活力。

最后，乡村治理机制是实现乡村治理目标的关键。"华中乡土派"强调，完善乡村治理机制，可以提高乡村治理的有效性和针对性，包括优化乡村治理体系，强化乡村治理能力，创新乡村治理方法等方面。通过构建科学的乡村治理机制，确保乡村治理政策的落地生根，推动乡村治理工作取得实效。

在对乡村发展与治理进行研究时，"三治结合"治理体系与"华中乡土派"的治理理念可以相互借鉴、互相促进，共同推动中国乡村的可持续发展和现代化进程。

二、"善治"理论

"治理"这一概念，在中西方的历史长河中均有着深厚的渊源。然而，直至20世纪90年代，现代"治理"理论才在西方社会得到系统阐述。中国学者俞可平率先将这一理论及其衍生的"善治"理念引入国内，并明确指出："治理旨在协调与引导公民活动和行为，在多元利益格局中追求公共利益的最大化。"[1]他进一步总结了善治社会的十大核心特征，包括合法性、透明性、责任性、法治、回应性、有效性、参与性、稳定性、廉洁性与公正性，为中国的治理实践提供了宝贵的理论框架。

面对西方"善治"理论的舶来品属性，中国本土政治学者并未简单照搬，而是结合国情进行了探索。华中地区的邓大才教授从基层治理单元出发，构建了精细化的村庄善治理论。他强调，村庄善治应确保经济、社会、政治活动的有序进行，保障民众公平参与基层治理的权利，追求低成本高效益的共治模式，并确保治理的稳定性和可持续性。[2]

对比中西方"善治"理论，不难发现，中国虽作为后发现代化国家，在治理实践的起步上稍晚于西方，但自进入新时代以来，我国在推进国家治理体系和治理能力现代化的道路上取得了显著成就。在经济、政治、社会、文化等多个领域，我国不仅实现了对西方社会的全面超越，更展现出了独特的制度优势。面对全球性的治理挑战，如经济危机、政治动荡、种族矛盾、公共卫生危机等，西方先发"善治"理论往往显得力不从心，而我国以其独特

---

[1] 俞可平.中国治理评论[M].北京：中央编译出版社，2012：112.
[2] 邓大才.走向善治之路：自治、法治与德治的选择与组合——以乡村治理体系为研究对象[J].社会科学研究，2018（4）：32-38.

的治理模式和制度优势，为世界提供了宝贵的治理经验和启示。

在新时代背景下，中国特色社会主义的"善治"之路正逐步清晰。建立健全"自治、法治、德治相结合的乡村治理体系"，不仅是我国乡村治理的必然选择，也是实现国家治理体系和治理能力现代化的重要一环。这一路径的提出，不仅为我国乡村的善治提供了明确的方向和参考标准，更为社会主义现代化国家的建设提供了坚实的制度保障。

三、乡镇自治理论

美国的乡镇自治理论起源于殖民地时期，并在美国独立后得到进一步发展。这一理论主张，地方政府应享有较大的自主权，以便更好地满足当地居民的需求。乡镇自治理论的核心理念是分权制衡、民主参与和法治精神。

（一）分权制衡

美国乡镇自治理论认为，地方政府应将权力下放到基层，实现权力制衡。在这种体制下，联邦政府、州政府及地方政府各自承担不同的职责，形成相互制约的权力体系。地方政府在遵循州宪法和法律规定的前提下，可根据本地实际情况制定地方性法规，以确保政策实施的有效性和针对性。

（二）民主参与

在美国的乡镇自治体系中，民主参与是关键环节。地方政府决策过程应充分保障公民的知情权、参与权、表达权、监督权。乡镇政府应定期举行选举，确保民意的代表性。此外，地方政府还需设立各类委员会、顾问团等，邀请公民参与政策制定和监督，以提高政策的公信力和执行力。

（三）法治精神

美国乡镇自治理论强调法治精神，认为地方政府应在法律框架内行事。这意味着，地方政府决策应遵循法律规定，维护公民权益。同时，地方政府应确保公共治理的公平性和透明度，对违法行为进行有效制止和惩处。法治精神的贯彻，有助于维护社会秩序，促进乡镇治理的现代化。

总之，美国的乡镇自治理论旨在实现分权制衡、民主参与和法治精神的高度统一。这一理论在美国的发展历程中不断得到丰富和完善，为全球地方治理提供了有益借鉴。然而，在我国实际情况下，乡镇自治理论的借鉴与应用需结合国情进行调整，以实现国家治理体系和治理能力现代化。

第三章 乡村治理及"三治结合"乡村治理体系的历史演进

第一节 中国传统乡村治理模式

在历史悠久的中华文明中,乡村治理始终是国家治理的重要组成部分。自古以来,我国便形成了一套独具特色的乡村治理模式,这种模式在传统社会中发挥了重要作用,为国家的稳定和繁荣奠定了基础。

一、分封制下的乡官制度

分封制下的乡官制度是我国古代地方行政管理的重要组成部分。在分封制的基础上,乡官制度得以确立,并为维护国家统治、促进地方社会发展发挥了积极作用。

分封制下的乡官制度起源于西周时期,随着封建制度的逐步确立,乡官制度逐渐完善。至战国时期,乡官制度已具备一定的规模,成为地方政权的

第三章　乡村治理及"三治结合"乡村治理体系的历史演进

重要支柱。秦汉时期，乡官制度得到进一步发展，形成了以乡为基本单位的行政管理体制。

在分封制下，乡官制度具有明显的层级特点。乡官是地方政权派驻乡村的代表，负责管理乡村事务。乡官之下设有里正、亭长等职务，负责具体执行乡官的指令。乡官制度的主要职能有以下几点：

（1）征税征兵：乡官负责征收田赋、户赋等税收，同时组织征兵，以维护国家的军事力量。

（2）司法治安：乡官负责审理乡村居民的纠纷案件，维护社会治安。

（3）教育与文化：乡官还需推广文化、教育，提高民众的文化素质。

（4）负责基础设施建设和民生事务：乡官还要负责乡村道路、水利等基础设施建设，以及民生事务的管理。

分封制下乡官的选拔主要依靠世袭制和举贤制。世袭制是指乡官职位由父子相传，保证了乡官职位的稳定性。举贤制则是选拔有德行、有才能的人担任乡官，提高了乡官队伍的整体素质。

乡官的考核制度主要包括政绩考核和德行考核。政绩考核主要考察乡官在税收、征兵、治安等方面的业绩。德行考核则关注乡官的品德、作风等方面。考核结果直接关系到乡官的升降去留。

分封制下的乡官制度在我国古代地方行政管理中具有重要历史意义，它有力地维护了国家的统治，促进了地方社会的发展。同时，乡官制度对于加强中央与地方的联系，推动封建社会的发展也发挥了积极作用。

二、郡县制下的乡官制度

秦始皇统一六国后，为了巩固中央集权，废除了分封制，转而实行以皇权为核心的中央集权制度，并在地方上推行了郡县制。这一制度不仅重新划分了国家的行政区划，还通过任命制的方式确立了地方长官的地位，从而加强了中央对地方的控制。在郡县制下，县作为基层行政单位，其下又设有若干乡，形成了严密的行政管理体系。乡官制度作为这一体系中的重要组成部分，对于维护地方秩序、促进经济发展、加强社会控制等方面都发挥了重要作用。

乡官制度并非秦朝首创，其源头可以追溯到战国时期。秦国在商鞅变法时期就开始推行小乡并县的政策，并建立了什伍连坐制度，这是秦朝乡里组织的雏形。到了秦朝统一后，这一制度得到了进一步的完善和推广，成为全国性的基层管理制度。汉代继承了秦朝的乡官制度，并在其基础上进行了适当的调整和完善，使这一制度更加适应当时的社会发展需要。

在秦朝郡县制下的乡官制度中，乡作为基层行政单位，其官员设置相对完善。乡一级的官员主要包括三老、有秩、啬夫和游徼等，他们各自承担着不同的职责。三老主要负责掌管教化，即负责乡里的道德教育和文化宣传；啬夫则掌管狱讼和赋税，负责处理乡里的司法案件和税收事务；游徼则负责捕盗贼，维护乡里的治安秩序。此外，还有里正（里魁）负责掌管百家之里的事务，亭长则负责十里一亭的治安和邮传等工作。这种分工明确、职责清晰的组织结构，使乡官制度能够高效地运转起来。[1]

秦汉时期的乡官制度具有相当综合的功能，它不仅涵盖了赋税、徭役、兵役、邮传、治安等事务的管理，还承担着教化民众、维护社会稳定等重要职责。通过乡官制度的实施，中央政府能够实现对基层社会的有效控制和管理，从而确保国家的统一和稳定。同时，乡官制度还为选贤任能提供了重要途径。在科举制度实行之前，乡里制度中的优秀官员往往能够得到升迁的机会，从而进入更高层次的官僚体系。这种制度设计激励了基层官员的积极性和创造力，为国家的治理和发展注入了新的活力。

秦汉时期的乡官制度不仅在当时发挥了重要作用，而且对后世产生了深远的影响。它奠定了后世乡官制度的基础，为后世基层管理制度的发展提供了重要的借鉴和参考。同时，乡官制度所体现出的国家治理理念和制度设计思想也对后世产生了深远的影响。例如，在后来的封建社会中，虽然基层管理制度的具体形式有所变化，但乡官制度所强调的基层自治、教化民众、维护社会稳定等理念仍然被继承和发扬。此外，乡官制度还为后来的科举制度

---

[1] 许维勤. 乡村治理与乡村振兴［M］. 厦门：鹭江出版社，2020：25.

提供了重要的历史背景和制度基础，为封建社会的官僚体系注入了新的活力和动力。

三、古代社会后期的乡官制度

中国古代的官制体系，虽历经朝代更迭而保持一定的延续性，但为加强皇权，各朝均对官制进行了适应性调整，基层治理制度亦不例外。唐宋时期成为基层治理制度转型的关键节点。前期，乡官多具浓厚的官职色彩，由官府直接任命，部分职位甚至享有品级，直接参与国家官僚体系。然而，随着古代社会步入后期，皇权统治趋于稳固，乡里治理秩序亦趋稳定，乡官的官职属性逐渐淡化，更多成为学术研究中的一种习惯称谓。

唐宋以后，社会生产力显著提升，社会结构发生深刻变革。世家大族逐渐式微，宗法制度却进一步巩固，民间宗族势力迅速崛起，成为基层社会秩序的重要支柱。同时，科举制度的普及与民间教育的蓬勃发展，催生了一大批知识精英——士绅阶层，他们不仅丰富了基层社会治理的主体力量，还推动了社会治理模式的转变。在此背景下，官僚体系逐渐从乡村基层撤离，"皇权不下县"的现象越发显著，乡村治理展现出新的面貌。

随着宗族与士绅势力的壮大，乡村社会开始展现出强大的自组织能力。这种自组织虽常被现代学者视为"地方自治"的雏形，但实则是皇权统治下的权力结构进化产物，其核心目的在于巩固皇权而非实现民主自治。乡约制度便是这一时期的重要产物，它起源于民间知识群体与宗族的紧密结合，通过倡导乡民间的道德互励、过失相规、礼俗相交、患难相恤，有效填补了基层行政力量的不足。在官府的支持下，乡约制度逐渐得到推广，并与宗族、保甲、社仓等制度相互融合，共同构成了古代社会后期基层社会的稳定器。

科举制度的实施打破了传统社会的人才选拔机制，使士绅阶层成为基层社会的新贵。这一变化直接影响了乡官系统的构成与功能。原先由官府任命、享有品级与俸禄的乡官，逐渐转变为由官府在资产较为殷实的农户中轮流派充的职役人员。他们虽仍承担一定的行政管理职责，但已不再享受官职的特权与待遇，反而需承担更多的国家义务。这种职役化的转变削弱了乡官的官职色彩，加剧了基层治理的复杂性。在赋役加重的情况下，上等户往往逃避派役，将职名转嫁给中下户承担，进一步加剧了基层社会的矛盾与冲突。

面对上述变化，古代社会后期的乡治机制逐渐分化为两个相互补充的部分：一是由士绅与宗族势力主导的自组织系统，负责地方教化、公益、自卫、调解等事务；二是官方建立的"以民供事于官"的乡地、保甲职事系统，主要负责征发赋役、察举案件等官方事务。这两个系统虽在职责上有所区分，但在实际运作中相互依存、互为补充，共同维持着基层社会的稳定与秩序。分化与互补的乡治机制体现了古代社会治理的智慧与灵活性，为后世提供了宝贵的经验与启示。

第二节　中国近代社会变革中的乡村治理

鸦片战争以后，随着国门的打开，西方的思想、文化、技术逐渐传入中国，乡村社会发生了翻天覆地的变化。传统的社会制度、观念和习俗在现代化进程中不断调整与变革。

一、近代中国的富强诉求到革命诉求

在两次鸦片战争的惨败和太平天国运动的兴起之后，清朝高层官员逐渐意识到技术和经济的落后，开始启动洋务自强运动，学习西方科技和工业知识来实现国家自强。

然而，传统文化观念和古老制度的顽固性造成了洋务运动改革进程缓慢

第三章 乡村治理及"三治结合"乡村治理体系的历史演进

和艰难。洋务运动以"中学为体、西学为用"为理念,目的是维护君主专制体制,但未能取得成功,甲午战争击溃了其主要成果。这一挫败引起了国内的震惊和反省,也引发了人们对西方民主体制的关注。

思想家严复在这一时期振聋发聩,通过政论文和西方著作的翻译拓宽国人的视野。他借鉴西方进化论观点,强调中国需要进行深刻社会变革以实现自我强大,"物竞天择,适者生存"。他主张实行以保障个人自由为核心的民主政治,认为改变国家治理方式是变革的重心,只有迈向真正的自我强大,中国才能在日益变化的世界中立于不败之地。

严复的思想和知识体系对当时中国的知识界产生了深远的影响,极大地激发了人们的觉醒,对传统观念和思维方式进行了颠覆性的改变。这也为中国的民主变革奠定了基础,使变革的势头变得不可逆转。康有为、梁启超等维新派人士在光绪帝的支持下实行了戊戌新政。然而,由于守旧势力的强大和清廷权力结构的扭曲,戊戌新政很快就遭遇失败。然而,即便是亲手扼杀戊戌新政的慈禧太后也无法阻止变革的浪潮。面对内外困扰加剧的局势,清廷内部实行新政的呼声再次高涨,保守势力逐渐式微,甚至连掌握实权的保守势力也不得不承认变革的必要性。于是,重新推行新政,实行君主立宪,改革的内容更加广泛深入,涵盖了军事、官制、法律、商业、教育和社会等多个方面。

新政在推动中国社会近代化过程中起到了作用,同时也需指出新政在改革内容上虽然有一定深广度,但受制于皇权核心的统治利益导致改革进程缓慢的问题。《钦定宪法大纲》确立了"君上大权",强调了臣民需要在法律范围内行使权利,体现了主权仍然集中在君主而非民众手中。内阁成员中以满蒙贵族为主的情况,被戏称为"皇族内阁",这一现象遭到了革命党和立宪派的不满与批评。人们逐渐认识到清朝不愿意扩大民权,对改革感到失望,同时由于人民负担加重、民族经济困境等因素,对国家富强失去信心。此外,随着立宪派的壮大,民主力量开始崛起,社会思潮从富强诉求逐渐演变为革命诉求,最终引发了1911年的辛亥革命,开启了中国现代史上的重要一页。

辛亥革命成功推翻了清朝封建皇权的统治,标志着中国的封建传统基本终结,推动了民主变革的进程。这一时期的社会变革,为中国走向民主化、现代化奠定了基础，也反映了人民对自由和平等的追求。辛亥革命的胜利具有重要的历史意义，标志着中国社会向现代化迈出了重要的一步。

二、近代中国乡村发展意识的逐步唤醒

从洋务运动到民国建立，中国社会经历了一系列深刻而复杂的变革，这些变革不仅体现在国家层面的政治、经济、军事等方面，也深刻影响到了基层社会的结构和治理模式。乡村基层自治的兴起与发展，正是这一时期社会变革的重要体现之一，它反映了民众对于自主管理地方事务、推动社会进步的渴望与实践。

在这一时期，乡村基层自治的发展并非孤立的现象，而是受到了来自上层政治力量与下层民众力量的双重推动。一方面，清政府在面临内外交困的局势下，为了巩固统治、缓和社会矛盾，不得不进行一系列改革，包括推行地方自治，以图通过基层社会的自我管理和自我服务来减轻政府的治理压力。另一方面，随着西方民主思想的传播和新式教育的普及，民众的民主意识逐渐觉醒，对于参与地方事务管理、改善自身生活条件的愿望日益增强。这种自下而上的力量，成为推动乡村基层自治发展的重要动力。

随着清末近代化进程的加速，基层治理模式也发生了显著变化。传统的以宗族、保甲制度为基础的治理模式逐渐式微，取而代之的是更加注重公共事务管理和民众参与的自治模式。这种变迁不仅体现在治理机构的设置上，如设立议事会、执行机构等，更体现在治理理念的转变上，即从过去的"官治"向"民治"过渡，强调民众在地方治理中的主体地位和作用。

乡村基层自治的加强和发展，对于社会进步和教育现代化起到了积极的推动作用。以福建省闽清县坂东镇为例，通过各宗族及地方主事人士的合作努力，不仅改善了宗族学斋的状况，还带动了周边乡村教育的发展，促进了全县教育现代化的起步。这种基于本地实际情况和群众需要的乡村自治模式，不仅提高了社会治理效率，激发了地方社会的活力，还促进了资源的优化配置和公共服务的均等化，为深入的现代化进程奠定了坚实基础。福建等地的

公共事业兴办中，乡村基层自治的加强和发展，为社会进步和教育现代化起到了积极的推动作用。这种基于本地实际情况和群众需要的乡村自治模式，有助于提高社会治理效率，激发地方社会的活力，推动深入的现代化进程。

辛亥革命后，民国初年的地方自治制度得到了进一步发展和制度化。基于民主共和理念，建立了更加完善的城镇和乡村自治机构，通过选举产生执行机关和议决机关，确保了民众在地方治理中的广泛参与和有效监督。此外，北洋政府和南方省份的"联省自治"运动也进一步推动了地方自治的发展，为后来的地方治理模式和政治体制变革提供了重要借鉴和启示。

尽管在初期自治体系中官治与民治相结合，选举程序并不十分严格，但主权在民的观念得以确立，乡村公共意识逐渐加强，乡村共同体意识提升，乡村自治财政逐渐成形，公共事务规模化办理。随着常设公共机构在区乡普遍建立，自治财政得以产生，自治机构开始行使更广泛的职能，如发展新式教育、医疗卫生事业，兴办实业，改善基础设施，维护治安等。

传统乡治时代的筹资和经费来源问题在区乡自治财政机制下有所发展，从捐税、提成、摊派到公款补助等多种途径来融资。乡村自治机构的功能也从应付上级官府向谋划乡村发展方面转变，开始涉足各种公共事务，如教育、医疗、基础设施建设等。民国时期的地方自治体系为乡村的现代化发展提供了社会历史条件，推动了乡村变革和社会进步，是中国近代社会制度变迁的重要组成部分。

第三节 中华人民共和国成立至改革开放前乡村治理体系分析

从中华人民共和国成立初期至改革开放前，乡村治理体系在不断探索中逐步完善。

从政治层面来看，中华人民共和国成立后，党在乡村开展广泛的政治动员，推进土地改革、农业集体化等一系列改革措施，建立起农村基层政权组织——人民公社。通过自上而下的行政体系，实现对乡村社会的严密控制。这一时期，乡村治理体系呈现出高度集中、统一指挥的特点。从经济层面来看，这一时期我国农村经济体制经历了从个体经济到集体经济、再到家庭联产承包责任制的演变。在这一过程中，乡村治理体系在经济建设中发挥了重要作用，通过计划经济手段调控农村资源配置，为乡村发展提供物质保障。此时期乡村治理体系的特点是充分发挥集体经济优势，提高农民生产积极性。从社会层面来看，这一时期，通过严密的社会组织架构，加强乡村社会治理。从生产队到人民公社，形成了严密的社会控制网络，确保了乡村社会的稳定和谐。此时期乡村治理体系的社会特点是组织严密、调控有力。

1950年，为了巩固基层政权，乡和行政村作为本行政区域行使政府职权的机构被建立起来。乡政权的组织结构一般包括乡人民政府、乡党委、乡人大等组成部分。乡人民政府是乡级行政机关，负责本行政区域内的行政事务；乡党委是党的领导机关，负责领导和组织本行政区域内的工作；乡人大则是人民代表大会制度在乡村地区的代表机构，负责制定和监督地方性法规、决定和决议的执行等。乡村政权的建立旨在加强农村地区的管理，推动农业生产和农村经济发展，保障农民的合法权益，维护农村社会稳定。这一举措标志着国家对乡村社会的初步控制和管理。

1954年，中国对乡村治理体制进行了重大调整，撤销了行政村建制，县以下统一设置乡、民族乡、镇为农村基层行政单位。这一变革的目的是加强国家对乡村社会的直接管理，减少中间层级，提高行政效率。这一变革对于乡村社会的组织结构和行政管理产生了深远的影响，也为后来的人民公社体制奠定了基础。

从1949年新中国成立到1952年，中国实施了一系列农村土地改革政策，旨在废除封建地主对农民的剥削，确立农民的土地所有权，并促进农业生产和农村经济的发展。土地改革中，地主的土地被没收并分配给农民，以实现平均分配。大地主被剥夺土地、财产和特权。废除封建家族势力的经济和政治特权，解放农民，使他们能够独立自主地经营自己的土地。中小地主的土

第三章 乡村治理及"三治结合"乡村治理体系的历史演进

地被征收,组织成农民合作社,实现土地的集体所有和集体经济组织。

土地改革完成以后,1953年到1957年,我国又进行了轰轰烈烈的农业合作化运动。农业合作化之初以互助组为单位,几户农民合作共同劳动,分享劳动成果。互助组逐渐发展成为初级合作社,农民集体投入生产,共同占有和管理一定规模的耕地、牲畜等生产资料,实行劳力互换、物资互助。初级合作社逐步发展为高级合作社,规模更大,形式更趋完善,农民实现了对土地的集体占有和管理,共同进行规模化的合作生产,农业生产得到进一步提高。农业合作化运动使农村实现了由小农经济向集体经济的转变,推动了农业现代化进程。随着中国农村经济的不断发展和城乡一体化进程,农业合作化运动也在不断进行调整和优化,以适应新的经济社会形势和需求。

1958年8月29日,《中共中央关于在农村建立人民公社问题的决议》发布,该决议中明确了建立人民公社的基本方针。在人民公社的框架下,农民的土地、劳动力和生产资料等都被集体化,形成了统一的生产和生活组织。人民公社制度虽然在一定程度上提高了农业生产的效率和规模,实现了大规模的农田水利建设和机械化作业,但也存在一些问题和挑战。例如,集体化生产可能导致农民个体积极性的降低,农业生产效率受到影响。此外,人民公社在资源分配和决策过程中也存在一定的不公平和不合理现象。这些问题在一定程度上削弱了人民公社的作用和影响力。

20世纪70年代末,中国农村面临着一场深刻的变革需求,其核心在于高度集中的计划经济体制下的"政社合一"治理模式与农村经济社会发展之间的深刻矛盾。在这一模式下,农业生产和分配均受到严格控制,平均主义的分配方式不仅未能有效激励农民的生产积极性,反而限制了农村经济的增长潜力,导致农村社会整体缺乏活力与创新。在此背景下,中国开始探索农村改革的道路,旨在释放农村生产力,促进农村经济的恢复与发展。安徽省凤阳县小岗村作为改革的先锋,勇敢地迈出了第一步,实行了"包干到户"这一具有划时代意义的制度创新。这一制度将土地承包给农户,使农民获得了更大的生产自主权和剩余收益权,极大地激发了农民的生产热情,提高了农业生产效率。

小岗村的这一尝试迅速得到了国家领导人的高度关注和认可,其成功经验很快在全国范围内得到推广。家庭联产承包责任制的实施，标志着中国农村经济制度改革的全面启动，它不仅改变了农村的经济结构，也深刻影响了农村社会的方方面面。随着农民生产积极性的提高，农业生产迅速恢复并实现了快速增长，农村经济活力显著增强，农民生活水平也随之提高。这一改革举措不仅是中国农村经济发展史上的一个重要里程碑，也是全球范围内农村发展与合作模式探索的一个成功案例。它展示了在特定历史条件下，通过制度创新和政策调整，可以有效解决农村经济发展中的瓶颈问题，推动农村社会的全面进步。同时，它也为中国后续的改革开放和现代化建设奠定了坚实的基础。①

总之，从农业合作化运动到人民公社，再到家庭联产承包责任制的推行，我国农村经济体制改革经历了一系列的探索和实践。在这一过程中，农村生产力量得到了充分释放，农业生产条件得到了改善，为国家经济发展和社会稳定奠定了坚实基础。

第四节　改革开放以来乡村治理体系分析

随着改革开放的推进，我国农村面临着生产秩序不稳定、农民积极性不高的问题，需要进行经济体制的调整和改革。

---

① 蒋永穆，王丽萍，祝林林. 新中国70年乡村治理：变迁、主线及方向［J］. 求是学刊，2019，46（5）：1-10+181.

第三章 乡村治理及"三治结合"乡村治理体系的历史演进

一、乡村治理体系的初始阶段（1978—1988）

（一）农村经济体制改革阶段（1978—1982）

改革开放后，我国乡村治理改革在很多方面摸索着前行。1978年年底的十一届三中全会，揭开了农村改革的序幕，标志性的事件是安徽省凤阳县小岗村18户农民在分田到户的合同上按下手印，实施农业"大包干"。这一创新举措极大地激发了农民的生产积极性，解决了他们的温饱问题，也为农业经济体制改革铺平了道路。

随后，从1979年开始，中共中央通过《关于加快农业发展若干问题的决定》，允许一定范围内的"包产到户"，到1983年之后，家庭联产承包责任制在全国农村广泛推广，农业生产力得到了飞速发展。

在此背景下，原有的人民公社体制逐渐解体，为土地承包责任制的建立提供了机会，并促进了乡村治理的进步和村民自治的萌生。例如，1980年的广西宜州市屏南乡合寨村成为全国第一个自发选举产生村民委员会的地方，标志着村民自治实践的第一步。

（二）村民自治制度的探索阶段（1982—1988）

自1980年广西率先创立第一个村民委员会以来，中国农村治理的民主化进程迈出了重要一步。1982年，《中华人民共和国宪法》正式纳入村民委员会的相关法条，这一里程碑式的举措为村民自治奠定了坚实的法律基石，使其从地方实践上升为国家层面的制度化民主形式，深刻体现了我国人民当家做主的基本原则。至1982年年底，全国各地纷纷效仿，涌现出众多类似村民委员会的组织管理机构，标志着以村委会为基础的村民自治体系在农民的自发创造与国家政策的双重推动下逐步成型。

在此期间，中共中央高度重视"三农"问题，自1982年至1986年连续五年发布的中央一号文件均对此进行了深入阐述与具体部署。特别是1983年，中央不仅从理论上肯定了家庭联产承包责任制作为农民伟大创造的历史地位，还明确其为马克思主义农业合作化理论在中国实践中的新突破。同年，《关于实行政社分开建立乡政府的通知》的发布，标志着人民公社时期"政社合一"的旧有模式正式退出历史舞台，取而代之的是更加符合时代需求的"乡政村治"新模式，这一转变为我国乡村治理翻开了崭新的一页。

1987年11月，《中华人民共和国村民委员会组织法（试行）》的颁布，是村民自治发展历程中的又一重大事件。该法详细规定了村民委员会的设立原则、组织架构及职责范围，强调了依据村民居住状况和人口分布合理设置村委会的重要性，以确保自治的便利性和有效性。随着该法的试行与推广，全国范围内的乡村迅速响应，在原有人民公社的基础上重构治理体系，设立乡镇政府，并相应成立村民委员会和村民小组，有效填补了治理空白，促进了乡村社会的稳定与发展。

从1982年至1988年，随着《村民委员会组织法（试行）》的实施，村民自治制度在全国范围内得到了广泛实践与深化。各地结合实际情况，探索出多样化的自治模式与经验，不仅增强了农民群众的参与感和归属感，也为农村经济的持续发展注入了强大动力。这一阶段的探索与巩固，标志着我国乡村治理体系从"政社合一"向"政社分设"的深刻转变，乡政村治模式的核心在于国家统一领导下的农民广泛参与，体现了国家与社会之间的合理分权与协作，为中国特色社会主义乡村治理体系的建设奠定了坚实基础。[①]

二、乡村治理体系法治化、规范化发展阶段（1988—2006）

1988年，民政部颁布的《关于在全国农村开展村民自治示范活动的通

---

① 徐勇.中国农村村民自治［M］.北京：生活书店出版有限公司，2018：27.

第三章 乡村治理及"三治结合"乡村治理体系的历史演进

知》为各地区开展村民自治提供了重要借鉴。随后,《全国农村村民自治示范活动指导纲要(试行)》首次提出建立民主选举、民主决策、民主管理、民主监督等四项民主制度,体现了农村民主建设逐步走向规范化。1998年,《中华人民共和国村民委员会组织法》的颁布,进一步完善了乡村治理的制度化建设,为乡村治理的法治化建设确定了基本框架。此后,中央一号文件持续关注"三农"问题,并根据时代需要确立了相应的发展战略。在社会主义新农村建设背景下,乡村治理体系进入多元化建设时期。

在这一时期,村民自治法治体系初步完善,自治示范逐步展开,并通过基层实践探索不断完善乡村治理体系和乡村治理能力的现代化要求。法治化建设是乡村治理从自我探索到制度形成,并最终有效纳入国家治理体系的必然过程。

三、乡村治理主体能力的建设阶段(2006—2012)

随着2005年12月《中华人民共和国农业税条例》的正式废止,我国乡村社会迈入了一个全新的后税费时代,标志着延续了数千年的农业税制度成为历史。这一变革不仅减轻了农民负担,更为乡村治理的深化发展开辟了广阔空间。在此背景下,农民民主意识的显著增强促使乡村治理主体能力建设成为这一时期的重要议题。

为应对后税费时代带来的挑战与机遇,2006年《关于推进社会主义新农村建设的若干意见》明确提出,要加强农村民主政治建设,完善乡村治理机制,确保村民自治机制充满活力。该意见强调,通过健全村务公开和民主议事制度,切实保障农民群众的知情权、参与权、管理权、监督权,为村民主体能力的提升奠定了坚实的制度基础。[1]

---

[1] 中共中央 国务院关于推进社会主义新农村建设的若干意见干部读本[G].北京:中国农业出版社,2006:188-190.

随着《关于切实加强农业基础建设进一步促进农业发展农民增收的若干意见》的发布，2007年进一步明确了健全基层党组织领导下的基层群众自治制度的重要性，并规范和完善了民主选举程序，依法保障了农民群众的选举权利，包括推选权、直接提名权、投票权和罢免权，为乡村治理主体的有效参与提供了法律保障。[1]

党的十六大以来，国家对"三农"工作的重视程度前所未有，一系列战略部署相继出台。特别是2008年党的十七届三中全会通过的《关于推进农村改革发展若干重大问题的决定》，将健全农村民主管理制度作为重要任务之一，强调党的领导、人民当家做主、依法治国的有机统一。该决定聚焦于扩大有序参与、推进信息公开、健全议事协商、强化权力监督等方面，旨在通过加强基层政权建设，扩大村民自治范围，保障农民享有更多更切实的民主权利，从而推动乡村治理体系的全面升级。

在这一阶段，农民作为乡村治理的核心主体，其地位和作用得到了前所未有的重视。一方面，通过扩大参与主体的广度，积极培育和发展农村社会组织，构建多元主体协同互动的治理格局，有效促进了乡村社会的自我管理和自我发展；另一方面，通过激发村民的主体性，不仅降低了治理成本，还激发了乡村的内生动力，使治理主体能力在实践中不断提升，制度和理论体系也随之完善。这一系列举措为乡村治理的可持续发展奠定了坚实的基础，也为国家治理体系的现代化贡献了重要力量。

---

[1] 中共中央 国务院关于切实加强农业基础建设进一步促进农业发展农民增收的若干意见［G］.十七大以来重要文献选编（上），北京：中央文献出版社，2009：133-151.

第五节 "三治结合"乡村治理体系建设的发展历程

我国对"三治结合"乡村治理体系的建设可以归纳为两段历程，一是地方实践经验的发展历程，二是成为中央的乡村治理方略后的发展历程。

一、2012—2017年"三治结合"乡村治理体系建设的初步探索

2012年至2017年间，"三治结合"乡村治理体系的初步探索经历了从地方实践到国家政策层面的逐步提升与深化过程。

首先，在地方实践层面，2013年，浙江桐乡等地率先进行了"自治、法治、德治"建设的实践探索。面对土地征用、房屋拆迁等引发的矛盾与纷争，桐乡通过创新治理方式成功化解了矛盾，平衡了各方利益，形成具有可复制性、可操作性的"桐乡经验"。这一经验在浙江全省逐步推广并加以实践，显示出了巨大的优势，形成了品牌效应。

其次，在国家政策层面，中央对乡村治理的重视程度不断提升，对"三治结合"的治理理念给予了明确肯定和支持。从2015年开始，中央关于农村的文件不仅强调了自治的积极作用，还强调了法治和德治在乡村治理过程中的重要作用。例如，2015年中央一号文件强调了在农村中加强法治建设，将法治建设和道德建设结合起来；2016年的中央一号文件则提出了"创新和完善乡村治理机制"，并更加凸显了德治在乡村治理中的作用。[①]

[①] 张钟蓦.新时代我国"三治结合"乡村治理体系建设研究[D].大连：大连海事大学，2022：16.

在国家政策的引导下，全国各地纷纷结合自身实际，积极探索"三治结合"的乡村治理模式。一些地方注重发挥自治的基础作用，加强村民自治组织建设，提升村民参与治理的积极性和能力；另一些地方则强调法治的保障作用，加大对农村法治建设的投入，完善农村法律服务体系，提高农民的法律意识和法治素养；还有的地方着力推进德治，通过加强乡村文化建设、开展道德教育等方式，培育乡村文明风尚，促进乡村和谐稳定。

二、2017年以来"三治结合"乡村治理体系建设的发展历程

自2017年以来，"三治结合"乡村治理体系建设的发展历程可以视为一个不断深化和细化的过程，其间伴随着国家政策的明确导向和各地实践的积极探索。

在2017年党的十九大报告中，"健全自治、法治、德治相结合的乡村治理体系"的提出，标志着"三治结合"从地方性的治理经验上升为国家层面的治村策略。这一转变不仅凸显了"三治结合"在乡村治理中的重要地位，也为后续的政策制定和实践探索提供了明确的方向。

随后，2018年的《乡村振兴战略规划（2018—2022年）》进一步明确了"三治结合"乡村治理体系的具体内容和实施路径。其中，"自治为基、法治为本、德治为先"的原则性规定，为乡村治理实践提供了根本遵循。同时，规划还强调了党组织在乡村治理中的领导作用，为"三治结合"的顺利实施提供了组织保障。

2019年，党的十七届四中全会将"三治结合"的理念从乡村治理拓展到更广泛的基层社会治理领域，提出构建基层社会治理新格局的要求。这一变化表明，"三治结合"的治理理念已经得到了更广泛的认同和应用，成为推动基层社会治理现代化的重要力量。

2020年的中央一号文件进一步强调了党组织在乡村治理中的领导作用，并提出要健全乡村治理工作体系，深入推进平安乡村建设。这些要求不仅体

第三章　乡村治理及"三治结合"乡村治理体系的历史演进

现了对乡村治理体系建设的全面性和系统性考虑,也反映了对乡村社会稳定与和谐发展的高度重视。

2022年,中央一号文件继续强调"三治结合"乡村治理体系的建设,特别指出要推进村委会规范化建设。这一举措旨在通过加强村委会的规范化运作,提升乡村治理的效能和水平,进一步推动乡村振兴战略的深入实施。

总体来看,自2017年以来,"三治结合"乡村治理体系建设的发展历程是一个政策引导与实践探索相结合的过程。在党中央的高度重视和各地积极实践下,"三治结合"乡村治理体系不断完善和发展,为乡村振兴和农业农村现代化提供了有力支撑。

第四章 "三治结合"乡村治理体系存在的问题及原因

第一节 "三治结合"乡村治理体系存在的问题

随着中国农村社会经济的快速发展，乡村治理体系的构建和完善成为国家治理体系和治理能力现代化的重要组成部分。在这一过程中，"三治结合"的乡村治理模式应运而生，即政府治理、村民自治与法治相结合，旨在实现乡村治理的科学化、规范化和民主化。然而，在实践中，这一模式仍存在一些问题和挑战，亟待我们深入探讨和研究。

一、"三治结合"治理样板趋同，但理念存在差异

"三治结合"乡村治理在中国有着悠久的历史和文化底蕴，但在2013年浙江桐乡的实践中得到了创新性的发展和完善。桐乡模式通过有效嵌入法治和德治，走出了一条可学、可推广的基层社会治理创新之路。在桐乡模式的

第四章 "三治结合"乡村治理体系存在的问题及原因

影响下,全国范围内的"三治结合"建设得到了迅速推广。然而,在推广过程中,部分地区出现了盲目追求样板化、口号化、标准化与指标化的现象,导致基层治理创新呈现出趋同化的特点。

(一)"参会""组团"的普遍化以及"评先"式德治建设的通行

首先,桐乡"三治"模式在全国范围内成为"三治结合"的样板,这一模式的核心是"一约两会三团",它为地方治理提供了实践性和扩展性的平台。全国各地纷纷效仿,形成了"参会"和"组团"的热潮。然而,这些社会组织和治理平台是否真正因地制宜,与本地经济、人文环境相适配,还需要进一步观察。如果没有本地资源的支撑,可能会出现为"设置"而设置,无法持续的尴尬局面。

其次,全国乡村"三治结合"建设中,"评先"式德治建设成为一种通行做法。各地纷纷开展各种评选活动,如"身边好人""最美家庭""十佳婆媳"等,旨在通过评选促进道德建设。然而,我们需要认识到评选活动虽然能够在一定程度上激发村民的道德热情,提高他们参与道德建设的积极性,但如果仅仅停留在评选的层面,那么这种德治建设就显得过于单一和机械。德治的核心价值在于通过文化的宣扬和传承,营造出一种深入人心的文化认同和道德氛围。因此,文化建设应该是多元化、多角度、全方位的,它应该包括对传统道德文化的挖掘和传承,对现代道德理念的普及和推广,以及对乡村社会道德实践的引导和规范。机械的、以数量为主的"评选"活动往往缺乏活性,难以真正体现德治的核心价值。这种活动往往只关注评选的结果和数量,而忽略了评选过程中的教育意义和文化内涵。此外,过多的评选活动还可能导致村民的审美疲劳和参与度下降,从而影响德治建设的实际效果。

在趋同化的背后,暴露出对"三治结合"体系本体和内核的误解。首先过于注重形式上的模仿,忽略了治理模式的本质和内涵。一些地区只是简单地复制了其他地区的做法,而没有深入理解其背后的理念和精神,导致治理模式失去了灵魂。其次,没有充分考虑当地的实际情况,导致治理模式与当地社会经济发展需求不匹配。不同地区面临着不同的问题和挑战，需要因地制宜地制定治理策略，而样板化则忽略了这种差异性。最后，样板化还容易导致治理资源的浪费和治理效率的降低。由于治理模式缺乏针对性和实效性，往往难以解决当地的实际问题，反而增加了治理成本。每个乡村都有其独特的历史、文化和社会背景，治理方式必须因地制宜，与当地实际情况相契合。只有这样，才能真正实现"三治结合"的治理目标，促进乡村的和谐与繁荣。

（二）"三治结合"体系建设的口号化

在当前的国家政策倡导下，"三治结合"治理体系正在我国各地得到广泛实践。该体系以"三治"为核心，各类治理措施都被赋予了"三治"的创新标签。然而，"三治结合"的本质并非简单的三个治理方式的叠加，而是一套旨在构建和维护社会公正、秩序的机制，其本质在于通过自治激发社会活力，法治保障公平正义，德治引领社会风尚，三者相辅相成，共同维护社会的和谐稳定。

放眼全球，无论是国内的"桐乡三治"实践，还是国外的美国"乡镇自治"、日本基层自治、新加坡城邦治理等模式，均不难发现自治、法治、德治相结合的治理框架是普遍存在的，进一步证明了"三治结合"理念的普适性和重要性。

"桐乡三治"作为这一领域的佼佼者，其创新性和实践成果无疑为其他地区提供了宝贵的经验和启示。值得注意的是，并非所有冠以"三治"之名的创新都严格符合"三治结合"的完整内涵。关键在于，那些虽未直接以"三治结合"命名，但在治理结构、理念或内涵上深刻体现了自治、法治、德治相结合特征的治理实践，同样应当被纳入"三治结合"治理体系的范畴之内。

因此，应当以更加开放和包容的心态来看待"三治结合"治理体系的实践与发展。既要肯定"桐乡三治"等典型代表的示范作用，也要充分认识和尊重广大基层社会在治理创新中所付出的努力和取得的成就，广泛开展实践，不断探索创新，以实现我国社会治理的高效和公正。同时，也要防止以

第四章 "三治结合"乡村治理体系存在的问题及原因

偏概全，忽视其他具有创新性的治理实践。只有这样，才能真正推动"三治结合"治理体系在更广泛的范围内落地生根，开花结果。

（三）"三治结合"体系建设的标准化和指标化

"三治结合"体系建设的标准化和指标化问题，在当前国家主导下的发展中逐渐凸显。这两种趋势的初衷在于提升治理的科学性和高效性，然而，在实际操作中暴露出一些问题。

首先，标准化的问题在于其过于强调统一性和普遍性，而忽视了乡村治理的多样性和复杂性。我国地域辽阔，各地的经济、社会、文化条件差异显著，乡村治理也呈现出多元化的特点。如果一味追求标准化，可能会导致一些地区在治理过程中失去特色和灵活性，无法真正适应本地的实际情况。

其次，指标化的问题在于其可能过于关注可量化指标，而忽视了乡村治理中一些难以量化的重要因素。例如，在德治方面，文化氛围和情感认同等难以用具体指标来衡量，但这些因素对于乡村治理的成效却具有重要影响。如果过于追求指标化，可能会导致一些地区在治理过程中忽视这些重要因素，从而影响治理的实际效果。

此外，标准化和指标化还可能导致形式主义的倾向。一些地区为了迎合上级的考核要求，可能会过于注重治理措施的表面形式，而忽视其实际效果。在这种情况下，即使达到了所谓的"标准"和"指标"，也并不意味着乡村治理的真正改善。

事实上，这种内生文化与外在标准的互斥性不仅体现在"三治结合"建设中，在全国乡村治理工作中也同样存在。这是我国在推进治理体系与制度现代化过程中必须关注和解决的问题。为此，在继续推进标准化和指标化的同时，要充分考虑乡村治理的实际需求和文化特色，探索一种既符合国家治理体系要求，又具有乡村特色的"三治结合"治理模式。

总的来说，"三治结合"体系是一种富有活力和创新精神的治理模式，它源于浙江桐乡，在全国范围内得到了推广。虽然当前存在着一定程度的趋同化问题，但只要我们坚持"以人民为中心"，坚持开放和创新的治理理念，就一定能推动"三治结合"体系的创新发展，为我国的乡村治理注入新的活力。

良好的治理并非意味着完美无缺，而是追求适宜性和实效性。在当前乡村治理体系中，需要关注的核心问题是如何将"三治结合"的原则贯彻到实际操作中。这不仅要求我们深刻理解"三治结合"的本质，还要在实施过程中避免陷入行政化的陷阱，充分释放其活力，以适应我国社会主要矛盾的变化，满足人民群众的需求。

二、"三治结合"治理形式丰富，但内涵缺乏

随着社会的不断发展和进步，治理模式也在不断地演变和创新。在这个过程中，"三治结合"作为一种独特的治理形式，逐渐成了社会治理的重要手段。然而，尽管"三治结合"在实践过程中取得了一定的成果，但其内涵仍然较为匮乏，亟待进一步丰富和完善。

（一）重"三治"轻"结合"

从全国各地的"三治结合"体系建设实践来看，存在一些重"三治"轻"结合"的情况。[1]主要表现在以下几个方面：

第一，基层党组织对"三治结合"的理解不够深入。在一些地区，党建主导的"三治结合"建设仍然停留在形式上，没有真正实现"三治"的有机结合。例如，山东某县的"党建+三治融合"，虽然在加强基层党组织建设、村民自治建设、法治化建设和德治氛围营造等方面取得了一定成效，但仍然存在着重形式而轻内容的问题。

第二，政府在"三治"体系建设中的作用过大。在一些地区，政府仍然是"三治"体系建设的主要推动力，民众的参与度较低。以安徽某市为例，

---

[1] 李明.新时代"三治结合"乡村治理体系研究［D］.长春：吉林大学，2023：21.

第四章 "三治结合"乡村治理体系存在的问题及原因

乡政府部门通过行政体系推进"三治"体系建设，虽然建立了村级组织体系和民主协商平台，但仍然存在政府主政、民众被动参与的问题。[①]

当前我国乡村治理的现状是，自治和法治建设相对较为完善，但德治建设相对滞后。这使乡村治理在形式上看似完备，但在内容和效能上却存在不足。这是因为，德治作为思想和文化层面的内容，其效果难以量化和评估。而法律的权威和效力，源于人们内心的敬畏。如果只注重自治和法治的建设，而忽视了德治的作用，那么乡村治理就难以深入人心，治理效能也就难以真正发挥。

（二）"行政化"倾向

"三治结合"治理体系可能会受到基层政府行政化和科层性结构的影响，导致治理的碎片化和行政化倾向，从而破坏了"三治结合"体系的整体治理结构。网格化管理作为一种现代化的治理手段，在提升治理效率、强化监管控制等方面具有显著优势。然而，过度的网格化也可能导致治理的过度行政化，抑制基层自治的创新和活力。当网格化管理变得过于严格和细致时，它可能会限制村民的自主性和参与度，使乡村治理变得僵化和缺乏灵活性。

为了克服这一问题，需要在推进"三治结合"治理体系的过程中，注重激发群众自治活力。这不仅是"三治结合"治理的重要价值取向，也是我国基层治理体系的核心任务。应该通过创新治理机制、优化治理结构、提升治理能力等方式，让农民在乡村治理中发挥更大的作用，实现自我管理、自我服务、自我教育、自我监督。

因此，需要在基层治理中找到一个平衡点，既要规范化、正规化和多层化，以保证治理的效率和公正，又要保持一定的灵活性，激发民众的自治活力。这样才能真正实现"三治结合"的治理目标，推动我国基层治理体系向

[①] 李明，张丽薇，张月."三治"结合：新时代中国乡村治理体系研究［M］.北京：中国农业出版社，2023：119.

更加高效、公正、有活力的方向发展。

（三）治理"碎片化"

"碎片化"现象是我国政府部门在治理过程中面临的一个重要问题。这种现象主要表现为各部门在行政化管理过程中，各自为战，缺乏协同配合。由于行政管理的精细化，很容易导致权责不明、资源整合不足以及治理渠道不畅，从而引发"碎片化"治理问题。[①]

在我国的"三治结合"模式中，自治、法治、德治各自有不同的功能定位和发挥作用的空间。在沿海经济发达地区，由于地方财力雄厚，行政管理分工复杂且细致，乡村治理实践往往由多个政府部门主管和负责。这种情况下，各部门容易陷入各自为政、各司其职的困境，使治理"碎片化"问题变得更为普遍。

以浙江某村的"三治结合"示范村为例，尽管各部门在分工上表现出了较高的效率，但在协同配合方面显得不足。这种情况在一定程度上加剧了治理"碎片化"的问题，影响了治理效果的优化。

三、"三治结合"治理主体配合参与不足

在当前社会治理体系中，"三治结合"已经成为一个重要的治理模式，即政府治理、社会自我调节和公民参与相结合。然而，尽管这一模式在理论上具有很大的优势，但在实际操作中，我们发现"三治结合"的治理主体配合参与不足，这在一定程度上影响了其治理效果。

[①] 唐皇凤，汪燕. 新时代自治、法治、德治相结合的乡村治理模式：生成逻辑与优化路径[J]. 河南社会科学，202（6）：63-71.

第四章 "三治结合"乡村治理体系存在的问题及原因

(一) 乡镇政府推动建设"三治结合"过程中服务职能不到位

1. 乡镇政府过于关注完成上级任务，忽视公共服务职能

乡镇政府作为我国最基层的行政单位，肩负着推动"三治结合"治理体系的关键作用。在这个体系中，乡镇政府不仅要全面执行国家或上级政府下达的各项方针政策，还要负责将这些政策传达给广大农民，并布置相关的工作，使乡镇政府常常陷入"全能政府"的角色，过于关注完成上级任务，而忽视了真正行使公共服务的职能，这与我国当前服务型政府的要求存在明显的差距。

2. 村委会行政化严重，基层党组织力量涣散

村委会在乡村治理中扮演着重要角色。它既要遵循党的村党支部的领导，又要接受乡镇政府的指导。然而，现实中出现了一种现象，即村委会日益行政化，这不仅削弱了其作为村民自治组织的代表性和独立性，也使其在处理日常通知和行政事务之外，难以有更多的精力和资源去关注村民的实际需求和利益。这种情况下，村委会很难有所作为，更难以在推动农村发展、改善村民生活等方面发挥积极作用。

更为严重的是，村委会的行政化还导致农村基层党组织力量涣散，领导核心作用不强。基层党组织作为乡村治理的领导核心，其力量和作用的发挥对于乡村治理的成效至关重要。然而，当村委会过于依赖上级政府，缺乏自主性和创新性时，基层党组织也很难组织起有效的实践探索，难以在乡村治理中发挥应有的作用。

3. 乡村干部治理能力不足

首先，由于乡村干部在自治、法治和德治方面的能力不足，他们可能无法全面理解并贯彻"三治结合"的治理理念，导致服务内容过于宽泛或过于狭窄，不能有效覆盖学术科研、就业创业、素质拓展、志愿服务等各个方面，使乡村治理的服务功能大打折扣，无法满足村民的多元化需求。

其次，乡村干部在构建和完善服务体系方面缺乏足够的经验和能力，导致服务体系缺乏系统性、连续性和创新性。同时，服务机制的不健全也使服

务效果难以评估和优化，无法形成促进村民某种才能提高的长效机制。

再次，由于乡村干部对村民需求了解不足，或者缺乏有效的服务手段和方法，导致他们提供的服务往往不能有效满足村民的实际需求，使村民对乡村治理的满意度降低，进一步削弱了乡村治理的成效。

最后，由于乡村干部在资源整合、资金筹措和人力调配等方面的能力有限，导致一些服务项目因缺乏必要的支持和保障而中途夭折，或者无法激发村民的兴趣和参与度，使乡村治理的服务职能无法得到有效发挥，影响了"三治结合"治理体系的推进和实施。

为了解决以上问题，需要积极探索新的治理模式，强化乡镇政府和村委会的服务职能，提升乡村干部的治理能力，从而推动乡村振兴战略的实施，满足广大农民群众的多元化需求。同时，还要进一步完善相关政策，为乡村治理提供有力的制度保障。

（二）社会组织参与乡村治理能力较弱

从全国范围来看，除沿海初步完成现代化治理的城市乡村以外，绝大多数地区尤其是中西部乡村地区经济发展滞后，社会组织的经济实力相对较弱，使它们在争取政策、人力、财力等发展资源方面处于劣势地位。由于资源有限，这些组织很难建立起完善的组织管理机制和人才培养体系，从而影响了其治理能力。

在现实中，乡村社会组织为了获取更多的政策支持和资源，往往容易受到地方党政部门的政治依赖和政策导向的影响。这种政治依赖性会削弱社会组织的独立性，使其在治理过程中缺乏自主性和创新性。

在我国的很多乡村地区，传统的宗族观念和地方保护主义思想仍然较为浓厚，使乡村社会组织在推动乡村治理改革和创新的过程中面临较大的阻力。社会认同度的不高使社会组织在推动改革和创新时难以得到广泛的支持和参与。

由于很多乡村地区的基础设施和信息化水平相对较低，导致乡村社会组织在获取信息、传播信息以及与外部世界沟通交流方面存在较大的困难。信息不对称使这些组织在参与乡村治理的过程中缺乏对外部环境的准确把握，从而影响了其决策和实施效果。

（三）村民参与治理的积极性不足

第一，由于一些村庄的教育条件落后，村民们的知识储备和认知水平有限，使他们在理解和接受"三治结合"的治理理念时存在困难。他们可能无法理解这种新型的治理模式对于村庄发展的重要性，从而对参与治理缺乏积极性。

第二，在一些地方，政府和村庄之间的信息传递不畅，导致村民们对于"三治结合"的具体实施方法和步骤了解不足。这种情况使村民对于参与治理感到困惑和无助，进一步影响他们的参与积极性。[1]一些村庄的村民仍然受到传统治理观念的影响，认为治理是政府的事情，村民无须参与。这种观念的存在，会阻碍他们积极参与到"三治结合"的治理中来。

第三，一些村庄在推进"三治结合"的治理过程中，缺乏有效的激励机制来鼓励和引导村民积极参与，使村民们缺乏参与治理的动力。

第二节 "三治结合"乡村治理体系存在问题的原因

上一节我们分析了在实践过程中"三治结合"乡村治理体系仍然存在一些问题，影响了其治理效果，本节将对产生这些问题的原因进行深入分析，以促进我国"三治结合"乡村治理体系的持续健康发展。

---

[1] 潘川弟.深化三治融合"桐乡经验"的实践与思考［J］.政策瞭望，2018（11）：25-29.

一、"三治结合"体系的理论认知不足

"三治结合"的乡村治理模式，源自浙江桐乡的生动实践，深刻体现了人民首创精神与群众路线的有机结合。这一模式不仅是对桐乡经验的总结，更是对乡村治理现代化路径的有益探索。然而，在全国范围内推广过程中出现的行政化、样板化倾向，暴露了部分地区对"三治结合"本质与内涵理解的肤浅。

"三治结合"，即自治、法治、德治相结合，并非简单的模式复制，而是需根据各地经济发展、社会结构、文化传统等实际情况灵活运用的治理智慧。桐乡的"一约两会三团"作为其实践载体，虽具示范意义，但绝非普适模板。其成功的关键在于深刻理解了"三治结合"的内在逻辑与核心理念，即促进乡村社会的和谐共治，实现利益平衡与公平正义。

当前，一些地方在推行"三治结合"时，忽视了这一模式的生成土壤与适用条件，盲目照搬桐乡模式，导致制度设计与地方实际脱节，治理效果大打折扣。这不仅未能有效激活乡村治理的内生动力，反而可能加剧治理成本，引发新的矛盾与问题。

针对此，新时代下的"三治结合"乡村治理体系建设，应更加注重因地制宜、因时制宜。自治作为主体和基础，应首先强化，通过激发村民自治活力，构建民事民议、民事民办、民事民管的良好格局，以低成本、高效率的方式解决乡村治理中的实际问题。同时，法治与德治作为保障与补充，应相辅相成，共同作用于乡村社会的各个层面，形成良性互动的治理生态。

在此过程中，应警惕行政化倾向的干扰，避免将城市治理的复杂科层体制简单移植到乡村社会。乡村治理有其特殊性，需要更加灵活、简约的治理方式。德治作为非正式治理手段，能够有效弥补正式制度的不足，通过文化认同与道德规范引导村民行为，促进乡村社会的和谐稳定。

第四章 "三治结合"乡村治理体系存在的问题及原因

二、"三治结合"体系的主体推力不足

乡村治理的有效推动需要基层干部发挥作用，他们既是组织者和协调者，也是服务提供者和决策执行者。然而，在实际工作中，一些基层干部的积极性、责任感和效能意识不够强，导致基层治理主体的推力不足。这种现象可能与个人素质、工作环境、激励机制等多方面因素有关。

（一）基层党组织领导效能不足

基层党组织作为党的基层战斗堡垒和联系群众的桥梁纽带，在推动乡村振兴、社会治理和基层建设方面发挥着重要作用。然而，近年来也面临着领导效能不足的挑战。基层党组织领导效能的不足，不仅影响了党在基层的凝聚力和战斗力，也制约着基层工作的质量和效率。

1.基层党组织弱化

我国基层党组织弱化是一个长期存在且深层次的问题，主要表现在以下几个方面：

第一，绝大多数基层党组织中的党员都是中老年人，年轻党员比例较低。导致基层党组织在引领和凝聚年轻一代群众方面存在困难，无法有效吸纳年轻人参与党建工作。

第二，一些基层党组织的活动形式较为呆板单一，缺乏吸引力和感染力，难以吸引更多党员和群众参与，导致党组织活力不足。

第三，一些基层党组织在服务群众、推动工作、解决问题等方面发挥作用不明显，存在"为形不为实""为权不为民"的问题，影响了基层党组织的凝聚力和影响力。

第四，一些基层党组织中存在民主集中制落实不到位、决策过程不透明等问题，导致党员参与意识不强，民意无法及时反映和落实。

2.基层党组织机制不成熟、组织不健全

一些农村基层党组织在组织设置上不够完善，缺乏科学合理的组织架构，职责划分不清晰，导致工作推进和协调不畅。基层党组织在建设"三治结合"方面面临资源不足的问题。人力、物力、财力等方面的投入相对有限，影响到权力架构完整、治理结构均衡的建设。部分基层党组织理念滞后，仍然注重单一治理形式的培育和建设，未能深入结合"三治结合"的结构和理念，使基层党组织在应对农村治理现代化的挑战时存在一定的不适应性。农村基层党组织在面对治理资源有限的情况下，由于缺乏足够的法规、专业知识和技术支持，不能有效推进法治建设和规范化治理，导致治理效能不高。影响了基层党组织的正常运作，给农村社会的稳定和发展带来了隐患。

3.基层党组织对"三治结合"的整合推进不足

在理念层面上，一些基层党组织可能由于乡村精英流失等原因，缺乏先进治理理念，无法明确乡村自治、德治和法治的责任权限边界，难以有效领导"三治结合"的发展。缺乏先进的思想指引和理念支持，容易造成治理工作的盲目性和局限性。

在实践层面上，由于历史的政治惯性和乡政村治格局的延续，基层党组织在具体的治理实践中可能存在不愿介入或难以调处乡村自治、德治和法治之间的矛盾和冲突的问题。缺乏对"三治结合"关系的深入梳理和协调，使"三治结合"体系内部呈现断续性的状态，影响了其整体联动效应的发挥。

（二）基层政府对"三治结合"的整体性推进不足

自20世纪80年代以来，我国市场经济体制改革和政治体制改革的深入推进，无疑为社会的整体进步注入了强大的动力。然而，这种深刻的社会变革并非一帆风顺，它所带来的影响力和挑战同样显著，特别是在乡村社会和基层治理层面。

市场经济和政治体制的改革，使乡村社会从原本的封闭、同质化状态，逐渐走向了开放和异质化。这种转变不仅带来了经济上的活跃和多元，也导

第四章 "三治结合"乡村治理体系存在的问题及原因

致了社会结构的深刻变革。利益开始流动和分化,使乡村社会中的各个利益主体之间的关系变得更为复杂和微妙。在这种背景下,基层政府与其他利益主体之间的利益对等关系难以实现,基层治理的难度和复杂性也随之增加。

由于利益的多样化和复杂化,基层治理工作不再是一个简单的、单一的任务,而是需要面对各种复杂、多变的情况。这要求基层治理者不仅要有深厚的政策理论素养,还要有灵活应对各种复杂情况的能力。然而,现实情况往往是,基层治理工作面临着资源不足、人才短缺、制度滞后等多重困境,使社会治理模式的创新变得尤为迫切。

改革开放初期,"乡政村治"的治理格局虽然初步形成,但其中的问题和挑战也逐渐显现。作为村民自治组织主体的村委会,其角色和职能并未得到明确的界定,使村委会在履行职责时往往面临着多重角色的冲突和困境。既要维护村民利益,又要代理政府职责,这种双重角色的设定使村委会在发挥自治功能时显得力不从心。有时,为了应对上级政府的压力,村委会甚至可能忽视村民的真实需求和利益,无疑削弱了村民自治的实效性和可信度。因此,提升基层治理能力和动力成为当前乡村治理面临的重要任务。

三、法治德治对自治的支撑不足

(一)法治对乡村自治的保障和支撑不足

相比建立完整的公、检、法、司法组织体系的城市地区,乡村地区的司法组织体系存在诸多问题,使乡村基层的法治建设工作受到了严重阻碍,广大村民法治意识薄弱、法治思维匮乏,法治权利难以得到保障。乡村司法组织体系的不健全主要表现在以下几个方面:

首先,乡村地区缺乏完善的司法机关和人员配置,导致法律服务供给不足。乡村地区往往缺乏专业的法律人才和相关司法机构,无法提供充足的法律服务和解决纠纷的渠道,使村民难以依法维权。

其次,乡村基层干部对法律法规的了解和运用程度有限,法治意识薄弱。由于教育资源有限或传统观念的影响，一些乡村干部对法律的理解和运用存在一定的局限性，导致他们在执行职责和处理问题时缺乏法治思维和依法办事的意识。

此外，乡村地区传统的非正式规则仍然对村民行为产生较大影响。在国家正式政治权力作用有限的情况下，乡村村民常常沿用过往简单、粗糙的办法来处理村庄利益纠纷。在这种情况下，以权代法、以言压法的现象不仅使村民法治意识进一步减弱，也阻碍了现代法治在乡村社会的有效发挥。

（二）德治对乡村自治的文化支撑不足

德治对乡村自治的文化支撑不足主要是由于市场经济和商业逻辑的冲击、德治实施方式的隐性和间接性、缺乏有效的物质承载者和组织形式以及乡村治理体系建设的僵化等问题所致。

首先，市场经济和商业逻辑的冲击导致传统乡土社会治理文化和道德教化逐渐衰退。随着现代化进程的加速，乡村社会逐渐受到市场经济和商业逻辑的深刻影响，传统伦理道德观念受到挑战，村规民约的约束力减弱。年轻村民在成长过程中缺乏传统乡土文化的滋养，对传统伦理道德的信仰逐渐淡化，导致乡村社会的道德基础受到侵蚀，德治的文化支撑作用受到削弱。

其次，德治的实施相比于自治和法治更为隐性和间接，其效能的发挥更多地依赖于文化氛围的营造和教育引导。然而，当前乡村社会在道德教化方面缺乏有效的物质承载者和组织形式，导致德治的实施难以落地生根。虽然国家政策鼓励乡村贤达参与德治建设，但真正发挥德治作用的实体并不多，使德治在乡村自治中的文化支撑作用难以得到有效发挥。

此外，乡村治理体系建设中存在盲目模仿他人治理方式的问题，导致治理体系过于僵化，无法紧密贴合乡村社会的实际情况。这种"嫁接式"的治理方式不仅无法有效发挥德治的作用，还可能使乡村社会陷入文化迷失和道德困境，进一步削弱了德治对乡村自治的文化支撑。

所以，为了加强德治对乡村自治的文化支撑，需要重视传统乡土文化的传承与发展，创新德治实施方式，加强道德教化的组织建设，并构建符合乡村社会实际的治理体系。

第五章 "三治结合"乡村治理体系实践经验借鉴

第一节 "枫桥经验"在乡村综合治理中的应用

一、"枫桥经验"概述

（一）"枫桥经验"的起源

"枫桥经验"作为我国乡村治理的一种成功实践，具有深厚的历史文化底蕴和独特的治理模式。

"枫桥经验"是中国浙江省诸暨市枫桥区干部和群众探索出的一种社会管理实践经验，是一种以村民自治为基础，以法治为保障，以民主协商为手段的乡村治理模式。枫桥镇在乡村治理方面取得了显著的成绩，这得益于"枫桥经验"的长期发展和不断完善。

"枫桥经验"的独特之处在于，它强调村民自治和民主协商。在"枫桥经验"中，村民是乡村治理的主体，具有决策权和监督权。村民通过选举产生村民委员会，负责乡村的日常管理和决策。村民委员会在实践中逐渐形成了民主协商的机制，通过村民大会、理事会等形式，实现村民自治和民主协商。

"枫桥经验"还强调法治保障。枫桥镇在乡村治理中，注重法治的运用，制定了一系列的乡村法规和规章制度，规范乡村治理的行为。这些法规和规章制度既保障了村民的合法权益，又规范了乡村治理的行为，促进了乡村治理的规范化和制度化。

"枫桥经验"的成功实践为我国乡村治理提供了有益的借鉴和启示。我国应进一步推广"枫桥经验"，完善乡村治理体系，促进农村社会的和谐稳定和经济发展。同时，"枫桥经验"也提醒我们，乡村治理是一个长期而复杂的过程，需要不断地探索和创新。只有坚持"枫桥经验"，才能推动乡村治理的发展，实现农村社会的繁荣和发展。

（二）"枫桥经验"的内涵

"枫桥经验"是一种乡村治理模式，它以我国的枫桥镇为原型，以民主、法治、德治相结合为基本原则，强调发挥群众的主体作用，实现乡村治理的共建、共治、共享。这种模式在我国农村地区得到了广泛的应用，并取得了显著的成效。

首先，"枫桥经验"强调民主参与。在乡村治理中，民主参与是至关重要的。通过村民会议、村民代表会议等形式，让村民参与到乡村治理的决策过程中，增强了村民的参与感和责任感。这种民主参与的方式能够让村民更加积极地参与到乡村治理中，提高村民的自治能力，实现乡村治理的民主化。

其次，"枫桥经验"注重法治保障。法治是乡村治理的基本保障，只有通过法治手段，才能够保障乡村治理的公正性和合法性。"枫桥经验"强调法治保障，即在乡村治理过程中，要依法行政，保证村民的合法权益。通过法治手段，对乡村治理中的违法行为进行打击，维护乡村治理的秩序。

再次，"枫桥经验"强调道德引导。道德是乡村治理的重要支撑，只有通过道德引导，才能够引导村民树立正确的价值观和行为规范。"枫桥经验"

第五章 "三治结合"乡村治理体系实践经验借鉴

注重道德引导,即通过教育、宣传等方式,引导村民树立正确的道德观念,提高村民的道德素质。这种道德引导的方式能够提高村民的道德素质,增强村民的自律意识,实现乡村治理的道德化。

最后,"枫桥经验"强调共建共治共享。乡村治理是一个系统工程,需要各方共同参与,才能够实现乡村治理的目标。"枫桥经验"强调共建共治共享,即通过政府、企业、村民等多方的共同参与,实现乡村治理的共建、共治、共享。共建共治共享的方式让各方共同参与到乡村治理中,提高乡村治理的效率和质量。

(三)"枫桥经验"的价值体现

"枫桥经验"历经几十年的发展和传承,不仅屹立不倒,而且不断得以丰富和完善。它将成为新时代中长期坚持和发扬的宝贵经验,其价值已经得到了广泛认可。"枫桥经验"的价值主要体现在以下几个方面:

1.促进社会矛盾的预防和化解

"三治结合"乡村治理体系中,乡村基层社会矛盾的化解不再仅仅依赖于政府部门的干预,而是需要充分发挥社会调解方式的作用。这就要求我们在构建乡村治理体系时要设立完善的大调解机制,实现矛盾纠纷的多元化解决。"枫桥经验"正是这一机制的典型代表。

"枫桥经验"起源于我国浙江省诸暨市,该市已全面实行"点线面"结合的大调解模式。这种模式通过在市镇村三级联动、建立专业化调解机构,以及培训调解员等方式,全面打造了一个多元化、专业化的矛盾纠纷解决渠道,对于推动乡村社会稳定和谐发展具有积极意义。

"枫桥经验"中所展示的大调解机制要点:

"点"上的多元调解:通过设立品牌调解室、培训调解员等方式,为民众提供多元化的纠纷调解渠道,确保矛盾得到及时有效解决。

"线"上的专业调解:建立医患、法院诉前、交通事故等专业调解中心,提供专业化的服务,增加调解成功概率,提升调解效率。

"面"上的体系联动:市级、乡镇、村级三级联动,构建起完整的矛盾纠纷解决工作体系，保障各级工作协同有序进行。

在当今社会，社会矛盾不可避免地存在，构建"枫桥经验"式的大调解机制，将为维护和谐稳定社会生活作出积极贡献，值得借鉴和推广。

2.充分发挥自治理念，在乡村治理体系中不断加强自治理念

我国基层社会的自治主要由民主决策、民主监督、民主选举及民主管理四大环节构成，这四大环节共同构成了自治制度的合理性框架。实行村民自治，不仅是我国民主政治在乡村治理领域的具体实现形式，更是健全乡村治理体系的核心内容。为实现全面乡村振兴，必须充分发挥基层自治的作用，积极推进乡村治理体系和治理能力现代化。

为了充分发展"枫桥经验"，需要准确把握历史发展契机，全面推进村民自治。具体做法包括：第一，积极推进村务、财务公开，提高组织透明化程度。这是保障基层自治健康运行的关键，能够让村民充分了解村务管理情况，提高村民参与自治的积极性。第二，充分认识村（居）民委员会等基层自治组织的性质。作为与广大人民群众距离最近、联系最密切、利益关联度最高的组织机构，基层自治组织的每一项议程和决定都关系到群众生活。[1]因此，必须探索和完善村级重大事务议决事机制，强化自治理念在乡村治理体系中的地位。第三，加强基层自治组织的建设，提升自治能力。这意味着要培育一支具有高度责任心、专业能力和为民服务精神的基层干部队伍，使他们成为村民信赖的贴心人。第四，加强法治建设，规范基层自治组织的行为。要教育引导基层干部和村民遵纪守法，确保基层自治在法治轨道上运行。第五，创新发展模式，积极探索适应新时期乡村治理的需求。包括推广"互联网+"乡村治理模式，利用现代信息技术提高基层自治工作效率；加强乡村文化传承与发展，培育具有特色的乡村文化，提升乡村社会治理软实力。第六，加强村级组织与上级政府的沟通协作，形成上下联动、共建共治的良好格局。这有助于充分发挥基层自治组织的桥梁和纽带作用，为乡村振

---

[1] 余钊飞.新时代"枫桥经验"：乡村治理中的"三治融合"[J].人民法治，2018（14）：50-51.

兴提供有力支持。

3.契合社会整合系统理念，推动社会治理和发展

经过多年实践，"枫桥经验"通过建立"点线面"结合的大调解模式，整合了市镇村三级、法院、政府、社会组织等多元资源，形成了统一协同的矛盾纠纷解决体系。这种整合性做法促进了各方资源共享、协同作战，提高了社会治理和发展的效率和效果。

"枫桥经验"将市级、乡镇、村级三级联动，建立起面上的整体工作体系，要求各级间的合作与配合，落实责任、协同推进。这种协同合作推动了社会各方力量在治理过程中形成合力，构建起社会整合系统，实现社会治理的全面发展和协同运转。

"枫桥经验"在建立专业调解中心的基础上，着重培训各类专业人员，加强调解效率和质量，推动社会治理向专业化、精细化方向发展。这种专业化处理有助于提高社会治理的科学性和精准度，为社会发展提供更为稳健的保障。

通过多元调解机制、公开透明的处理程序以及专业调解团队的介入，"枫桥经验"构建了一个促进民众参与、信任和谐的社会氛围。这有利于增强社区凝聚力、促进社会和谐稳定，推动社会治理朝着更为民主、法治和效率的方向发展。

（三）"枫桥经验"与"三治融合"的联系

从对"枫桥经验"的定义和内涵分析中，可以清晰地看到，"枫桥经验"是在社会治理和矛盾化解中不断形成并完善的实践经验。在当下提倡"自治、法治、德治"乡村治理体系"三治融合"的背景下，"枫桥经验"与"三治融合"乡村治理体系密不可分，二者相互依存、相互促进。以下从几个方面分析它们之间的联系：

第一，社会治理导向的统一。"枫桥经验"着重在基层社会治理和矛盾化解实践中形成，在推进"自治、法治、德治"乡村治理中能够发挥独特作用。二者都以促进社会和谐、解决社会矛盾为根本目标，具有共同的社会治

理导向。

第二，服务乡村振兴战略的内在要求。在当前实施乡村振兴战略的大背景下，"三治融合"乡村治理体系必然需要建立在有效的社会治理经验基础之上，而"枫桥经验"正是这样一种在基层社会治理中取得实效的经验。因此，进一步完善和发展"枫桥经验"是适应乡村振兴战略、提升乡村治理效能的内在需求。

第三，随着时代的发展，"枫桥经验"正在成为城乡基层社会治理的指导性思想，为实现乡村治理现代化提供了重要借鉴。在"三治融合"背景下，不断完善和发展"枫桥经验"能够为城乡社会治理体系的创新带来更多启示和实践路径。

二、乡村综合治理的意义

实施乡村振兴战略，促进乡风文明和乡村治理现代化具有重大现实意义：一是培育和践行社会主义核心价值观的重要载体；二是建设美丽中国的前沿阵地；三是夯实党在基层执政的政治基础；四是解决新时代我国社会主要矛盾的有效抓手。因此，必须把乡村综合治理作为乡村振兴战略的一项重要任务，以加强党建引领为统领，以提升服务保障水平为导向，不断推动乡村综合治理提质增效。

三、用"三治融合""枫桥经验"为乡村综合治理赋能

新时代"枫桥经验"是中国共产党在基层治理实践中总结出的一套有效方法，强调发挥党的领导、人民当家做主、依法治国三者的有机结合，以及依靠群众、发动群众、组织群众、团结群众的重要性。在乡村治理中，我们可以借鉴和运用新时代"枫桥经验"，为乡村综合治理赋能。

第五章 "三治结合"乡村治理体系实践经验借鉴

（一）坚持党建引领，注入乡村治理新动能

基层党建在推进乡村治理过程中确实起着至关重要的引领作用。党的领导是中国特色社会主义最本质的特征，也是中国共产党一贯坚持和发展的优势。通过党建引领乡村治理，可以有效整合各方资源，提高治理效率，增强治理的针对性和可持续性。

在乡村治理方面，借鉴"枫桥经验"等成功经验，党委应该牢牢把握领导责任，加强对乡村治理工作的统筹指导，推动形成党委领导、政府负责、社会协同、公众参与的良好乡村治理格局。基层党组织之所以被称为"战斗堡垒"，正是因为他们能够凝聚乡村群众的力量，推动基层治理事务的开展和落实。同时，党员身份的先锋模范作用更需要得到充分发挥，通过加强党员教育培训和监督指导，提升党员的素质和意识，使他们成为乡村治理中的中流砥柱，带动乡村治理工作向更高水平迈进。

（二）以人民为中心，构建共建共享共治的社会治理新格局

一切为了群众、一切依靠群众，是"枫桥经验"不变的初心，也是"枫桥经验"的核心和灵魂。"枫桥经验"能够薪火延绵，其核心就是依靠群众，化解矛盾。新时代"枫桥经验"启示我们，把以人民为中心的发展思想落实到具体工作中，用真心对待群众，真心依靠群众。在作风上，深入基层、深入群众，加强同人民群众的血肉联系，埋头苦干，关心群众的生活冷暖；在行动上，把工作当成事业，把群众当成家人，为群众办实事、解难题。

首先，要经常思考群众最盼望什么，最关心什么，最怨恨什么，以便更好地了解他们的需求和期望，从而制定更符合实际情况的政策和措施。这种以人民为中心的发展思想，要求我们在具体工作中始终保持对群众的深厚感情，真心实意地为他们办实事、解难事，以赢得他们的信任和支持。

其次，"枫桥经验"启示我们，人民群众的实践往往走在我们认识的前面。因此，需要尊重群众的首创精神，善于从群众的实践中学习，汲取他们的智慧和力量。通过最大限度地调动群众参与社会治理的能动性和创造性，可以形成人人参与、人人尽力、人人享有的良好局面。

此外,"枫桥经验"还强调在社会治理过程中,要确保群众的参与、评判和共享。这意味着,不仅要让群众参与到社会治理的决策和执行过程中,还要让他们对治理成效进行评判,并分享到治理成果带来的实际利益。这样,人民群众才能有更充分的获得感、幸福感、安全感,才能形成人民群众共建共参与的治理新格局。[①]

(三)运用法治思维,以善治为目标,创新社会治理模式

在推动"三治融合"乡村治理过程中,法治思维和制度思维至关重要。确保社会治理与法治相结合,强调制度化、规范化、现代化,可以有效地引导社会成员依法行事,维护社会秩序,保障人民群众的合法权益,实现社会和谐稳定。特别是在解决复杂的社会矛盾和问题时,必须依法依规,避免"一阵风"式的临时性解决方案,而要借助健全的法律法规和长效机制来处理。

在加强制度思维方面,需要将权力制约在制度的框架中。公权力的滥用往往是导致社会矛盾激化的原因之一,因此建立科学有效的监督机制,严格约束公权力的行使范围和程序,可以有效减少权力滥用带来的负面影响。同时,管好执行权和决策权同样重要。在决策过程中广泛听取群众意见、加强社会评估、建立风险评估机制等措施,有利于提高改革决策的科学性和民主性,保障公共利益和社会稳定的需要。

最终,建立反"四风"长效机制,消除形式主义、官僚主义等不良风气,营造廉洁高效的社会治理环境,也是推进"枫桥经验"的重要举措之一。通过法治思维和制度思维,深化"三治"融合,在基层治理中不断完善相关法律法规,实现社会治理的创新和升级。

[①] 蔡娟,刘俊江.枫桥经验调出和谐[M].杭州:浙江工商大学出版社,2019:117.

（四）打破"碎片治理"，走向"系统治理"

"枫桥经验"强调通过调动各方面的资源和力量，实现综合治理，有效化解社会矛盾。

首先，从治理主体来看，"枫桥经验"强调了党政主导，但并不意味着仅仅依靠政府力量。相反，它倡导党政、群众、社会各界等多方力量的共同参与和协作。在"枫桥经验"中，政府的作用不仅是主导，更是协调者，它需要有效地调动和整合各方资源，形成合力。

其次，从治理内容来看，"枫桥经验"注重全面、系统地治理。它不仅仅关注某一方面的矛盾和问题，而是从整体、系统的角度出发，寻求全面的解决方案。这种全面的治理理念使"枫桥经验"在解决基层矛盾时能够顾全大局，避免顾此失彼。

再次，从治理手段来看，"枫桥经验"注重发挥社会自我调节和居民自治的作用。在这一经验中，政府不是唯一的治理主体，而是需要与社会组织和居民形成良性互动。政府通过制定政策、提供服务等方式，引导和支持社会组织和居民参与到基层治理中来。同时，社会组织和居民也通过自我调节和自治，积极参与到基层治理中，形成了政府治理和社会自我调节、居民自治良性互动的局面。

为了更好地理解"枫桥经验"的价值，可以进一步分析其在实践中的具体应用。例如，在浙江的一些地区，政府通过购买服务的方式，引导社会组织参与到基层治理中来。这些社会组织在提供公共服务、调解矛盾等方面发挥了重要作用。同时，居民也通过参与社区活动、志愿服务等方式，积极参与到基层治理中，形成了政府、社会组织、居民共同参与的局面。

此外，"枫桥经验"还强调了预防和化解矛盾的重要性。它认为，基层矛盾的产生往往与一些深层次的社会问题有关，因此需要通过预防和化解矛盾的方式，从根本上解决问题。这要求政府和社会各界在治理过程中，不仅要关注矛盾的表面现象，更要深入剖析其产生的原因，从源头上解决问题。

（五）坚持数字支撑，推动乡村治理时代化转型

数字支撑是新时代"枫桥经验"的一个鲜明特色。进入信息时代，大数据、人工智能和"互联网＋"等数字技术与基层社会治理进行了深度融合。这种融合不仅大大丰富了党建引领基层治理的"田字型"基层治理体系的内涵，还为乡村治理带来了显著效能的提升。[1]

首先，数字支撑持续下沉至乡村数字政务服务，推进了数字技术与乡村政务服务的结合，成功打造了数字乡村公共服务平台，这为教育、养老、医疗等群众关心的重点领域提供了更加完善的公共服务。

其次，大力发展乡村数字产业已成为新的发展趋势。以数字技术为核心，土地、农作物都实现在线化管理，通过数据分析释放技术的最大潜力。例如，利用数字农业平台，农民可以获得专家的在线种植指导，从而提高其数字素养和技能。此外，直播带货和农产品线上展览也逐渐成为新的销售模式，有助于农产品的市场化电商销售，进一步助推共同富裕的目标实现。

最后，数字化也带动了乡村文化资源的繁荣。现代技术使乡村的历史、文化得以更好地保存和传承，同时也吸引了更多的人关注和参与乡村文化的建设。

第二节　"桐乡经验"对乡村治理的启示

一、三治结合"桐乡经验"概述

在快速城镇化与现代化交织的进程中，浙江省桐乡市以其独特的三治结

---

[1] 侯方威.坚持好发展好新时代"枫桥经验"[J].共产党员，2024（9）：52-54.

第五章 "三治结合"乡村治理体系实践经验借鉴

合模式，为乡村治理探索出了一条既符合时代要求又贴近地方实际的新路径。这一经验不仅深刻回应了党的十八大以来关于社会治理创新的战略部署，更为乡村振兴战略的实施提供了生动的实践样本。

（一）背景与挑战

21世纪以来，桐乡市作为长三角地区的重要节点城市，面临着前所未有的发展机遇与挑战。随着高铁站的落成，高桥街道越丰村等区域迅速成为城市发展的前沿阵地，但同时也带来了征地拆迁、人口流动、利益冲突等一系列社会问题。传统的乡村治理模式难以有效应对这些复杂多变的挑战，迫切需要一种更加灵活、高效、包容的治理机制。

（二）三治结合的诞生与探索

正是在这样的背景下，桐乡市积极响应国家号召，于2013年在越丰村率先启动了三治结合试点工作。这一模式以"自治、法治、德治"为核心，旨在通过构建多元共治的乡村治理体系，实现乡村社会的和谐稳定与持续发展。

1. 自治的深化

百姓参政团/百姓议事会的设立，为村民提供了直接参与基层社会事务管理的平台。通过民主协商、集体决策的方式，村民的主体地位得到彰显，自治能力得到锻炼和提升。同时，这种自治模式也促进了政府与民众之间的良性互动，增强了政策的科学性和民主性。

2. 法治的强化

百事服务团/法律服务团的成立为村民提供了便捷、高效的法律服务。通过整合法律资源、普及法律知识、提供法律援助等方式，有效维护了村民的合法权益，增强了村民的法治观念。此外，法律服务团还积极参与矛盾纠纷的调解工作，为乡村社会的和谐稳定提供了有力保障。

3.德治的弘扬

道德评判团的组建为乡村社会树立了道德标杆。通过评选道德模范、表彰先进典型、批评不道德行为等方式，引导村民树立正确的价值观和行为规范。同时，道德评判团还积极参与社会矛盾的调解工作，以道德的力量化解矛盾纠纷，促进乡村社会的和谐共处。

（三）深化与拓展："一约两会三团"的新格局

党的十九大之后，桐乡市在总结前期试点经验的基础上，对三治结合模式进行了进一步的深化和拓展。通过引入"一约两会三团"的新格局，构建了更加完善、更加高效的乡村治理体系。

1.一约

村规民约的制定和实施，为村民提供了共同遵守的行为准则。通过广泛征求村民意见、凝聚共识的方式，制定出符合当地实际、易于执行的村规民约。这些规定涵盖了村民生活的方方面面，既体现了法治精神又融入了德治理念，为乡村社会的有序运行提供了有力支撑。

2.两会

百姓议事会和乡贤参事会的设立，进一步拓宽了村民参与乡村治理的渠道。百姓议事会作为村民自治的重要平台，负责村级重大事项的民主协商决策；乡贤参事会则汇聚了本地及外地乡贤的智慧和力量，为乡村经济社会发展提供决策咨询、民情反馈、监督评议和帮扶互助等服务。二者相辅相成，共同推动了乡村治理的民主化、科学化进程。

3.三团

在保留原有百事服务团和道德评判团的基础上，新增法律服务团作为重要补充。百事服务团继续发挥其服务村民、解决民生问题的作用，道德评判团则继续弘扬道德力量引导村民向善向上，法律服务团则专注于为村民提供法律咨询、法律援助等服务确保村民的合法权益得到有效保障，三者共同构成了乡村治理的坚实后盾。

（四）成效与影响

经过多年的实践探索和完善，三治结合"桐乡经验"已经取得了显著成效并产生了深远影响。一方面，有效提升了乡村治理的效能和水平，促进了乡村社会的和谐稳定与持续发展；另一方面，为全国其他地区推进乡村治理体系和治理能力现代化提供了有益借鉴和启示。同时，三治结合模式还促进了乡村文化的传承与创新，增强了村民的文化自信和价值认同，为乡村振兴战略的实施奠定了坚实的文化基础和社会基础。

二、三治结合"桐乡经验"对乡村治理的启示

（一）强调对"融合"思维的贯通和治理资源的整合

三治结合"桐乡经验"在乡村治理领域的成功实践，深刻体现了"融合"思维在治理规则、治理主体及治理资源方面的贯通与整合，为新时代乡村治理提供了宝贵的经验与启示。

1.治理规则的融合变通

三治结合"桐乡经验"在治理规则上并非简单地将自治、法治、德治三者并列，而是注重它们的综合运用与融合变通。自治作为乡村治理的基础，强调村民自我管理、自我服务的能力；法治作为保障，确保治理过程的合法性与公正性；德治则作为精神引领，通过道德教化提升村民的文明素养。在实际操作中，桐乡市根据具体情况，灵活调整三种治理规则的比重与侧重，如针对矛盾纠纷，既强调法治的刚性约束，又注重德治的柔性引导，还鼓励村民通过自治方式解决问题，从而实现治理效率的

最大化。[①]

2.治理主体的共建共治共享

"共建共治共享"是三治结合"桐乡经验"在治理主体方面的核心理念。这一理念强调多元主体的共同参与和协同治理，打破了传统乡村治理中政府单一主体的局面。党的十九大以后，桐乡市进一步拓宽了治理主体的范围，将政府、社会组织、党员、普通村民以及户口在外地的本村籍乡贤、户口在本地的外地新居民等尽量多的主体纳入乡村治理体系。这种多元化的治理主体结构，不仅增强了治理的力量与效果，还促进了不同主体之间的交流与合作，形成了共建共治共享的良好氛围。

3.治理资源的智慧化整合

在互联网时代背景下，三治结合"桐乡经验"充分利用互联网技术，实现了治理资源的智慧化整合。通过线上线下的联动机制，桐乡市构建了一个高效、便捷、智能的乡村治理平台。以"乌镇管家"为例，这一平台将互联网与"三治结合"紧密结合，通过大数据分析、云计算等技术手段，实现了对乡村治理全过程的实时监控与智能调度。同时，"乌镇管家"还鼓励村民参与治理过程，通过上传问题、提出建议等方式，增强了村民的参与感与获得感。这种智慧化的治理方式不仅提高了治理效率与精准度，还促进了乡村治理的民主化与科学化。

（二）注重对实践场域特性的摸索和传统治理资源的挖掘

英国社会学家吉登斯认为，"断裂"是现代性的基本特征，传统社会向现代社会转型中的社会问题是由"断裂"而造成。[②]在当代社会中，面对现

[①] 余廷凤."三治融合"背景下大方县凤山乡乡村治理研究[D].贵阳：贵州大学，2023：19.

[②] ［英］安东尼·吉登斯.现代性的后果[M].田禾，译.南京：译林出版社，2011：118.

第五章 "三治结合"乡村治理体系实践经验借鉴

代化进程带来的"断裂",传统社会向现代社会转型的难题常常体现为原有秩序和实践方式的跨越性冲突。然而,"桐乡经验"所展示的内在连续性和有效性,也为我们提供了一种重新思考现代社会治理模式的思路。

通过延续传统的治理手段,并结合现代化的理念和方法,"桐乡经验"成功地在乡村社会中实现了一种融合的治理模式。在这一模式中,自律、自治成为治理的重要支柱,德治、法治与自治的结合展示了传统文化在现代社会治理中的价值和潜力。在桐乡的实践中,由熟人社会构建起的信任基础在现代化进程中仍然发挥着重要作用,这种传统文化的延续为当代社会治理探索提供了新的思路。

自治作为中国传统乡村治理文化的精髓,在现代社会乡村治理中体现出其深刻的意义。在"桐乡经验"中,自治被赋予了更深层次的现代内涵,成为实现德治和法治的最高境界。通过挖掘传统治理资源和融入现代性的治理手段,"桐乡经验"展现出了一种相对科学和有效的治理模式,为乡村社会的现代化治理提供了借鉴和启示。

因此,重视传统文化的延续与创新,在现代社会治理中具有重要意义。通过总结和借鉴桐乡经验等成功实践,可以为探索更加符合当代社会需求的治理模式和路径提供有益参考,推动乡村社会的持续发展和乡村振兴战略的顺利实施。

(三)重视对政策发展时机的把握和政策机制的运用

在"桐乡经验"的发展过程中,党的十七大、党的十七届三中全会和党的十九大提供了三次关键的政策机遇期。这些重要的时机为桐乡市在推动三治结合建设和普及方面提供了有力支持和契机。

2012年党的十八大强调加强和创新社会管理,在这一背景下,桐乡市主动抓住有利时机,结合当地实际在越丰村试点三治结合建设。试点取得初步成效后,及时将经验报送至浙江省委并得到关注与鼓励,为后续推广打下基础。

2013年党的十七届三中全会将"社会治理"概念代替"社会管理",与桐乡的三治结合理念相契合,进一步获得地方最高决策层的支持。这表明党中央对于促进良好的社会治理模式的重视，也为"桐乡经验"的推广提供了更大的政策空间。

2017年党的十九大将三治结合理念纳入报告，再次肯定了桐乡作为这项经验的发端地在农村治理中的重要意义。桐乡市在这一时机下主动作为，及时制定并利用政策机制，为三治结合"桐乡经验"的发展提供了有力保障，推动了这一模式在全国的推广。

以上三次政策机遇期的顺利利用，使"桐乡经验"能够在短时间内得到尊重、认可，并迅速在地方乃至全国范围内推广。这也体现了政策与实践相结合的重要性，以及地方政府在推动创新乡村治理模式中的积极探索和努力。

三、三治结合"桐乡经验"对乡村治理现代化转型的启示

三治结合"桐乡经验"对乡村治理现代化转型的理论创新，不仅在于其实践层面的成功探索，更在于其理论层面的深刻贡献。这一经验不仅丰富了中国乡村治理的理论体系，也为全球乡村治理现代化提供了独特的中国视角和方案。

（一）传统与现代的融合创新

三治结合"桐乡经验"通过深入挖掘中国传统文化中的治理智慧，如自治、德治等，并将其与现代法治理念相结合，实现了传统与现代的有机融合。这种融合不仅体现了对本土治理资源的有效利用，也展示了在现代化进程中如何保持和发扬民族文化传统的路径。这种理论创新打破了吉登斯等学者关于现代化必然导致传统断裂的论断，为理解乡村治理的现代化转型提供了新的视角。

（二）从管控到治理的运作思路转变

相比于传统的"枫桥经验"，三治结合"桐乡经验"在运作思路上实现了从社会管控到社会治理的深刻转变。这一转变体现在治理主体从单一向多元的转变，治理方式从刚性向刚柔并济的转变，以及治理目标从维持稳定向促进发展的转变。自治作为这一经验的核心，凸显了人民主体地位，减少了治理成本，激发了乡村社会活力，为乡村治理现代化转型提供了理论支撑和实践范例。

（三）政府治理与社会自治的有机结合

三治结合"桐乡经验"为基层政府与乡村社会建立了一种新的关系模式，即政府治理与社会自治的有机结合。这种关系模式既强调了政府在乡村治理中的引导作用，又充分尊重了乡村社会的自主性和创造力。通过多元主体参与乡村治理，各社会阶层的利益诉求得到了有效表达和回应，提高了社会的凝聚力和执政主体的合法性。这种理论创新为基层社会治理现代化转型提供了重要的思路借鉴。

（四）法治作为关键指标的现代化转型

将乡村治理纳入法治轨道是三治结合"桐乡经验"的重要特征之一。法治作为现代文明的产物，是乡村治理现代化转型的关键指标。通过强化法律在维护村民利益、化解村庄矛盾中的权威地位，三治结合"桐乡经验"从制度上完善了中国乡村社会建设。这种理论创新不仅提升了乡村治理的规范化水平，也为乡村社会的长远发展奠定了坚实的基础。

（五）面临的挑战与未来展望

然而，随着三治结合"桐乡经验"的发展，还存在一些问题和挑战。农村基层群众对该经验的认知程度有待提高，需要更多地宣传和教育工作。治理模式的发育涉及多个因素,不仅依靠政策的推动,还需考虑人的观念、规则与技术、经济条件等综合影响。此外,三治结合"桐乡经验"目前参与的主体还偏向基层党员和离退休干部,尚需扩大参与面,解决行政色彩与自治理念之间的冲突。评估和考核的适度对于推广三治结合"桐乡经验"的发展具有积极的激励作用,但过度标准化可能使其成为一项行政任务,影响基层干部和群众的积极性。

因此,在推进三治结合"桐乡经验"的进一步发展中,需要解决以上问题,持续推动基层治理现代化转型,确保理论与实践的有效结合,为乡村治理的和谐稳定和可持续发展提供更好的支持。

第三节 新乡贤参与乡村治理的实践探索

一、新乡贤参与乡村治理的背景及其功能

(一)新乡贤参与乡村治理的背景

随着农村社会结构的变化,以及"乡政村治"模式出现的问题,确实凸显了完善乡村治理模式的紧迫性,为新乡贤回归提供了机遇。

在政策导向上,中央提出培育新乡贤文化,并通过一系列文件和制度支持新乡贤参与乡村治理,为他们提供了充足的政策依据。同时,新乡贤自身也受到传统价值观的影响,有着修身齐家治国、乌鸦反哺、落叶归根等内在动力,推动他们回乡参与治理。

此外,政府、媒体、村民对新乡贤的推崇和尊重形成了社会资本,同时新乡贤也可以通过与县乡干部的交往接触获得政治资本,再加上返乡发展现代农业可以获得经济利益,这些因素共同促使新乡贤积极参与乡村治理。

（二）新乡贤在乡村治理中的作用

作为在农村成长起来，又在城市或其他地方取得一定社会地位和知识技能的人士，新乡贤通常具有更多的社会资源、管理经验和专业知识，他们更有可能对乡村的现代化发展提供有益的支持和帮助。

第一，知识技能储备：新乡贤多数在城市或其他地方接受过较高水平的教育和培训，掌握了更多的专业知识和技能，能够为乡村治理提供更科学、更专业的建议和支持。

第二，社会资源优势：作为在城市生活或工作的人士，新乡贤通常具有更广泛的社会联系和资源，能够带来更多的合作机会、项目资源以及人才支持，促进乡村发展。

第三，管理经验丰富：在城市工作或生活的新乡贤往往具备较丰富的管理经验和实践能力，能够为乡村治理提供切实可行的管理方案和实施措施。

第四，创新意识和开拓精神：新乡贤由于接受过多元文化熏陶，可能更具有创新意识和开拓精神，能够引入新思维、新理念，推动乡村治理的现代化转型。

第五，乡情乡愁：作为回乡的新乡贤，他们往往怀揣对家乡的深厚感情和责任感，愿意回报家乡社区，为乡村治理作出积极贡献。

二、新乡贤参与乡村治理的制约因素

新乡贤群体能弥补乡村治理的不足，优化乡村治理结构，并在参与乡村治理实践中体现自身价值。[①]然而，新乡贤参与乡村治理也存在不容忽视的现实困境，制约了新乡贤群体能量的发挥。

[①] 赵亚楠.乡村振兴背景下新乡贤参与农村基层治理研究述评[J].河南科技学院学报，2019，39（7）：8-14.

（一）新乡贤人才资源的精准利用不够充分

近年来，各地纷纷根据行业、地域等类别编制新乡贤信息数据库，旨在充分挖掘和利用这一宝贵资源。然而，当前新乡贤人才资源的精准利用仍存在一定程度的不足，尤其体现在以下几个方面：

首先，尽管各地已初步建立新乡贤信息数据库，但许多新乡贤尤其是知名新乡贤的资源仍处于"未激活"状态。这意味着他们的潜力尚未得到充分挖掘，真正参与到基层治理的仍以乡贤联谊组织班子成员为主。这种现象在一定程度上限制了新乡贤人才资源在基层治理中的作用发挥。

其次，在外新乡贤资源的全面掌握存在难点。各部门之间信息共享不够充分，联络联谊工作缺乏统筹协调。这种情况导致各部门在接触在外新乡贤时存在重复走访、重复对接等问题，不仅浪费了资源，还可能给新乡贤本人带来困扰。

（二）激励新乡贤回归的政策环境亟须优化

新乡贤作为地方社会发展的重要力量，其作用的发挥与政策的引导密不可分。然而，当前部门在针对不同类型的新乡贤人才群体制定政策时，却存在明显的统筹不足、整合不够、协同不力的问题。这不仅影响了政策的实施效果，也制约了新乡贤人才作用的充分发挥。

当前，一些地方的新乡贤人才面临着种种困难和挑战，如创业资金短缺、项目落地难、子女教育问题等。这些问题如果得不到有效解决，将严重影响新乡贤的返乡积极性。还有部分惠贤政策的宣传和实施有待加强。以重点在外新乡贤家属就医绿色通道制度为例，虽然这一制度旨在为新乡贤家属提供便利的就医服务，但在实际推行中却存在宣传不到位、服务举措不实等问题。这不仅影响了政策的实施效果，也损害了政府的形象和公信力。因此，政府应加大对惠贤政策的宣传力度，同时加强服务举措的落实和监督，确保政策能够真正惠及乡贤人才及其家属。此外，新乡贤人才不仅需要物质上的支持，更需要精神上的激励和认可。然而，在精神激励方面，当前的形式还比较单一，对优秀新乡贤的政治安排和荣誉安排还没有形成固定机制。

（三）新乡贤文化精神的挖掘弘扬有待深化

当前对新乡贤群体、新乡贤工作的整体性研究以及新乡贤文化精神的研究不足，主要表现在以下几个方面：

第一，对本地先贤、近贤、新贤在不同阶段所反映出的文化精神总结提炼不够深入。这导致各地对新乡贤文化精神的理解停留在表面层次，无法深入挖掘其内涵和价值。

第二，唤醒"乡贤返乡意识"的作用不够明显。当前，许多有影响力的乡贤并没有充分发挥其作用，对乡村社会的发展和进步的贡献有限。这需要各地从制度、政策等方面进行改革和完善，激发乡贤的积极性和创造力。

第三，各地乡贤阵地存在利用率参差不齐、特色不够明显等问题。这意味着各地在推广新乡贤文化精神的过程中，缺乏有针对性的措施和方法，导致效果不佳。

第四，崇贤尚贤的舆论氛围还不够浓厚。在当前社会，许多人对新乡贤文化精神的认识还不够深刻，缺乏对其价值的认同和支持。这需要各地加大宣传力度，提高公众对新乡贤文化精神的认知度和接受度。

第五，对典型人物事迹和特色案例的高层次、立体化宣传还需加强。目前，我们对新乡贤文化精神的宣传主要停留在传统的媒体渠道，缺乏创新和突破。这需要各地运用现代传播手段，打造具有影响力的新乡贤文化精神宣传品牌。

（四）新乡贤工作品牌的对外影响尚显不足

新乡贤工作品牌在对外影响上存在不足，主要原因如下：

第一，缺乏整体辨识度。新乡贤工作品牌在形象和价值理念的统一输出方面还不够明确。目前，各地的新乡贤工作品牌之间缺乏一致性和连贯性，导致外界难以对这一群体进行准确的理解和认知。

第二，缺少具有影响力的乡贤品牌活动。目前新乡贤工作品牌缺乏有影响力的活动来推动其发展。一个具有吸引力和影响力的品牌活动能够吸引广大新乡贤回归家乡，从而为乡村治理提供有力支持。

第三,"一镇一品""一村一特色"辨识度不够。在镇村层面,新乡贤工作品牌的辨识度还不够高。每个镇、每个村都应该有自己独特的乡贤品牌,以突出本地特色和优势。然而,目前可复制推广的新乡贤助力乡村治理的示范样本还较少,导致各地在推进新乡贤工作时缺乏可供借鉴的成功经验。

(五)新乡贤联谊组织的作用发挥还不平衡

新乡贤联谊组织在我国乡村治理中的作用发挥尚存在不平衡现象。通过对各地乡贤参事会的调研发现其活跃程度存在较大的地域差异。部分乡贤参事会与社区"两委"的互动并不紧密,这使"两委一会双参事"的基层治理模式未能充分发挥其应有的作用。部分在外的新乡贤对本地现行政策及基层情况的了解不足,从而导致他们在参与决策参谋和民主协商时缺乏实际操作性。与此同时,乡贤联谊组织下设的各专项组团也呈现出冷热不均的状态。在一些村(社区)中,存在着过分侧重企业家乡贤和干部乡贤而忽视文化乡贤和德乡贤的现象。

三、新乡贤参与乡村治理的优化路径

随着乡村振兴战略的深入推进,如何充分发挥新乡贤在乡村治理中的作用,优化乡村治理路径,已成为当前乡村发展的重要课题。探讨新乡贤参与乡村治理的优化路径,能够为乡村振兴提供有益的借鉴和启示。

(一)政治引领,人才支撑

1.夯实"乡贤+引领"的思想基石

新乡贤作为乡村振兴的重要力量,需要发挥其专业优势和社会影响力,推动乡村经济社会发展。因此,夯实"乡贤+引领"思想基石至关重要。具体措施如下:

第五章 "三治结合"乡村治理体系实践经验借鉴

第一,加强党的领导,确保新乡贤工作始终坚持正确政治方向。要深入学习习近平新时代中国特色社会主义思想,增强"四个意识",坚定"四个自信",做到"两个维护"。

第二,提高新乡贤的政治把握能力,引导他们深入理解党的基本路线、方针政策和重大决策部署,增强服务乡村振兴的使命感和责任感。

第三,构建领导力强、协同力强、凝聚力强的新乡贤工作体系。要加强组织建设,完善工作机制,形成党委领导、政府主导、新乡贤积极参与的工作格局。

第四,开展符合新乡贤群体特征的主题教育活动,引导他们自我教育、自我提升、自我监督。要加强党性教育,培养新乡贤的家国情怀和责任担当;要加强业务培训,提高新乡贤的专业素质和服务能力;要加强廉洁自律,树立新乡贤的良好形象。

第五,搭建平台,发挥作用。要充分利用新乡贤的专业优势和人脉资源,为乡村振兴提供智力支持、项目对接、资金筹措等方面的帮助。

第六,强化宣传引导,营造良好氛围。要加强对新乡贤工作的舆论宣传,讲好新乡贤助力乡村振兴的生动故事,激发新乡贤的社会责任感和荣誉感。

第七,加强政策支持,优化发展环境。要研究制定有针对性的政策措施,为新乡贤在乡村振兴中发挥更大作用创造有利条件。

通过以上措施,夯实新乡贤引领的思想基石,将有力推动新乡贤发挥专业优势和资源优势,为乡村振兴贡献智慧和力量。

2.构建"乡贤+党建"工作模式

"乡贤+党建"工作模式是指在强化基层党组织领导基础上,通过探索"双向进入、交叉任职"机制,充分发挥乡贤在乡村治理中的作用,推动党建工作与乡贤资源的有机结合。具体构建步骤如下:

第一,完善党组织领导体系。加强党组织建设,提高党组织的凝聚力和战斗力,确保党在乡村治理中的领导地位。同时,优化党的组织结构,选拔优秀的党员干部担任重要职务,提高党组织的工作效能。

第二,推进"双向进入、交叉任职"机制。由乡贤组织党员会长担任党组织书记，新乡贤党员在临时党组织中接受双重教育、承担双重责任。这样既能充分发挥乡贤的优势，又能保证党的工作得到有效落实。

第三，发挥乡贤作用。注重在德才兼备的优秀新乡贤中发展中共党员，优先选拔进入村"两委"。吸纳更多新乡贤党员加入乡贤特色服务队，因地制宜建立一批乡贤服务驿站。通过这些措施，充分发挥乡贤在乡村治理中的作用，提升乡贤的社会地位。

第四，建立健全党组织监督约束机制。加强对党组织工作的监督，确保党的决策得到有效执行。处理好村"两委"与新乡贤的主与辅、断与谋的关系，实现党组织与乡贤的有机协作。

第五，加强党员培训和教育。对新乡贤党员进行双重教育，提高党员的政治素质和业务能力。通过培训和教育，使党员更好地为乡村治理服务，为实现乡村振兴战略贡献力量。

第六，深化党建工作与乡贤资源结合。将党建工作与乡贤资源有机结合，发挥乡贤在乡村治理中的积极作用。通过乡贤参与党建工作，推动党建工作与乡村治理的深度融合，提升党建工作的实际效果。

第七，加强宣传和舆论引导。通过各种渠道宣传"乡贤＋党建"工作模式的成效，树立典型，发挥示范作用，引导更多的新乡贤积极参与乡村治理，为乡村振兴战略贡献智慧和力量。

总之，构建"乡贤＋党建"工作模式需要充分发挥党组织的领导作用，发挥乡贤的积极作用，加强党员培训和教育，深化党建工作与乡贤资源结合，加强宣传和舆论引导，共同推动乡村振兴战略的实施。

3.实施"乡贤＋领雁"培养工程

实施"乡贤＋领雁"培养工程是为了培养一批具有情怀、能力、担当和影响力的新乡贤代表人士，以推动乡村发展和社会进步。这一工程的实施将涉及多个方面，包括教育培训、人才队伍建设和青年发展规划等。

第一，通过培训和实践锻炼，提高新乡贤在助力发展、资政建言、乡村治理、民主协商等方面的能力水平，使其成为乡村发展的领导者和推动者。

第二，实施市新乡贤素质提升班、镇村新乡贤培训讲座等活动，涵盖政策理论、乡村治理、产业发展、文化传承等多个方面，使新乡贤具备全面的知识体系和实践能力。

第三，通过选拔优秀的农村人才、返乡创业青年、乡村教师等，建立新乡贤队伍，为乡村发展提供有力的人才支持。

第四，组织开展乡村振兴素质提升和实践锻炼活动，加强新乡贤之间的合作与交流，共享资源和经验，形成良好的发展氛围。

第五，将新乡贤队伍培养纳入全市统一战线教育培训规划、农业农村人才队伍建设规划、中长期青年发展规划等，为新乡贤的培养和发展提供政策支持和保障。

第六，激发领雁效应，通过培养新乡贤，发挥其在乡村发展中的引领作用，带动乡村产业升级、文化传承、民生改善等方面的发展，实现乡村振兴战略目标。

（二）内涵提升，文化赋能

1.实施新时代乡贤精神调研

为实施新时代乡贤精神调研，可以采取以下措施：

第一，成立"同心智库""乡贤研究室"等平台，以促进乡贤文化的深入研究和传承弘扬，同时也可以提供一个学术交流和合作的平台。

第二，深化对先贤、近贤、新贤等乡贤的研究。从思想道德、家风家训、优良传统等方面对乡贤进行全面研究，了解他们的贡献和精神内涵。

第三，整合资源，积极与社科联、文联、档案馆（史志办）等相关部门单位合作，共享资源和信息，加大乡贤精神调研的力度和广度。

第四，重点挖掘、总结、提炼。针对本区域历代名人乡贤和当代新乡贤，重点挖掘他们在经济、文化、社会等各个领域的突出贡献和主要精神，总结并提炼出新时代乡贤精神的核心价值与内涵。

第五，深入研究乡贤精神的历史文化渊源和在新时代的内涵与价值。通过调查研究、学术研究等手段，深入研究乡贤精神所承载的历史文化渊源以及在新时代的表现形式、发展方向和对社会的积极影响等。

2.开展新时代乡贤精神讨论

开展新时代乡贤精神讨论是非常有意义的举措，有助于推动乡贤文化的传承和发展。以下是一些建议：

第一，通过邀请市域内外知名新乡贤回乡授课，开设讲座，可以让更多的人了解新时代乡贤的思想和精神，推进乡贤文化在村社、家庭和校园中的传播。

第二，通过"新时代乡贤精神"大讨论活动，可以促进乡贤之间的交流与互动，共同思考新时代乡贤精神的重要性和传承方式。

第三，借助"乡贤论坛""乡贤驻堂"等形式，可以为乡贤提供一个交流平台，让他们分享自己的经历、心得和思考，从而激发更多人对乡贤精神的认同和践行。

第四，举办新时代乡贤精神征文赛、学术研讨会等活动，通过征文赛、研讨会等形式，可以鼓励更多的人参与到乡贤精神的讨论中，深入探讨其精神实质和传承路径。

3.推进新时代乡贤精神传承

推进乡贤文化的传承与发展，对于弘扬社会主义核心价值观、推动乡村振兴战略的实施具有重要意义。可以通过以下途径来实现：

第一，创作文学作品。通过编纂地方历代乡贤图文册、名人（乡贤）传记、本地乡贤故事汇等，让更多的人了解乡贤的事迹和精神风貌，从而引发公众对乡贤文化的关注和思考。

第二，资助乡村建设。鼓励新乡贤以资助、捐赠等形式，参与乡村公共场所的建设，如学校、图书馆、文化活动中心等，这不仅能够提升乡村的硬件设施，也有助于传播乡贤的精神和价值观。

第三，开展艺术创作和文化下乡活动。鼓励新乡贤参与艺术创作，如编写剧本、设计舞台、导演演出等，同时也可以通过送文化下乡等活动，将优秀的艺术作品带到乡村，丰富农民的文化生活。

第四，拍摄专题片和开设媒体专栏。通过拍摄"寻找乡贤"专题片、开辟"新乡贤话发展"媒体专栏等方式，让更多的人了解乡贤的故事，感受乡贤的魅力，从而进一步弘扬乡贤精神。

第五，建立乡贤数据库。收集整理各地乡贤的事迹和资料，建立乡贤数据库，为后续的研究和推广提供基础。

第六，加强教育和引导。在学校、社区等场所开展乡贤文化教育，引导青少年学习和尊重乡贤，培养他们的社会责任感和公民意识。

第七，创新乡贤选拔机制。探索新的乡贤选拔机制，营造知乡贤、举乡贤的浓厚氛围，不仅关注乡贤的经济贡献，也要重视他们在道德、文化等方面的价值，让更多有影响力的人成为乡贤。

（三）双向服务，政策激励

1.开展高端新乡贤回归活动

第一，建立一个专门的在外新乡贤信息互通平台，包括数据库、网站、社交媒体等，方便及时更新新乡贤的信息和动态，以便进行邀请和联系。

第二，根据在外新乡贤的行业领域、专业背景和发展方向，打造精准化邀请机制，制定针对性强的邀请方案，包括个性化的邀请函、专门组织的考察活动等。

第三，定期组织高端的访贤问贤活动，邀请在外有影响力的新乡贤返乡参与，与当地政府、企业、院校等各界人士共同交流合作，促进产业升级和项目合作。

第四，抓住地方高层次、专题性重大会议等契机，设置专门的乡贤回归论坛或专题研讨会，邀请在外新乡贤回乡演讲、分享经验，促进乡贤资源的回流和合作。

第五，利用各种传媒和社交平台，积极宣传高端新乡贤回归活动的意义和成果，提高家乡形象，吸引更多新乡贤回归投资。

第六，成立乡贤联谊组织或俱乐部，开展各类交流活动，促进新乡贤之间的互动交流，加深他们与家乡的联系与认同。

通过以上途径的综合运用，可以有力地推动高端新乡贤回归活动的开展，实现智力回乡、资金回流、项目回归、信息回传，为乡村发展和乡村振兴注入新的动力。

2.优化新乡贤回归激励政策

优化新乡贤回归激励政策是实现新乡贤回归投资闭环机制的重要一环。具体可以通过以下途径来实现：

第一，设立统一的项目库，详细记录各类回归新乡贤提出的投资项目，并对项目进行评估、分类、管理，对有潜力的项目提供更多支持。

第二，制定并完善各项激励政策，包括税收优惠、用地支持、融资扶持、科研补助等，提高回归新乡贤的投资积极性和效率。

第三，建立便捷的服务渠道，协助回归新乡贤了解并享受当地的社会保障、医疗服务、教育资源等，促使他们更好地融入家乡社会。

第四，为海外回归新乡贤提供签证、居留等方面的咨询和支持服务，协助解决相关法律和行政手续问题，使其顺利回归家乡。

第五，加强对回归新乡贤的宣传推广，通过各种渠道展示他们的成就与贡献，激发更多的人关注学习，营造敬乡贤、学乡贤的社会氛围。

第六，对那些作用明显、回归发展效果显著的新乡贤，可以授予一定的荣誉称号、奖项或奖金，以表彰和激励他们的贡献。

通过以上途径的综合应用，可以建立完善的新乡贤回归激励政策，吸引更多优秀的新乡贤回归家乡投资兴业，形成良性的回归闭环机制，促进家乡经济的可持续发展。

3.改善新乡贤回归乡村的环境

要改善新乡贤回归乡村的环境，提供符合他们高要求的生活工作环境，可以考虑以下途径：

第一，加强生态环境保护和治理，推动农村生态建设，保护乡村自然景观和生态系统，打造环境优美、生态宜居的乡村环境。

第二，加强文化传承和乡风文明建设，保护和弘扬传统乡村文化，营造浓厚的人文氛围，提供符合新乡贤精神追求的文化服务和资源。

第三，提供高品质的基础设施和服务设施，包括道路、通信、医疗、教育、商业等，满足新乡贤的生活日常需求和工作需要。

第四，加强乡村治理能力，提高公共服务水平，建立健全的法律制度和社会管理机制，为新乡贤提供安全稳定的社会环境。

第五，加大对乡村发展的支持力度，推动农村产业升级和创新创业，为新乡贤提供多样化的就业和创业机会。

第六，改善乡村交通、水利、能源等基础设施，提升基础设施的完备性和质量，提供便利的生产、出行和生活条件。

第七，加大对乡村振兴的资金投入和政策支持，鼓励社会资本进入乡村，提供必要的资金和资源支持。

通过以上途径的综合推进，可以改善新乡贤回归乡村的环境，为他们提供满足高要求的生活工作环境，吸引更多优秀人才回归家乡。

（四）规范运行，制度保障

1.健全新乡贤工作机制

健全新乡贤工作机制是为了更好地发挥新乡贤的作用，促进他们参与家乡建设和发展。具体可以通过以下途径来实现：

第一，定期协同开展新乡贤资源排摸工作：各有关单位可以联合开展新乡贤资源调查工作，动态了解和收集新乡贤的资料和信息，建立完善的新乡贤人才库和信息库。

第二，建立信息共享平台，确保各个相关单位之间信息畅通、数据共享，为新乡贤提供更加便利、高效的服务。

第三，建立并落实党政领导与新乡贤结对联系的制度，确保领导与新乡贤之间的沟通畅通，密切关注问题和需求。

第四，定期举办乡情恳谈会、家乡联谊会等活动，邀请新乡贤回乡参加，并听取他们的意见建议，增进彼此之间的联系和了解。

第五，建立新乡贤组织的会员管理制度，包括加入条件、会员权益、会费管理等方面，规范组织内部运行。

第六，借鉴"一镇一品双清单""两委一会双参事"等特色工作模式，探索适合当地情况的新乡贤工作机制，提高运行效率和工作质量。

第七，通过设立乡贤顾问委员会、乡贤代表大会等形式，让新乡贤参与乡村事务的民主决策，发挥专业优势和建言献策。

2.创设新乡贤平台载体

创设新乡贤平台载体是为了凝聚新乡贤力量,搭建互动交流的平台,促进他们回乡投身家乡建设和发展。以下是一些可能的途径来实现这一目标:

第一,可以在国内异地商会、市外双招双引驻点等机构设立"乡情驿站",作为新乡贤回乡联系和活动中心,组织开展各类关于桑梓情怀的活动,如商会家乡行、义诊活动、讲学指导等。

第二,可以根据地方实际情况,建设"乡贤馆""乡贤长廊""乡贤广场""乡贤工作室"等展示、交流平台,吸引新乡贤参与并展示他们的成就和贡献。

第三,可以搭建线上平台,打造虚拟的"云端乡贤之家",为新乡贤提供在线信息发布、沟通交流、资源共享等服务,进一步凝聚乡情,促进合作与交流。

第四,可以打造一批新乡贤示范基地,通过实践经验的分享、示范效应的发挥,吸引更多新乡贤回乡建设,促进乡村振兴。

第五,利用社交媒体平台,增加对新乡贤活动和故事的宣传推广,吸引更多人关注参与,并扩大影响力。

3.培育新乡贤治理品牌

要培育新乡贤治理品牌,以推动乡村振兴,可以采取以下途径:

第一,建立统一的品牌形象,通过统一的品牌标识、形象及口号,塑造新乡贤的整体形象,提升其影响力和认知度。

第二,提炼核心价值内涵,明确新乡贤的社会主义核心价值观和使命,凝练出符合当地实际的发展理念,突出其特点与优势。

第三,形成品牌项目和工作案例,借助成功案例和典型项目,突出新乡贤在乡村振兴中的作用和贡献,形成可复制、可推广的品牌项目。

第四,举办特色案例展示大赛,组织新乡贤助推乡村振兴特色案例展示大赛,鼓励各地新乡贤分享成功经验,激发更多人的参与和创新,推动乡村振兴。

第五,建立健全的品牌培育机制,通过市委统一领导小组、联席会议等工作机制,推动各级各方的协同合作,形成多方位支持的品牌建设格局。

第六，指导和督促各级新乡贤工作，明确各级党政领导和统战部门的责任分工，确保新乡贤品牌建设工作的落实，同时注重品牌带动社会影响和实效。

第七，坚持市场化运作，根据实际情况，在培育品牌过程中可以引入市场机制，吸引更多社会资源参与，提高品牌的可持续发展能力。

总之，新乡贤参与乡村治理是对中国传统治理经验的传承和创新，通过发挥其个人特长和影响力，为乡村治理注入活力和新思路。新乡贤的参与不仅能够得到基层群众的认可，也为社会所接受，是一种内生性的治理模式，有助于缓解乡村治理面临的困境。在引导和支持广大新乡贤参与乡村治理时，需要因地制宜，充分考虑当地新乡贤资源和乡村实际情况，避免简单地套用标准模式。[1]同时，也要注意防范目标短期化、人情工具化、制度形式化以及资源资本化等问题，确保新乡贤参与的规范性、常态性和长效性。最重要的是，在党组织领导下，秉持可持续发展理念，推动新乡贤参与乡村治理工作，使其走上规范化、常态化、长效化的道路。只有这样，才能更好地发挥新乡贤在乡村建设和治理中的作用，推动乡村振兴工作取得实质性成效。

第四节　国外乡村治理的模式与经验

在全球范围内，不少发达国家已经积累了丰富的乡村治理经验，他们在促进乡村发展、改善农民生活、保护自然资源等方面取得了显著的成就。本节通过介绍美国、日本和韩国三个发达国家在乡村治理方面的模式与经验，分析其特点，以期为我国乡村治理的现代化探索带来一些启示。

---

[1] 祁红亭. 新乡贤参与乡村治理的内在逻辑、现实挑战与推进策略［J］. 职业技术，2023，22（12）：103-108.

一、美国的乡村治理

美国的乡村与中国传统的乡村概念存在很大的差异，主要体现在城乡差距较小、乡村与城市融合密切等方面。美国作为一个高度发达的国家，其乡村治理的成就建立在长达一百五十多年的不断完善和发展之上。研究美国乡村治理的一些特点，可以为我国乡村建设提供一些启示。

（一）美国乡村治理概况

美国乡村的政府和管理组织形式相对比较灵活，不同州会有不同的设置和规定。一般来说，乡、镇、村是美国乡村地区的主要政府单位，其管理体系和职权设置与中国的乡村基层治理有所相似，但也具有一些不同之处。美国乡村治理体现了乡政府、乡民大会、乡委员会和首席行政官等机构的合作和自治。

在美国，乡政府承担着类似市和县政府的职能，负责日常事务管理、基础设施建设、公共服务供给等任务。乡民大会作为决策机关，由符合资格的选民组成，参与乡村发展的决策和规划。此外，乡民大会通常会设立管理职能的委员会，以协助乡政府管理事务。乡镇居民之间享有平等的参与权利，乡村自治程度相对较高。

从历史角度看，美国乡村经历了从相对落后到逐步振兴的历程。随着政府对乡村振兴的重视度不断提升，一系列支持政策和财政投入相继出台，旨在缩小城乡发展差距，促进乡村地区的全面发展。特别是进入21世纪以来，面对经济全球化和国际贸易自由化带来的挑战，美国政府更是加大了对乡村地区与城市的对接力度，通过打造小城镇建设等方式推动乡村地区的城镇化进程和城乡一体化发展。

在当前的美国乡村治理中，城乡互补共生已成为一种重要的发展趋势。通过加强乡村与周边城市的互动与协作，实现资源共享、优势互补和互利共赢。这种模式不仅促进了乡村地区的经济发展和社会进步，还增强了城乡之间的联系和融合，为构建更加和谐、宜居的城乡环境奠定了坚实基础。

（二）美国的城乡共生型小城镇治理模式

通过建设小城镇，美国成功地将广大乡村地区与大城市联系起来，形成了独特的城乡共生型发展模式。这种模式强调城乡之间的互补性和相互依存性，通过优化资源配置、促进产业协同和人口流动，实现了城乡之间的协调发展。

在20世纪60年代，美国开始试点"示范城市"计划，其目的是实现人口分流，促进大城市人口向乡村地区迁移。该计划旨在通过改善乡村地区的基础设施、提供就业机会和创建宜居环境，吸引城市居民前往乡村定居，从而缓解大城市的过度拥挤和贫民窟问题。通过实施"示范城市"计划，政府试图平衡城乡发展，促进人口和资源的合理配置。这不仅可以改善乡村地区的经济状况，还可以提高居民的生活质量，实现城乡一体化的目标。此外，该计划也鼓励社区居民的广泛参与，通过动员公共和私人资源，改进更新地区的学校、医院、就业机会及住宅等，以改善贫民窟的整体环境。这有助于增强社区居民的归属感和参与感，促进社区的可持续发展。

美国的乡镇政府通常拥有相对独立的决策权和管理权，它们可以自主决定本地区的政策、规划和公共事务。这种独立性使乡镇政府能够更好地了解本地居民的需求和关切，制定更符合实际情况的政策和措施。同时，高度自治也意味着乡镇政府必须承担起更多的责任和义务，确保本地区的公共事务得到妥善处理。

在美国的乡镇治理中，公民参与是非常重要的一环。乡镇政府通常会组织各种形式的公民会议和听证会，鼓励居民表达意见和提出建议。这种参与机制使乡镇政府能够更全面地了解民意，制定更加符合民意的政策。同时，公民参与也增强了居民对乡镇政府的信任和支持，有助于形成更加紧密的社区联系。

在美国的乡镇治理中，由于政府、公民和社会组织之间的紧密合作和相互支持，形成了一种强烈的乡镇归属感和认同感。这种归属感使居民更加愿意为乡镇的发展贡献自己的力量，也使乡镇政府更加关注居民的需求和利益。

美国的小城镇建设为乡村治理现代化水平的提升提供了基础，促进了城乡共生型模式的形成。这种模式依托农村健全的公共服务体系和发达的城乡交通条件,促进了乡村地区与城市的互动和共生发展。

(三)乡村治理经验与借鉴

1.主要治理经验
(1)有比较明确的城乡一体化目标和制度政策保障
美国政府在乡村建设和治理方面确实注重推动城乡一体化发展,通过建设小城镇来整合城乡资源,促进城乡联动发展。

第一,美国政府对小城镇的发展进行科学规划,注重乡镇的综合承载力,即城镇能够承担和提供多方面的功能和服务,同时与当地特色产业相结合,使小城镇更具竞争力。

第二,美国政府严格遵守联邦和州的法律法规,保障乡村建设的合法性和规范性。同时,设立了专门的促进乡村发展的机构,如乡村发展署,制定长期规划,并通过完备的法律制度和政策支持保障小城镇建设顺利推进。

第三,美国小城镇的发展不仅依赖政府的政策引导,更注重市场需求和居民选择。社会商业的参与促进了小城镇建设的逐步完善。

第四,美国小城镇的发展符合乡村建设需求,根据地理位置的特点划分为不同类型的小城镇,而并非片面追求经济增长和GDP增速。

第五,美国小城镇建设与乡村建设一体规划,地方政府制定城镇建设总体规划,并通过公众听证等方式,让居民共同参与规划,保证了城乡一体化发展的顺利实施。

综上所述,美国在乡村治理中确立了明确的城乡一体化目标,并通过相关制度政策和措施来保障乡村发展的顺利推进。这种城乡一体化的发展模式为乡村振兴和城乡协调发展提供了借鉴和启示,值得其他国家在乡村建设和治理方面进行深入思考和学习。

(2)乡村基层政府独立性和自主性强
美国的乡村地区政府作为独立的法人组织存在,并具有与城市基本相同的治理体制机制。这种模式赋予乡村政府独立承担法律责任的能力,并拥有独立的经费和财产。这种城乡一体的乡村治理模式具有以下明显的优点:

第五章 "三治结合"乡村治理体系实践经验借鉴

第一,在工业化和城市化进程中,乡村地区面临着人口减少的挑战。然而,城乡一体的乡村治理模式有效地稳定了乡村人口,避免了人口流失导致的税收减少和公共服务能力下降等问题。

第二,美国地方自治权和民主化的地方自治制度确保了乡村和城市享有相同的自治权。美国乡村地区政府独立并具备自主性,能够避免城市政权对乡村地区的直接或间接领导。这样做可以确保乡村居民拥有自主管理和自主监督地方事务的权利,促进了乡村治理的民主化进程。

2.主要借鉴意义

美国乡村治理的组织架构和发展演进情况,以及其注重专业化治理机构、财政投入和公众参与平等性的特点确实对其他国家,包括中国,在乡村发展和治理方面有着一定的借鉴意义。

第一,治理机构专业化。美国乡村治理注重建立专门负责乡村事务的机构,并确保该机构具备专业化的能力和资源,以解决乡村发展面临的具体问题。这提示他国在推进乡村发展时,也可设立专门负责乡村事务的机构,确保这一领域得到专业化的管理和支持。

第二,财政投入力度大。美国在乡村发展中投入了大量财政资金,以支持农村基础设施建设、产业扶持和公共服务改善等方面。他国在乡村发展过程中,也需要加大财政投入,特别是投入到乡村基础设施、教育、医疗和社会保障等方面,以促进乡村经济社会的全面发展。

第三,公众参与的平等性。美国乡村治理强调公众参与的平等性,确保居民在乡村事务决策中享有平等的参与权利。他国也强调要建立开放、透明、公正的乡村治理机制,通过公众参与来共同决策乡村发展的方向和措施。

第四,小城镇作为城乡一体化的推动力量。美国的小城镇建设成功地促进了城乡一体化发展。小城镇的建设模式可以为他国提供参考,尤其是通过赋予小城镇独立的税收和财政权,激发其内生动力,发挥其自身特色与城市相结合,吸引社会力量参与乡村经济、社会和文化发展。

二、日本的乡村治理

中日两国在传统文化、人口分布和发展历程等方面有着一定的相似性，尤其是日本在资源匮乏的情况下取得了经济高速发展，并成功推动乡村建设迈向现代化。对于中国而言，借鉴和运用日本的乡村治理经验具有重要意义。

（一）日本乡村治理概况

日本是一个由四大岛屿组成的岛国，其行政区划分为四个层级：都道府县、市、町、村。这种分层的行政结构为乡村治理提供了基础。在乡村治理中，町和村是最基本的行政单位，负责管理当地的公共事务和基础设施。

町和村在日本的行政区划中具有重要的地位，是居民自我管理、自我服务的基层组织。町和村负责管理当地的公共设施，如公园、学校、医院等，同时也负责维护当地的治安和环境。

日本的乡村治理结构采用了以町和村为基础的自治制度。町和村在自治制度下拥有较大的自主权，可以自行制定和实施政策。町和村还可以与上级政府合作，共同推动当地的经济发展和社会进步。

日本的乡村治理结构还采用了以社区为中心的治理模式。町和村在治理中注重社区参与，鼓励居民参与决策和管理。这种模式有利于提高居民对当地事务的参与度和责任感，也有利于促进社区的凝聚力和和谐发展。

日本乡村在基层自治方面展示出了较高的民主权利和社区组织独立性，村民可通过参与各类乡村组织来实现深度参与乡村治理的机会。其中，农业协同组合（农协）作为日本乡村治理的显著特征，几乎所有农民都自愿参加，为推动乡村发展起到了重要作用。然而，第二次世界大战后日本城市建设的优先发展导致乡村治理受到一定影响，传统的乡村社会结构迅速崩溃，乡村出现了"过疏问题"，引发了社会广泛关注。随着城乡差距扩大，日本开始开展造村运动，旨在统筹城乡关系，促进农村经济发

第五章 "三治结合"乡村治理体系实践经验借鉴

展与改善环境、提升福利事业相结合。借助"村镇综合建设示范工程"等举措,日本政府在乡村地区规划实施工程,推动整个乡村社会治理的发展。至今,日本通过多元主体共同参与的方式,加大对农业生产和乡村基础设施的支持力度,制定科学规划引导乡村发展,取得了一定的成效,积累了有益的经验。

(二)日本的农协深度参与乡村治理模式

日本的农协制度在乡村治理中发挥着至关重要的作用,特别是对于小规模农业生产者来说,通过成立和建设农协,可以增强他们的权益保护和互助合作意识。《农业协同组合法》的制定和农协的建立,为日本乡村治理的现代化贡献了重要力量。日本农协主要分为两类:综合农协和专业农协,成员包括农民和非农户居民等,优势在于实行全国三级管理体制,确保基层农协与地方和全国机构之间的有效联系。几乎100%的农户加入综合农协,这体现了农民参与意识的强烈。

综合农协具有严格的工作体制,通过成员大会、理事会和社长等机构运作,提供涵盖农业技术指导、信用服务、农业生产设施建设等多元化服务。同时,农协也是一个组织,既是企业又是团体,其存在的根本目的是服务村民,而非追求经济效益。在日本乡村发展过程中,农协发挥了不可替代的作用,减轻政府压力、提高农村生活水平,促进农业发展,为乡村治理探索出一条具有建设性的道路。通过这种组织化、协同化的形式,乡村小规模农业生产者才得以汇聚在一起,共同推动乡村治理现代化的进程,为乡村振兴战略提供了有益的范例。

(三)治理经验与借鉴

1.主要治理经验

(1)注重乡村和农业同步发展

日本将乡村和农业看作一个整体,将乡村发展与农业现代化紧密结合在一起。他们认识到,乡村的全面进步离不开农业的发展,而农业的现代化也需要乡村的支持和发展环境。

日本通过制定相关法律法规和政策,为乡村和农业的发展提供了支持。其中包括设立专项建设经费、制定乡村振兴的法律和政策等。这些政策旨在促进农业的现代化,并支持乡村个性化发展,保持乡村的特色。

日本非常重视因地制宜的原则,通过发掘和利用乡村的地方性资源和特色,实现乡村振兴的多样性和可持续性。同时,日本注重发展乡村经济的多元化,不仅仅依靠传统农业,还通过培育新的产业、推动乡村旅游、发展乡村文化等方式实现经济的多元化发展。这种多元化不仅能够增加乡村的经济收入,还有助于吸引年轻人回乡创业,促进乡村人口流动平衡。

日本还非常注重生态环境的恢复和保护,通过限制农业过度利用土地、提倡有机农业、加强水资源管理等措施,确保在保护生态环境的同时促进农业的可持续发展。

(2)充分发挥农协在乡村治理中的作用

在日本乡村发展中,农协扮演着不可或缺且独一无二的角色,它不仅是政府与广大农民之间沟通的坚实桥梁,更是推动农村发展策略有效落地的重要推手。为了确保农协能够充分展现其潜力与效能,日本政府采取了一系列综合性措施,从法律保障、政策支持到人才培育,全方位促进农协的健康发展与持续繁荣。

在法律层面,日本政府不仅通过《农业协同组合法》这一基石性法律,确立了农协的法律地位与职责范围,还紧跟时代步伐,密切关注乡村社会发展的新需求与环境变迁,积极倡导并推动相关法律法规的更新与完善。这一系列举措为农协的合法运营提供了坚实的法律基础,确保了其在推动农业现代化、促进农民增收、加强农村社会治理等方面的作用得以充分发挥。

在政策扶持上,日本政府更是展现出了对农协发展的高度重视与坚定支持。各级政府在制定农业政策、税收优惠政策以及农村金融支持政策时,均将农协视为关键一环,给予其特别的优惠与倾斜。这些政策不仅为农协提供了必要的资金支持与税收优惠,还为其在农产品销售、农业技术推广、农村金融服务等多个领域开展活动创造了有利条件,极大地增强了农协的发展动力与竞争力。

此外，日本政府还深刻认识到人才对于农协长远发展的重要性。因此，他们大力倡导并鼓励农协构建完善的教育培训体系，通过举办培训班、研讨会、实地考察等多种形式，培养出一批批既熟悉乡村实际又精通农业科技的复合型人才。这些人才不仅能够在农业生产中发挥重要作用，还能够引领农协不断创新服务模式、拓展业务领域，为乡村振兴注入新的活力与动力。

2.主要借鉴意义

日本乡村治理在基层自治独立性强、注重乡村和农业同步发展、因地制宜等方面展现出许多值得我国乡村治理借鉴的先进理念和做法。通过对日本乡村治理的借鉴学习，他国可以更好地优化乡村治理体系，推动乡村振兴和农业现代化发展。

首先，在因地制宜方面，日本通过造村运动突出了这一原则，尤其在推行"一村一品"战略中表现出色。对于他国来说，地域差异较大，乡村发展需因地制宜，结合当地资源、特色进行产业布局和规划。通过学习日本的经验，他国应加强对各地乡村实际情况的研究，推动乡村因地制宜治理，提高乡村发展的针对性和可持续性。

其次，在农协的运用和管理方面，日本农协为乡村和农业发展发挥了重要作用，其中突出农协在乡村治理中的作用。日本农协的组织结构和决策机制体现了农业生产者的权益维护和主体地位，其专业化和民主化运作模式值得我国借鉴。相比之下，有些国家农村体制中存在着权益分配不均、决策权不明确等问题，因此可以借鉴日本农协模式，加强农业合作社的民主管理，以保障农民利益。

三、韩国的乡村治理

（一）韩国乡村治理概况

韩国的地方行政区划除了首都城市首尔以外，包括6个广域市（直辖市)、9个道（省）和86个郡（县）。在乡村层级中，郡下设邑（镇）和面（乡），而邑和面再分为里（村）和班（组）。

韩国实行地方自治制度，赋予地方政府更多自主权。乡村的主要管理权限归属于郡政府，由当地选民选举产生的郡守担任郡政府的主要行政负责人。

韩国强调乡村治理的参与性，地方政府必须征求农民的意见并保障其权益。乡村居民通过选举和决策过程参与乡村事务，并通过定期向上级地方政府汇报工作来确保透明度和问责制。

韩国重视对乡村干部的培训，设立村领导培训中心，提升乡村干部的管理能力、市场敏锐度和先进技术应用水平，以适应现代化乡村发展的需要。

韩国注重发展乡村公共服务设施，包括基础设施建设、教育、医疗、文化等领域，以提高乡村居民的生活质量，并促进乡村经济的发展。

（二）韩国"新村运动"模式

"新村运动"是20世纪50年代至60年代韩国的一场社会改革运动，旨在改善农村地区的经济、社会和环境状况，促进农村地区的可持续发展。这场运动的主要目标是提高农民的生活水平，保护环境资源，促进农村地区的民主参与和公民参与。

从政府层面来看，中央和地方政府在新村运动中发挥了决定性作用和强力保障。中央政府设立专门机构负责计划和实施新村运动，并制定促进乡村和农业全面发展的政策措施。各级政府也设立类似机构，确保各项事务稳步推进。

从乡村层面来看，新村运动允许村民利用家庭亲缘关系组建维护自身利益的集团组织来表达利益诉求。韩国政府为每个村任命一位政府公务人员负责新村发展计划和具体工作的组织实施。此外，政府也支持村民以亲缘关系为纽带成立协会组织，推动乡村自治和发展。

从村民层面来看，政府采取奖励勤劳和惩罚懒惰的机制，激励乡村村民的积极性。根据乡村的参与度和建设效果，政府将乡村分为不同等级，并以此为准则制定补贴政策，进一步激发村民参与新村运动的热情。此外，韩国还开办新村培训学院,选拔和培养乡村治理骨干,以提升村民的管理能力,助力乡村现代化建设。

(三)治理经验和借鉴

1.主要治理经验

(1)乡村治理需要教育先行

韩国在乡村治理上取得成功的一个重要原因是高度重视乡村教育和村民培训。

第一,韩国政府通过加大对乡村基础教育的支持力度,努力办好、办强乡村学校和教育机构,为乡村发展奠定人才基础。通过提升乡村教育质量,培养和造就更多的乡村人才,为乡村现代化和可持续发展提供人力资源保障。

第二,韩国设立各种培训中心,大力开展新农业知识教育,致力于培养直接应用型人才。这些培训中心提供最新的农业技术知识和实践经验,帮助乡村居民掌握先进的农业生产技术,提高农业生产效率,推动乡村经济的升级和转型。

第三,韩国始终将加强教育作为发展乡村的重要任务,通过提高乡村人口的综合素质,培养他们的专业技能和创新能力,促进村民对乡村治理的参与能力和实践能力的增强。这有助于村民更好地理解和支持政府关于乡村发展的政策措施,并积极参与乡村建设和治理工作。

(2)推进乡村分类发展

韩国政府在推进新村运动中的创新性探索,包括对乡村进行分类发展,即基础村、自助村和自立村,每种类型有不同的重点和政策支持。

基础村通过改良土壤、疏通河道等强化基础设施建设,进一步改善村镇结构。其侧重于加强基础设施建设,优化乡村布局结构,提升基础设施水平,从而改善乡村整体环境和生活条件。

自助村重点在于培育自助精神,持续改善生活环境。主要注重提升乡村居民的自力更生意识,鼓励村民主动参与村庄改造和发展项目,以提高生活品质和环境条件。

自立村发展乡村工业、畜牧业和农副业，通过制定生产标准来提升乡村经济实力。其主要集中在促进农业产业多元化发展，增强乡村经济的自我支撑能力，通过生产标准和规范化管理来提高经济效益。

通过对乡村进行分类和个性化政策措施，韩国政府能更有针对性地满足不同乡村类型的发展需求。这种差异化的支持政策和激励措施有助于推动乡村现代化建设，提升乡村居民的生活质量和经济发展水平。总之，这种有效的分类发展模式可以为我国乡村治理提供借鉴和启示。

（3）激发村民参与乡村治理的内动力

韩国乡村治理的核心理念在于尊重农民的意愿和习惯，充分激发其内动力，从而实现乡村的可持续发展。这一理念贯穿于韩国乡村治理的各个方面，使韩国的乡村治理取得了显著成效。

首先，韩国乡村治理注重从农民的意愿出发，尊重村民的生活习惯和风俗。这意味着政府在制定乡村政策时，会充分听取农民的意见和建议，确保政策符合农民的实际需求。这种以农民为中心的治理方式，不仅赢得了农民的信任和支持，还有助于政府更好地贯彻乡村政策。

其次，韩国乡村治理实践力戒"一刀切"政策。每个乡村都有其独特的社会、经济和文化背景，因此，韩国政府会根据不同乡村的实际情况，制定具有针对性的政策。例如，对于某些乡村中利用血缘和亲缘进行聚集的现象，政府会提供便利和支持，以增强乡村社区的凝聚力促进其发展。这种灵活多变的治理方式，使乡村政策更加贴近实际，更具操作性和可行性。

此外，韩国乡村治理强调农民自身的发展意愿。在乡村发展的每一步中，政府都会鼓励农民积极参与，发挥自己的主体作用。政府会在充分了解农民需求的基础上，提供必要的支持和帮助，如提供技术培训、资金扶持等。同时，乡村确定的每个工程都是与村民的切身利益相关的，并且经过专家周密研究后设计实施的。这种以农民为主体、政府为辅助的治理方式不仅提高了农民参与乡村发展的积极性，还使乡村发展的成果更加显著。

最后，韩国通过灵活机动的乡村治理政策，提高了乡村治理的活力。这种政策不仅适应了乡村社会的多样性和复杂性，还有效地激发了农民的内动力和创新精神。在政府的引导下，农民积极参与乡村建设和发展，形成了政府、农民和社会各界共同参与的良好局面。这种充满活力的乡村治理模式，

第五章 "三治结合"乡村治理体系实践经验借鉴

为韩国的乡村振兴和可持续发展奠定了坚实基础。

总之，韩国乡村治理的成功之道在于尊重农民的意愿和习惯、激发其内动力以及制定灵活机动的政策。这种以农民为中心的治理方式不仅提高了乡村治理的效率和效果，还促进了乡村社会的和谐与发展。对于其他国家和地区而言，韩国的乡村治理经验具有重要的借鉴意义。

2.主要借鉴意义

（1）韩国乡村治理特色

政府主导：韩国政府在乡村治理中发挥着主导作用，通过制定政策、规划项目、提供资金等方式，引导乡村发展方向。这种政府主导的模式在一定程度上确保了乡村治理的有序进行。

注重差异：韩国乡村治理注重尊重不同乡村的风俗和习惯，制定灵活的政策。这种因地制宜的治理方式有助于更好地满足乡村的实际需求，提高治理效果。

重视教育：韩国政府高度重视乡村教育投入，通过提高村民的整体综合素质，为乡村治理提供智力支持。这种重视教育的做法有助于培养村民的自主意识和参与意识，推动乡村治理的民主化进程。

（2）韩国乡村治理的启示与借鉴

第一，他国应借鉴韩国在治理资源下移方面的做法，提高基层政府在乡村治理中的权限，增加对乡村地区的投入力度。

第二，在政府主导的前提下，他国应注重乡村的差异，制定灵活的政策。可以参照韩国乡村治理经验，针对不同乡村的特点和需求，进行个性化的政策研究与实施。这将有助于更好地满足乡村的实际需求，提高治理效果。

第三，他国应借鉴韩国强化教育投入的做法，提高村民的整体综合素质。通过加强乡村教育，培养村民的自主意识和参与意识，为乡村治理提供智力支持。这将有助于推动乡村治理的民主化进程，实现乡村治理的有效性和可持续性。

第六章 乡村振兴背景下"三治结合"乡村治理体系的构建路径

第一节 加强基层党组织建设，发挥党建引领作用

历史和实践的深刻总结告诉我们：在中国特色社会主义伟大事业中，办好各项事务的关键在于党。党是国家的领导核心，是我国社会主义事业的坚强柱石。在党的领导下，我国取得了举世瞩目的发展成就。在这个过程中，基层发挥着至关重要的作用，因为基层是一切工作的落脚点。村级党建工作作为党在基层的重要工作，其深入有效的开展是增强党组织凝聚力和战斗力的坚实保障。因此，为了实现农村的全面发展，加强村级党的建设显得尤为重要。这是"三治结合"乡村治理体系建设的重要引领。

一、发挥乡村基层党组织的领导作用

党的核心领导作用是中国特色社会主义最重要的优势之一，也是实现国

第六章　乡村振兴背景下"三治结合"乡村治理体系的构建路径

家全面发展、人民幸福生活的关键所在。党的核心地位不仅是习近平新时代中国特色社会主义思想的核心要义,更是中国共产党在长期实践中形成的有力保证。发挥党的核心领导作用,对于统筹推进各项事业、确保国家稳定和发展具有特殊意义。乡村基层党组织作为党直接联系群众的纽带,承载着农村社会发展的重要责任和使命。发挥乡村基层党组织的领导作用,对于实现乡村振兴、推进农村现代化建设具有重要意义。

(一)发挥党的核心领导作用

作为领导核心,中国共产党应带领中国人民和中华民族始终沿着正确的道路前进。党的核心领导地位不是空穴来风,而是源自党的性质、组织原则和使命。作为工人阶级的先锋队和中国人民的代表,党拥有广泛的群众基础和强大的凝聚力。党的核心领导地位在党的斗争和建设中逐步形成,尤其在革命战争年代和现代化建设过程中起到了不可替代的巨大指引作用。

党的核心领导地位的确立使党能够在政治、经济、文化等各个领域发挥总揽全局、协调各方的核心作用。党按照民主集中制的原则组织起来,从中央到地方再到基层,形成了一种高效的领导体系。党的核心领导在政治上具有指导方向、引领航向的作用;在组织上具有统筹协调、加强党组织建设的功能;在思想上具有旗帜鲜明、坚持真理的重要任务。

为发挥党的核心领导作用,必须加强中央和地方党组织的联系和协作,确保党的正确路线、方针政策贯彻落实到每个领域、每个岗位。同时,要加强党员干部队伍建设,增强他们的政治意识、责任感和执行力。只有通过发挥党的核心领导作用,中国特色社会主义事业才能不断取得新的成就,实现国家富强、民族振兴、人民幸福的伟大目标。

在构建自治、法治、德治相结合的乡村治理体系中,党应担任"导航员",协调各项民主机制的运行,促进法治与德治相融合。维护党的核心领导地位需要在整个自治、法治、德治的过程中贯彻党的领导,以体现党的权威性。

(二) 改进村党组织的领导方式方法

领导方式方法对于领导效果的影响至关重要。党的领导水平的高低直接体现了党的执政能力，而领导水平的高低则通过领导方式方法展现出来。当前，乡村振兴战略和乡村治理现代化的实现离不开党的领导作用。

党作为先进的领导集体，经历了革命战争年代、新中国成立初期以及改革开放后三个阶段的领导。从党的领导方式方法中可以看到从武装革命到恢复生产再到宏观调控的转变，但党的领导方式方法必须与时俱进，并且不断创新，以适应时代发展的要求。

针对近年来村两委之间的关系紧张问题，其部分原因确实在于党的领导方式过于集权和对具体事务的过度干预。这种一元化领导模式不仅阻碍了村两委关系的健康发展，也影响了村民自治的有效实施。

为了改变这一现状，合理分权成为关键。通过合理分权，可以明确党组织、村委会以及其他相关组织在乡村治理中的职责和权限，形成各司其职、协调配合的工作格局。这样不仅可以减轻党组织的负担，使其能够更专注于宏观决策和战略指导，还能激发其他组织的积极性和创造性，共同推动乡村治理的发展。同时，建立科学的民主运行机制也是改进党的领导方式的重要方向。村党组织应该通过对村民会议和村民代表会议的领导，实现对村民自治的间接领导和大事领导的转变。这意味着党组织要尊重村民的主体地位，充分发挥村民在乡村治理中的主体作用，通过民主协商、民主决策等方式，推动乡村治理的民主化、科学化。

二、发挥村级党组织的战斗堡垒作用

(一) 突出村级党组织的政治功能

突出村级党组织的政治功能是一个系统工程，需要从多个方面入手，确保党组织在乡村治理中发挥核心领导作用。

第六章　乡村振兴背景下"三治结合"乡村治理体系的构建路径

首先，强化党员的政治教育和培训。通过定期举办政治学习班、研讨会等形式，提升党员的政治意识与政治定力，确保他们始终站在政治高度审视形势，应对挑战。同时，加强党性教育，引导党员增强政治敏锐性和政治觉悟，坚定理想信念，牢固把握正确的世界观、价值观和人生观。

其次，严明党的政治纪律和规矩。村级党组织应严格执行党的政治纪律和规矩，确保党的队伍纯洁。对于违反政治纪律和规矩的行为，要坚决予以查处，以儆效尤。通过加强政治纪律建设，让铁的政治纪律成为村党组织活动的基本遵循，确保党的政策和决策得到贯彻执行。

再次，坚持正确的政治立场和政治方向。村级党组织要始终同党中央保持高度一致，坚决维护党中央权威和集中统一领导。在乡村治理中，要始终坚持党的领导地位，确保乡村治理在党的引领下始终保持正确方向。同时，要紧密结合当地实际，制定符合乡村特点的发展规划和政策措施，推动乡村经济社会持续健康发展。

又次，丰富党内政治生活也是突出村级党组织政治功能的重要途径。通过开展批评与自我批评、民主评议党员等活动，增强党组织的凝聚力和战斗力。同时，要注重发挥党员的先锋模范作用，鼓励他们在乡村治理中积极作为，为乡村发展贡献力量。

最后，要将政治建设贯穿党组织建设的全过程。在村级党组织的组织建设、作风建设、制度建设等各个方面都要充分体现政治建设的要求，通过加强政治建设，提升党组织的整体素质和战斗力，为乡村治理提供坚强有力的组织保障。

（二）增强村级党组织的凝聚力

第一，密切联系群众，构建和谐的党群关系。村级党组织应始终坚持以人民为中心的发展思想，将人民群众的利益放在首位。通过深入了解群众需求，积极回应群众关切，解决群众的实际问题，赢得群众的信任和支持。同时，加强党员与群众的联系，通过走访、座谈、调研等方式，增进与群众的感情，建立起牢固的党群关系。

第二，坚持马克思主义的群众观点，充分发挥群众的力量。村级党组织应认识到人民群众是历史的创造者，是推动乡村发展的主体力量。因此，在领导农村工作时，应充分尊重和依靠群众，发挥群众的智慧和创造力，推动农村经济社会的发展。同时，加强群众的教育和引导，提高群众的思想政治素质，激发他们的参与热情，使他们成为乡村治理和发展的积极参与者。

第三，明确村级党组织在乡村治理中的领导核心地位。村级党组织应加强对其他村级组织的领导，通过制定和执行相关政策、协调各方利益关系、整合各类资源等方式，确保其他村组织工作方向的正确性。同时，加强与其他村级组织的沟通和协作，形成工作合力，共同推动乡村治理和发展。

第四，加强村级党组织的自身建设。通过加强党员的教育和管理，提高党员的思想政治素质和业务能力，使党员成为群众的表率。同时，加强党组织的组织力和执行力，确保党的路线、方针、政策得到贯彻执行。此外，还应注重培养和选拔优秀的年轻干部，为村级党组织注入新的活力和动力。

第五，注重发挥村级党组织的示范引领作用。通过宣传和推广先进典型和经验做法，激发其他村级组织和群众的积极性和创造性。同时，加强与其他地区的交流与合作，学习借鉴先进经验，不断提升村级党组织的凝聚力和战斗力。

（三）创新村党组织的工作机制

为了使乡村治理体系更加适应新时代的要求，需要对村党组织的工作机制进行创新。这将有助于提高村党组织的治理能力，更好地服务于乡村振兴战略。以下是关于创新村党组织工作机制的几个重要方面：

1.健全党员管理机制

健全党员管理机制是加强基层党建工作、提升党组织凝聚力和战斗力的重要举措。为了健全党员管理机制，需要着重从以下几个方面入手：

第一，建立健全的党员登记建档制度，确保每位党员的信息和档案都能够得到妥善管理，便于组织对党员情况的跟踪和管理。

第二，建立定期的思想汇报和学习常态制度，让党员主动向党组织报告思想动态、工作情况，同时积极参加党组织组织的学习活动，保持与党组织的密切联系。

第三，开展多样化的党建活动，包括主题党日、志愿服务、文体活动等，激发党员参与的热情，培养党员之间的团结合作精神，提升党组织的凝聚力。

第四，明确党员的权利和义务，建立健全的党员纪律约束机制，对违规行为进行及时处理和纠正；同时，建立奖励机制，激励表现突出的党员，树立正向榜样。

第五，加强党内教育，注重对党员的思想政治教育和党性修养的培养，引导党员不断提高思想觉悟和政治素质，提升忠诚度和担当精神。

2.建立村级党组织激励机制

建立村级党组织激励机制对于激发党员的积极性、促进党组织的发展具有重要意义。以下是一些建议，以建立切实有效的村级党组织激励机制：

第一，建立表彰奖励长效机制。设立先进个人、典型事迹、先进集体等奖项，定期开展评选表彰，激励村级党员争做表率，鼓励更多党员勇立潮头、敢于担当。

第二，完善村组干部的工资报酬结构。合理提高优秀村组干部的薪酬水平，基于绩效考核结果调整工资待遇，确保优秀人才留在岗位上，引导其他干部向优秀人才看齐。

第三，建立弹性的晋升机制。建立公开透明的晋升机制，依据绩效表现、能力素质和廉政风险等因素全面评估干部，推动拔尖者快速晋升，为广大党员提供晋升目标和动力。

第四，开展素质提升培训。定期组织各类培训活动，提升村级党员和干部的专业技能和管理水平，帮助他们适应乡村治理新形势、更好地履行职责、发挥作用。

第五，激励措施参与式设计。通过征求党员意见建议，让党员参与激励机制的设计和完善过程，确保激励措施符合实际需求和期望，提高其可操作性和可持续性。

3.完善"三级联创"机制

完善"三级联创"机制是提升乡村治理效能、强化党的领导地位的重要举措。完善"三级联创"机制可通过以下步骤：

第一，明确县委、乡（镇）党委和村级党组织的工作职责和任务目标，建立科学合理的考核指标体系，明确各级党组织在乡村治理中的具体工作内容和责任分工。

第二，加强县级、乡镇级和村级党组织之间的协调沟通机制，建立常态化工作会商和信息共享机制，促进各级党组织之间的互动与合作，形成合力推动乡村治理工作。

第三，建立快速响应的监督和反馈机制，及时了解各级党组织的工作进展和问题反馈，为上级党组织提供真实可靠的数据支持，以便及时纠偏调整和推动工作落实。

第四，设立奖励机制，鼓励各级党组织在乡村治理中寻求创新实践，推广成功经验，形成良好的示范效应，引领农村工作不断创新发展。

第五，建立定期的考核评估机制，对"三级联创"机制的执行情况进行监督检查和评估，及时总结经验教训，推动机制的不断完善和提升。

三、提升乡村基层党员干部的治理能力

乡村基层党员干部作为联系群众、服务农民的重要力量，在当前新时代背景下面临着更加复杂和多元化的治理挑战。因此，加强乡村基层党员干部的治理能力建设，提高其素质和水平，对于确保农村社会稳定、促进经济发展、提升农民生活水平具有重要意义。

乡村基层党员干部作为党的"守土守边"的重要力量，承担着维护农村稳定、发展经济、改善民生等多方面工作任务。他们不仅需要具备扎实的党性修养、坚定的理想信念，还需要具备优秀的专业知识和过硬的工作本领，以适应新形势下的治理需求，提高乡村治理水平。

第六章 乡村振兴背景下"三治结合"乡村治理体系的构建路径

（一）坚定党员干部的理想信念

坚定党员干部的理想信念是确保党员干部始终坚守马克思主义信仰、社会主义和共产主义信念的基本原则。必须抓好党员干部的思想建设和党性教育，通过加强理论学习，提高政治素养，确保党员干部始终具备正确的世界观、价值观和人生观。将党章作为必修课程，让党员干部经常学习对照，内化于心、外化于行，严格要求自己，严格按照党章的要求加强党性修养。特别是政治纪律和政治规矩教育，督促党员干部强化组织观念，做到"四个服从"，确保党员干部在工作中遵纪守法，不动摇信仰。

在"三治结合"的治理体系运行中，德治作为一种深具内涵和实效的治理模式，发挥着举足轻重的作用。基层党员干部应当严格自律，时刻以高标准要求自己。他们要以身作则，在日常工作和生活中树立和践行良好的作风。这种作风不仅仅是表面上的礼节和规矩，更是内心深处的信仰和追求。基层党员干部应当勤奋好学，不断提升自己的政治理论素养和业务能力，以适应新时代乡村治理的需要。同时，他们还要心系群众，将人民的利益放在首位，真心实意地为人民谋福祉。

在实践中，基层党员、干部要以真抓实干的姿态投身于乡村振兴的伟大事业中。他们要坚持艰苦奋斗的优良传统，不畏艰难困苦，勇往直前。只有通过这样的努力，才能将群众紧密地团结在一起，形成强大的合力，共同推动乡村振兴的步伐。

此外，基层党员干部还要积极培养符合农村社会发展和新时代社会道德风尚要求的新道德。这包括尊重自然、保护生态、诚实守信、尊老爱幼等方面的内容。通过这些新道德的践行，不仅能够提升乡村社会的文明程度，还能够为乡村振兴提供有力的精神支撑。

（二）提升党员干部执政为民的能力

共产党作为执政党，其根本宗旨是为人民服务。只有不断提升执政为民的能力，才能赢得人民广泛认同，巩固党的执政地位。因此，坚持执政为民是党员干部工作的基本出发点和落脚点。

在"三治结合"乡村治理中，党的领导不是单纯发号施令，而是以身作则，在尊重村民意愿的前提下运用各种方式引导群众，实现由民做主。党员干部要勇于担当，善于引导，确保村民参与的积极性和活力。

随着社会变革，村民的需求也有所转变，从物质上逐渐向精神上转变。党员干部应创新服务内容，满足村民多样化的需求，提高服务水平，增强党的权威和影响力。

时代在变化，人民对党的要求也在变化，党员干部应根据时代的要求和村民的实际需求，创新群众工作方法，提升工作针对性和实效性。应摒弃"领导思维"，深入到实践中去，与群众平等对话，改进思想政治工作，帮助村民增强信念，提高思想道德水平。

（三）注重培养党员的专业能力

在"三治结合"的乡村治理体系构建和运用过程中，党员干部需要具备一系列专业能力以应对挑战。党员干部需要能够理解并有效地执行党和国家的政策方针，根据实际情况灵活解释和贯彻政策，以实现最大程度为人民服务的效果。

在现代社会，运用现代科技设备如计算机、智能手机等，可以提高工作效率和服务质量。因此，培养党员干部掌握基本的计算机操作技能和网络平台应用，提高他们的办公效率。

作为乡村治理的领路人，党员干部需要拥有应对各种复杂矛盾和风险的能力，勇于担当，善于处理突发事件，保障党和群众的利益。

提升专业素质是党员干部提高治理能力的必然要求。基层党员干部要通过加强专业培训和终身学习，不断提高自身的专业素养和工作水平，以适应"三治结合"的乡村治理体系构建和运用的需求。

面对乡村社会的快速发展和现代科技的广泛应用，党员干部需要积极学习和掌握先进的现代技能，如信息技术、网络平台应用等，以提高工作效率和服务质量。

第二节 强化理念培育与制度建设，促进"三治结合"乡村治理协同发展

一、"三治结合"治理理念的强化

"三治结合"治理理念源于传统的中国农村社会，强调在党的领导下，依法治理、以德服人、群众自治三者相互促进、相互配合，共同维护乡村社会的和谐稳定。随着社会的变革，传统的"三治结合"理念也需要与时俱进，与现代社会治理理念相融合，以适应新时代的发展需求。

（一）注重培育共建共治共享理念

共建共治共享理念在乡村治理中的运用，有助于实现乡村治理的现代化和民主化。具体体现在以下几个方面：

第一，共建共治共享理念强调村民是乡村治理的主体，要让村民充分认识到自己在乡村治理中的重要性，提高参与乡村治理的积极性和主动性。通过加强村民自治、法治、德治等方面的教育和培训，提高村民的治理能力和素质。

第二，共建共治共享理念倡导多元化的治理方式，要充分利用各种社会资源，如政府、企业、社会组织等，共同参与乡村治理。通过建立多元化的合作机制，形成共建共治共享的治理格局。

第三，共建共治共享理念要求完善乡村治理的制度建设，确保各种治理资源的合理配置和有效运行。通过制定和完善相关法律法规，为乡村治理提供有力的制度保障。

第四，共建共治共享理念强调资源的共享和优化配置，要充分发挥各类治理资源的优势，实现资源的最大化利用。通过建立健全资源共享机制，提

高资源利用效率。

第五，共建共治共享理念旨在构建和谐的乡村社会环境，要关注乡村社会的民生问题，切实解决村民的实际困难。通过加大对教育、医疗、养老等方面的投入，提高村民的生活水平，促进乡村社会的和谐稳定。

（二）树立优势治理理念

优势治理理念强调在组织和社会治理中，应该充分发挥每名参与者的优势和特长，实现合作共赢，实现资源的最大化利用，提高整体治理效率和效果。政府可以通过法律和政策制定来推动乡村治理，民众可以通过自治和参与决策来发挥自身优势。

在"三治结合"乡村治理中，应根据具体情况选择最合适和具有明显作用优势的治理手段，突出其地位，并辅以其他治理手段的参与。例如，在某些情况下，法律和制度的作用可能更加明显，而有时道德和伦理的影响可能更为重要。

优势治理理念要求超越单一的乡村自治、法治或德治等治理模式，将"三治"结合起来，形成一个系统化的整体。通过合理的排列组合和优化合作协同，发挥"三治结合"的功能和逻辑关系。[①]

在处理乡村治理实际问题时，不一定需要齐发力，而是要根据实际情况选择最有治理优势的组合方式。只有选择合适的组合方式，才能发挥"三治结合"乡村治理体系的最优效用。

（三）树立整体性治理理念

在"三治结合"乡村治理中，要树立整体性治理理念，主要体现在以下几个方面：

第一，要将乡村治理视为一个有机整体，各治理主体相互关联、相互影

---

① 于邦鑫.自治、法治、德治相结合的乡村治理体系研究［D］.济南：济南大学，2021.

响。政府、社会组织和村民等各方应共同参与,形成一个协同发展的治理体系。

第二,要明确乡村治理的总体目标,即实现乡村振兴战略,提高农村居民生活水平和社会治理水平。各治理主体应在目标导向下,协同推进各项工作。

第三,在乡村治理过程中,要注重运用法治、德治、自治等多种手段,实现综合治理。政府要加强法治建设,引导村民遵守法律法规;社会组织要发挥桥梁纽带作用,推动德治建设;村民要积极参与自治,提高自我治理能力。

第四,在乡村治理过程中,要不断创新治理方式和方法,以适应不断变化的社会环境。可以借鉴国内外成功的乡村治理经验,结合本地实际,进行改革和创新。

第五,要充分利用现代信息技术,提高乡村治理的效率和水平。可以通过建立信息平台、开展数据分析等方式,实现乡村治理的精细化、智能化。

第六,鼓励社会各界参与乡村治理,形成全民共治的良好局面。政府、企事业单位、社会组织和个人等都可以发挥自身优势,为乡村治理作出贡献。

第七,乡村治理是一个长期、复杂的过程,需要各治理主体持续努力。要建立健全长效机制,确保乡村治理工作的可持续发展。

二、多元主体共治下的乡村自治体系构建

(一)提高农民积极参与的民主意识和能力

1.增强村民的民主意识

在乡村振兴和社会主义现代化进程中,培养现代农民的参政议政民主意识至关重要。通过民主教育和参与实践,农民能够更好地享有民主权利,并以更活跃的姿态参与农村治理和社会建设,从而推动乡村社会的健康发展和

整体进步。

第一，要加强民主教育：通过开展各种形式的教育活动，包括党内民主教育、村民自治观念的宣传等，引导广大农民树立正确的民主意识，让他们了解人民当家做主的核心含义，从而积极参与村务、政务。

第二，依靠基层党组织引导：基层党组织在培育正确的民主意识方面发挥着重要作用，应当引导村民群众学习党的方针政策，增强政治意识和参政意识，帮助他们理解和运用民主权利。

第三，为村民提供民主参与机会：为村民提供更多参与村务、政务的机会，如举办村民代表大会、听证会等，让村民能够广泛表达意见、参与决策，促进民主意识的形成和提升。

第四，强化公共服务引导：党组织和相关部门定期搜集群众意见建议，及时反馈并解决问题，营造良好的民主氛围，让村民感受到自己的意见得到尊重和回应，从而增强对民主制度的信心和认同。

第五，倡导依法行事：加强法律意识教育，让村民了解自己的权利和义务，依法行事，维护自身合法权益，同时也促进社会稳定和乡村治理的顺利进行。

2.提高村民的自治能力

全面提高村民的自治能力，能够促进村民自治的深入发展，有效推动乡村治理现代化和乡村振兴。那么，如何才能提高村民的自治能力呢？具体可以从以下方面入手：

第一，开展村民自治观念教育。一方面，要求村干部要以身作则，积极引导村民了解《村民委员会组织法》等相关法律法规，推动形成村民自治的理念。另一方面，可以利用村级组织、社区活动等平台，通过定期培训、讨论会、座谈会等形式，加深村民对自治的认识和意识，让他们明白参与自治事务的重要性和价值。

第二，推动村民文化素质的提升。在农村推广文化、教育项目，鼓励村民参与各种文化、知识活动，提高他们的素质和综合能力。同时，加强法治教育，让村民了解法律保障自己的权益，在民主自治中做到依法参与。

第三，利用信息化对村民展开教育。结合宽带网络等现代技术手段，建立数字化学习平台，定期向村民提供有关自治、民主参与的知识，方便村民自主学习，增强他们的参与意识和能力。

第四，为村民设立咨询服务机构。设立乡村自治咨询服务机构，为村民提供专业的咨询和指导，解答相关问题，引导他们更好地参与自治事务，促进自治能力的提升。

第五，建立自治评估机制。建立健全的自治评估机制，定期对村民自治工作进行评估和监督，激励村民参与度高、效果好的自治实践，形成积极向上的自治氛围。

第六，明确权力关系。梳理清楚各级权力范围，明确定义乡镇政府和村委会之间的责权关系，并建立健全相应的合作机制，保障村民自治权利的实施。维护村民大会的地位和权威，规范制定民约和村民自治章程等，促进村民自治的顺利进行。

（二）尊重广大农民的首创精神

农村地域广阔，各地区间差异明显，农民群众深谙当地实际情况、智慧和需求。改革开放以来，我国农村改革取得了巨大成就，其中关键之一就是倾听基层农民的呼声，尊重他们的创意和建议。广大农民的首创精神在推动乡村治理体系构建中发挥着重要作用。乡村组织作为农民创新社会管理的平台，应充分赋予农民自治权力，激励其参与农村治理的各个环节，鼓励他们大胆实践和创新。通过尊重农民首创精神，可以激发乡村内生动力，积极探索适合不同地区乡村特点的有效发展路径，为乡村振兴注入持续动力。

1.激发乡村各类组织的创造热情

第一，明确各类组织职责：不同类型的乡村组织应当明确定位和职责范围，衔接协调，各司其职，相互支持。村委会应与其他乡村组织合作，实现职权范围内的协同作用，提升自治效能。

第二，加强村民自治机构权能：充分尊重和赋予村民会议和村民代表大会更多权能，使其成为决策的主要平台，鼓励村民推动乡村自治目标的实现，增强基层民主。

第三，健全乡村公共服务机构：建立完善的乡村公共服务组织，强化村级自治机构与上级部门的联系和沟通，实现村民意愿和需求的及时传达，代表乡村群众的利益，有效化解乡村利益纠纷，促进乡村社会和谐稳定发展。

2.因地制宜地发挥各地农民的创造性

乡村治理体系构建过程中需要充分尊重各省、各地的差异性，发挥本地特色和优势，促进乡村振兴和发展。

第一，坚持问题导向，量体裁衣式解决问题：发现并解决本地村庄治理中的问题是推动乡村治理创新和改革的首要任务。通过深入研究和找到本地的问题，制定针对性的解决方案，可以有效提高治理效果和民生福祉。

第二，充分利用本土资源，推动乡村经济发展：依托本地资源和环境，多途径发展集体经济，实现产业升级和农民增收。不搞"千村一面"，而是坚持因地制宜，挖掘当地特色产业，实施"一村一品"计划。

第三，借鉴成功经验，因地制宜实践：在乡村建设过程中，可以借鉴其他地区的成功经验，但是要结合当地村庄的实际情况，坚持因地制宜的原则。吸取经验的同时，要灵活运用，并结合本地特点进行创新。

第四，发挥农民首创精神，打造多样化治理模式：尊重和激发农民的首创精神，充分挖掘本地资源和优势，创建多样化的乡村治理模式，使乡村治理更具活力和可持续性。

（三）培育充满活力的民间自治组织

民间自治组织是乡村社会的重要组成部分，是基层群众参与社会事务，维护自身权益的重要途径。然而，如何培育一个充满活力的民间自治组织，使之成为推动乡村社会治理的重要力量呢？

1.促进村民积极参与乡村治理

为了促进村民参与乡村治理，可以采取以下措施：

第六章　乡村振兴背景下"三治结合"乡村治理体系的构建路径

第一，通过村务公共栏、广播、村民会议等途径，向村民传达乡村治理的重要性，让他们意识到自己的权利和责任，以及参与乡村事务的意义和方式。

第二，加强村规民约的宣传和解释，让村民熟悉其中的规定内容，特别是与自身利益相关的内容，激发他们对乡村事务的关注和参与热情。

第三，组成村规民约管理小组，让具有影响力和威信的老人领衔，引导村民参与乡村治理工作，解决日常问题，推动社区发展。

第四，倾听村民的需求和意见，整合村民关心的问题并提出解决方案，鼓励村民参与讨论，形成共识，推动村民自治组织参与基层事务。

2.增强自治组织的创新能力

农民合作组织在广大农村地区有着悠久的历史，不同类型的社会组织曾在农村社会中发挥过重要作用。在新时代背景下，增强乡村自组织的创新能力确实十分必要。

首先，加速乡村社会组织的发展，有助于推动乡村各级服务组织体系的形成和完善。通过基层队伍建设和组织力量提升，如乡贤理事会、监督小组等，使各种合作组织参与到乡村治理中，推动自治运行机制的建立，发挥组织协调关键作用，通过规范化和制度化运行来提升乡村社会组织的发展水平。

其次，建立政府与农村民间组织之间良性互动关系至关重要。党组织对乡村社会组织的领导可以推动乡村振兴战略，带动基层发展。同时，政府给予技术指导、政策扶持、定期监督和资金支持等，形成政府、社会组织、乡村居民三方共治的新模式。

最后，提高农民组织化程度，重构传统农村社会组织，培育新型农民合作组织，建设新型"农会"以维护农民利益、促进农业发展。这种公益性团体应成为农民维权的力量，整合农民利益诉求，成为农民和政府间的沟通桥梁。在这一过程中，重新构建农民信用合作社等组织，发展新型农民经济合作组织和社区民间组织，推动农村社会的全面进步和发展。

3.发展农业专业合作社

与中华人民共和国成立初期的合作社不同，农业专业合作社是在市场经济和家庭联产承包责任制背景下发展起来的，具有积极的推动作用，既能促进乡村经济的发展，也在公益和社会建设方面发挥着重要作用。对于推动农业专业合作社的发展，可以从以下几方面入手：

第一，了解本地农业资源、市场需求和村民的实际情况，确定合适的合作社模式，充分利用当地优势发展特色产业，推动农民增收致富。

第二，建立合适的组织结构和管理机制，明确权责分配、利益分享等问题，确保合作社的规范运作，增强成员的归属感和参与意愿。

第三，培养合作社领导班子和管理人才，提高农民的组织和管理能力，通过有效的培训和激励机制，激发农民的创业热情和积极性。

第四，通过建立适当的股份制度，让农民成为合作社的股东，享受生产经营的红利，增加农民的收入来源，提高其对合作社的认同感和积极性。

第五，通过宣传教育和组织引导，帮助村民了解合作社的意义和价值，鼓励村民积极参与决策和管理，提升农民在乡村治理中的参与度和话语权。

（四）建立多方参与的协调协商机制

在当今社会，各种社会矛盾和问题交织复杂，需要各方共同参与、协调合作，才能找到有效解决之道。建立多方参与的协调协商机制，旨在聚集各方智慧、凝聚共识，推动事务问题的处理和解决。这种机制的展开不仅是一种制度安排，更是一种理念的践行，是实现共赢、促进发展的关键路径。

1.健全协商与管理机制

健全协商与管理机制对于促进多元治理主体之间的理性沟通、缓解社会矛盾至关重要。具体可以通过以下途径：

第一，建立明确的制度规范，如"民情沟通日"和乡贤参事会等具体机制，规范和引导各方主体的行为，营造良好的沟通氛围。

第六章　乡村振兴背景下"三治结合"乡村治理体系的构建路径

第二，加强基层干部与群众的联系，要求干部深入基层，通过面对面交流、调查活动等方式，更好地了解人民群众的需求和意见，从而有效优化治理措施。

第三，建立完善的工作例会制度，使重大事项通报、责任追究等程序得以落实，提高决策执行效率，确保治理措施的有效实施。

第四，构建党建工作的综合协商机制，强调乡村、社区、社会组织党建为一体，实现各方利益平衡，推动基层治理体系的现代化发展。

第五，通过对社区各级组织权力形式的激励，并引导群众参与村级事务，如培育乡贤参事会等创新形式，推动乡村治理的民主化和自治化进程。

第六，构建多元主体协同共治模式，通过构建党员意愿表达机制和多元主体协同共治型协商治理，有效整合各方资源和力量，实现治理主体之间的协调互动，推动基层社会发展的蓬勃发展。

2.理顺乡村治理工作中的协调关系

在乡村治理工作中，党组织起着重要的指导和协调作用，能够帮助理顺乡村社区、乡镇和村级之间的关系，促进治理工作的有效展开。理顺乡村治理工作中的协调关系可以从以下方面入手：

第一，在基层选举中推进"公推直选"模式。通过"公推直选"等方式，让乡镇党委委员的产生更具代表性和民主性，然后将乡镇党委委员推荐部分人选参与竞选乡镇长和乡镇人大领导班子，确保领导人的广泛群众基础，并维护党的领导。

第二，坚持党组织在基层的领导作用。乡镇政府、街道办事处和有关职能部门需要在党组织的领导下，与社区进行沟通协商，按照"权随责走、费随事转"的原则推进解决行政事务和临时性工作。

第三，加强社区与村委会的合作。社区侧重于服务平台的建设，提供便民化服务，而村委会则侧重于村民自治，两者应相互配合，共同推动基层治理工作的开展。

第四，促进社区与社区民间组织、中介组织和经济合作组织的互动。这种相互依赖关系可以促进各种社区服务和经营活动的开展，推动乡村经济社会的发展。

第五，构建社区与驻地单位的共建关系。社区为驻地单位提供社会化服务，而驻地单位积极参与社区建设，支持社区工作，共同推动社区的发展和进步。

3.建立乡村治理的多元化评价考核体系

在乡村治理考评体系的建设过程中，通过充分注重考核体系的多元化，促使不同主体的参与和贡献，可以更好地反映乡村治理工作的实际情况，增强治理的透明度和有效性，为乡村发展提供更全面的支持和指导。以下是针对考核体系多元化建设过程中的一些建议：

第一，建立县级党政机关的考核机制。确保考评体系的权威性和稳定性，制定完善的考评标准和程序，将考核体系作为考评过程的重要内容，并定期评估和调整，避免随意修改，确保评价结果客观公正。

第二，强调村民参与的重要性。将村民视为考评的主体，因为村民是直接受益者和参与者，在乡村治理中扮演着关键角色。他们的真实感受和意见能够提供最中肯的评价，因此应该保障他们的发言权和参与度。

第三，纳入第三方机构的参与。引入具有专业能力和客观性的第三方机构，如大学、研究所和民间社会组织等，参与到考评体系中。这样可以保证考评的客观性和真实性，促进乡村治理工作的科学性和规范性。

第四，鼓励多元主体参与考核。除了村民和第三方机构，还可以鼓励乡村干部、行业协会、专家学者等不同主体参与考核，收集多方面的意见和建议，形成全面的评价体系，推动治理工作的不断改进和提高。

三、权利保障与权力制约的乡村法治体系的构建

法治体系的建设不仅能够保障广大农民的合法权益，也可以有效约束和监督基层权力的行使，促进乡村治理的公平、正义和规范化。乡村法治体系的构建旨在确保各级乡村组织依法行使职权，保护村民的合法权益，预防和惩治腐败行为，推动乡村民主决策和自治机制的健康发展。通过强

第六章　乡村振兴背景下"三治结合"乡村治理体系的构建路径

化权利保障和权力制约，乡村法治体系的完善将为乡村振兴提供坚实的制度保障，为农村社会稳定和发展注入活力，实现乡村治理体系的现代化和民主化转型。

（一）推进政府涉农法律法规实施

1.构建健全的乡村法律制度规范体系

在党的十八届四中全会提出全面推进依法治国的决定中，对乡村法治的重要性进行了强调。构建健全的乡村法律制度规范体系是推进依法治农、优化乡村治理的关键一步。为此，可采取以下措施：

第一，法律规范体系调研和完善。进行深入调研，了解当地乡村治理实际情况和存在的问题，根据需要修订法律法规。明确村两委与基层政府的权责边界，规范其职责与权限，明确监督机制，确保法治在村务管理中的适用。

第二，村规民约的规范制定。在法律框架内，结合地方实际，制定符合当地传统文化、风俗习惯的村规民约，规范当地的自律行为。强调在村规民约制定过程中，广泛听取村民意见，建立法律规范与村规民约的衔接机制，落实程序规定，加强宣传教育。

第三，法治体系和乡村治理规则体系融合。促使法律法规与村规民约相互融合，形成有机衔接的法治体系，确保法治与乡村治理之间的有效互动和统一运行。强调民间规则体系与国家法律法规的衔接，建立民间规则体系合法性的认可机制，促进乡村社会治理的良性发展。

第四，加强乡村法治意识教育，提升村民对法律规范的认识和依法意识，培养法治思维，促进法治观念深入人心。定期组织法律法规和村规民约知识宣传活动，加强村民参与法治建设，提升乡村治理的法治化水平。

2.实行权力运行规范的乡村法治机制

在乡村治理的法治建设过程中，权力的规范运行是非常重要的环节，可以反映出法治工作的推进程度。为确保权力得以规范运行并发挥有效作用，以实现基层公共权利的制约，以下几点是关键：

第一，建立健全依法决策机制。重新梳理村级法治建设的决策机制，明确责任划分、建立责任和追责制度，确保决策合法、科学、有效，以增强决策的合法性和可靠性。

第二，完善权力制衡机制。构建乡村多元治理机制，明确不同参与治理主体的权责，并重构各主体间相互制约的关系，实现多元治理的效果，以确保治理过程中各方的平衡和协调。

第三，优化利益表达机制。优化和规范村民意见收集反馈机制，使村民意见能够及时反馈并得到解决，提高表达意见的积极性；同时，完善利益评判标准和制度，增进利益补偿的透明度，引导村民形成合理、公平的利益诉求观念。

（二）增强基层广大干部和群众的法治观念

1.培养基层干部的法治意识

依法治国是社会主义革命的重要组成部分，而乡村法治的建设需要村干部发挥特殊作用。村干部作为法治体系中的践行者和执法人员，承担着特殊的政治责任，必须在执行国家法律法规时发挥领导作用。提高基层干部对法治的认识水平，不仅有助于提升地方政府的管理效能和权威，也能增强村民对地方政府的信心，改善其政治声誉。

实践中，针对乡村腐败和贿赂等问题，可以通过举办法治讲座、案例报告和专门培训等形式，以具体案例进行讨论，警示乡村执法人员。这样的举措可以促使乡村管理人员提高法律素养和法律意识，确保他们准确理解并遵守法律，在法治框架下科学合理地运用法律手段。

此外，完善规章制度，加强民主监督，严格财政管理，确保"三务"公开，不断提升法治水平。通过建立微信群、党委工作群等即时通信工具，便于村民交流和发表意见，以提高村务公开能力；设立村民小组组长，并通过小组组长传达通知，有效提升村民参与度和了解程度。通过这些举措，可以促进民主治理、提高服务水平，抵制各类诱惑，实现透明的行政管理，进一步推动乡村法治建设，增强法治在村级治理中的作用和影响力。

第六章　乡村振兴背景下"三治结合"乡村治理体系的构建路径

2.加强现代农民的法治教育

在普法教育和法律知识宣传中，创新的教育方式和适合的载体环境至关重要，它们能够引导农民形成对法律的深入思想认同，进而自觉遵守法律，树立现代法治观念。针对农民群体的特点和需求，可以采用多种创新的教育方式。例如，利用现代科技手段，如互联网、手机App等，开展线上普法教育，使农民能够随时随地学习法律知识。同时，可以结合实际案例，通过讲座、研讨会、法律咨询等形式，将抽象的法律条文具体化、生动化，增强农民的学习兴趣和实际效果。可以利用农村广播、电视、宣传栏等传统媒介，广泛传播法律知识，营造浓厚的法治氛围。此外，还可以结合农村文化活动，如庙会、戏曲演出等，将法律知识融入其中，让农民在娱乐中接受法治教育。通过讲解法律在维护农民权益、解决纠纷、促进发展等方面的实际作用，引导农民逐步摆脱固执的封建思想，认识到法律的重要性。同时，我们可以结合农民生产生活的实际问题，提供法律咨询和援助服务，帮助农民运用法律武器维护自身合法权益。另外，通过案例方式向群众传达法律纠纷解决的经验也是一种有效的普法方式。我们可以选取一些具有代表性的法律案例，进行深入剖析和讲解，让农民了解法律纠纷的解决过程和结果，从而增强他们的法律意识和法律素养。

（三）构建农村法律公共服务体系

1.构建政府主导、多元协同的公共服务体系

政府作为农村法律公共服务的主导者，在建设基层法律公共服务体系中应确立主体地位，并发挥协调引导作用，组织社会力量广泛参与其中。完善基层法律公共服务体系需要做到以下几点：

第一，发挥政府协调引导作用。政府应结合实际情况，积极牵头推动基层法律公共服务体系建设，明确责任分工，指导各相关部门、组织和机构参与并承担相应职责，确保整体推进的顺利进行。

第二，调动社会力量参与建设。鼓励社会各界力量如律师事务所、公证处、法律援助中心等参与基层法律公共服务体系建设，通过奖励和激励等方式激发积极性，充分发挥专业资源作用，解决乡村矛盾，提供有效法律

服务。

第三，创新法律援助途径。加强法律援助工作，设立法律咨询室、法律咨询网络平台等多种途径，为村民提供便捷、高效的法律咨询和援助服务，降低咨询和援助的门槛，提升群众的法治意识。

第四，拓展志愿者队伍。招募普法和法律援助志愿者，包括大学生村官等群体，通过培训和引导，充分发挥他们的作用，参与到农村法律公共服务体系建设中，促进法律服务的普及和便利。

第五，多元协同服务。通过政府引导，整合多元服务主体，打造组织形式多样、服务主体多元的农村公共法律服务体系，实现服务资源的充分整合和协同作用，为农村群众提供更全面、更优质的法律服务。

2.优化公共法律服务平台与人才保障机制

优化公共法律服务平台与人才保障机制对于健全基层法治建设至关重要。

第一，推动乡村公共法律服务平台发展。加强城乡一体化建设，将城市法律资源向基层倾斜，建设更多的法务工作站等专业法律机构，在基层组织中发挥支持和帮助作用，并为群众提供专业的法律咨询和援助。

第二，与相关高校开展合作，通过定向、委培等方式培养乡村地区需要的专业人才，提高乡村地区人才储备和素质。鼓励法学专业学生深入农村实践，增加对农村法治建设的参与和理解。

第三，培育"法律明白人"。充分发挥乡村精英和村民信赖的力量，利用新"乡贤"等身份，向村民宣传法律，提升他们的法律意识。借助村民对乡村精英和村委会的威望和话语优势，进行法治教育，培养村民的法律素养。

第四，加强特殊群体的法律保障。对老年人、残障人士、流动人口等具有特殊情况的群体，需要提供特事特办的渠道，积极运用法律手段，调解解决纠纷和问题，保障其权益。

第五，鼓励多方参与，形成合力。除了政府和法律机构的参与外，还可以通过组织志愿者、引入第三方机构等多种方式，凝聚社会力量参与到乡村法治建设中来，形成合力，提供多元化的法律服务。

（四）健全乡村法治化监督和保障体系

随着城乡一体化发展的推进和乡村治理的不断完善，乡村法治建设已成为保障农民权益、促进乡村发展的重要方面。然而，乡村法治化过程中依然存在一些问题，如执行力不足、违法行为难以查处等。为此，建立健全乡村法治化监督和保障体系势在必行。通过加强监督和保障，可以为乡村发展提供有力支持，同时也能够增强农民对法治的信任感，促进法治观念的深入人心，进一步推动乡村社会的文明进步与治理能力的提升。

1.强化乡村民主法治监督

第一，鼓励多元监督主体参与乡村法治监督：鼓励社会组织、媒体以及知名专业人士等作为独立第三方参与监督，增加监督力量的多样性和公正性。加强村民代表、居民委员会、村民理事会等基层民主组织的职责和权限，使其成为有效的民主监督主体。

第二，审计制度的建立和完善：建立村务财务的定期审计制度，包括村级资产、村民集体收入和支出等进行审计，确保公共财政资金使用的合法性和效益性。扩大审计范围，将村级组织外的其他相关机构或项目资金也纳入审计的范畴。

第三，公示和公开制度的推行：建立村务公开制度，要求村级组织将重要决策、资金使用、招标投标等信息公示并向社会公众开放，确保信息透明。制定相关政策和规定，明确公示的周期、内容和形式，并规定必须公示的项目和环节。

第四，举报投诉机制的健全：设立举报投诉渠道，鼓励村民对违法乱纪、腐败问题进行举报，并保护举报人的合法权益。加强对举报投诉的调查处理，确保各类违法行为及时查处。

第五，利用互联网技术加强监督：建立村级微信公众号、官方网站等在线平台，发布村务信息、重要决策、资金使用情况等，并接受村民的监督和意见反馈。利用互联网手段，通过在线问卷调查、网上投票等形式，让更多的村民参与决策和监督过程。

2.强化法律法规的制度保障

第一，要健全和完善现有的法律法规：需要对村级自治制度和村民当家做主的权利进行细化处理，明确治理和职权划分等细节，以避免矛盾产生。修订村民委员会组织法时应广泛征集意见，并参考优秀实践经验，使法规更加贴近村民实际操作。在修订过程中，需以长远发展眼光，导向性地规定有待确定、具有发展意义的问题，以满足乡村发展需要。

第二，规范民主选举制度，保障村民有效参与：严格按照《村民委员会组织法》进行选举，保障公开、公正、公平，并建立监督体系确保选举公正透明。要规范乡村社会民主政治形式，采用协商民主形式实现广泛参与。

第三，完善村民会议和村民代表议事制度：涉及村民根本利益的问题须由村民会议和村民代表会议审议批准，采取村民代表决断，确保村务决策过程透明公开，拟定议事规程，规范制度运行。

四、传统文化与现代文明相结合的乡村德治体系的构建

（一）传承提升农村优秀传统文化

1.弘扬优秀传统道德文化与风俗习惯

中国乡村传统道德文化与风俗习惯是我国丰富而独特的宝贵财富，是中华民族的精神基因和道德根基。这些源远流长的优秀传统具有深厚的文化底蕴和智慧，不仅指导着农民的生产生活，还承载着社会关系、道德准则和行为规范。在乡村发展的新时代背景下，弘扬优秀传统道德文化与风俗习惯，对于推进乡村治理向德治转变、提高农民精神文明素质、建设乡村社会主义先进文化具有极其重要的意义。因此，我们要增强文化自信，坚守社会主义核心价值观，将优秀传统道德文化与风俗习惯内化于心、外化于行，在乡村振兴的道路上秉持德治理念，推动乡村治理工作实现崭新的飞跃。

第一，坚定文化自信：乡村的传统文化具有丰富的价值观念，要积极挖掘和发扬其中与乡村治理相关的核心价值观念，如诚信、勤俭等。将这些价

第六章 乡村振兴背景下"三治结合"乡村治理体系的构建路径

值观念融入乡村文化建设过程中,通过活动和节庆等方式传播给村民,引导他们形成积极的行为习惯和价值取向。

第二,真实生活与身边人的榜样力量:通过评选和宣传道德模范、好人好事等活动,塑造村民心目中的榜样,借助榜样的力量,鼓励村民实践和推动道德建设。通过这样的活动,营造村民中强烈的美德氛围,促进德治的进步。

第三,创新道德教育方式:利用农村文化礼堂等场所,开展与道德有关的讲座、表演等文化活动。通过这些活动,以身边人讲身边事,以身边事教身边人,将道德教育融入村民的日常生活中,潜移默化地推进道德建设,使之成为村民的自觉意识。

通过以上措施的实施,可以更好地发挥传统文化在乡村治理中的作用,提升村民的道德素质和文化水平,促进乡村社会的和谐稳定和可持续发展。同时,还需要加强政府和社会各界的共同努力,形成合力,推动乡村治理在"德治"引领下的新发展。

2.发掘新乡贤文化资源的价值

在当前乡村治理面临"空心化"挑战,专业人才流失的背景下,乡贤会作为把握新乡贤文化资源的重要平台,其独特价值愈发凸显。乡贤不仅承载着丰富的历史文化底蕴,更是激发民众乡土情感、促进德治实践的宝贵资源。[1]

为有效发挥乡贤在乡村治理中的积极作用,首要任务是赋予新乡贤以新的时代内涵,并明确其评判标准。政府应深入挖掘并保护新乡贤文化资源,使之成为推动乡村发展的文化标识。同时,结合乡村特色活动如火把节、宗亲联谊节等,强化新乡贤文化与民间习俗的深度融合,以亲情、血脉、乡愁为纽带,增强村民与新乡贤之间的情感联系,树立新乡贤作为道德模范的引领作用。通过加大宣传力度,营造尊贤、学贤、颂贤的社会氛围,激发村民自我提升道德文明的内在动力,为乡村治理注入强大内部驱动力。

---

[1] 闫丕川.创新发展乡贤文化助力基层社会治理[J].中国政协,2018(17):24-25.

此外，普及乡贤文化应侧重于典型事例的深入宣传，特别是突出乡贤的优良品德，以此推动文明乡风的建设。村干部应充分利用乡贤的权威性和影响力，引导其积极参与乡村文化生活指导，为乡村文艺活动提供智力支持。例如，围绕孝道文化和家风家训，开展"讲家风、晒家书"等活动，不仅丰富了乡村文化生活，也促进了乡贤文化的传承与创新。通过这些举措，可以有效地激发乡村主体的积极性，发挥乡贤在文化建设中的优势，鼓励青年一代传承乡贤精神，共同构建健康向上、富有活力的乡村文化生态。

3.针对乡村青少年加强乡土文化教育

青少年承载着乡土文化的未来，他们通过学习和感受乡村文化的内涵，可以将这些优秀传统代代传承下去。青少年充满活力和创造力，他们对于乡土文化持有开放、包容的态度，有利于为乡村文化的发展注入新的元素和活力。青少年作为社会的未来，他们在传承乡土文化的过程中，将对社会产生深远的影响，促进整个乡村社区的文化建设和发展。青少年对乡土文化的认同感和热爱程度将影响到整个家庭和社区的文化氛围，从而成为文化传承的守护者和宣传者。通过乡土文化的教育和传承，青少年能够培养起文化自信心和自豪感，增强对自身文化传统的认同和尊重。青少年的积极参与乡土文化的传承和弘扬，将有利于激发乡村的活力和创新潜力，推动乡村社区的全面振兴。

第一，学校教育在青少年乡土文化教育过程中扮演着重要角色，学校可以借助其系统化的教育作用，帮助青少年建立对乡土文化的认同感，培养他们珍爱和传承传统文化的意识。可以将乡土文化纳入学校教育内容，设立专门课程或主题活动，让学生认识、理解和体验乡村文化。结合实地考察和社会实践，带领学生走进村落、农田等，感受乡村文化的魅力。

第二，利用图书馆、博物馆等场所开展文化展览、讲座和活动，让青少年在社区活动中接触、感知乡土文化。应组织青少年参与民俗活动、传统节庆等，增强他们对乡土文化的参与感。

第三，组织教师参与乡土文化学习和培训，提升其对乡村文化的了解和热爱，为青少年乡土文化教育提供专业指导。应鼓励教师主动利用当地资源、社区资源，创新教学方法，激发青少年学习的兴趣和热情。

第六章　乡村振兴背景下"三治结合"乡村治理体系的构建路径

第四，鼓励社会组织、志愿者机构积极参与青少年乡土文化教育，丰富教育活动形式，提供多样化的学习机会。应建立乡贤文化传承工作室或乡土文化俱乐部，培养青少年参与保护、传承和弘扬乡土文化的意识和行动。

通过以上措施，将有助于提高青少年对乡土文化的认同感，激发乡村文化传承的活力，培养出热爱乡村、传承乡土文化的一代新人，促进乡村文化的繁荣和发展，促进乡村治理发展。

（二）强化乡村思想道德与公共文化建设

1.引领乡民思想道德与精神价值

首先，要理解社会主义核心价值观与乡村公共文化的关系，将社会主义核心价值观融入乡村公共文化建设中。[1]通过让乡民了解国家建设目标和基层文化建设目标之间的联系，引导农民成为社会主义核心价值观建设的中坚力量，更好地参与现代化进程。

其次，借助乡村公共文化发展重要资源——新乡贤，深入挖掘适应新时代乡村治理下的文化规范，引领乡民提升思想道德素养，明辨是非，构建良好乡村文化氛围。

最后，采用规章制度和奖惩措施来管理乡民精神价值，防止秩序混乱。设立奖惩制度，奖励表现突出的典型人物，激励更多村民参与公共文化建设。内外协力，加强对乡民的精神引领，传承优秀传统习俗，建立以现代民主为基础的乡村公共文化。

2.加强乡村公共文化活动建设

在当今社会，随着城市化进程的加快和市场经济的发展，乡村地区的人口流失和城乡差距逐渐扩大，乡村凝聚力不断削弱成为一个普遍存在的问题。为了加强乡村居民之间的联系、增强归属感和凝聚力，建设乡村公共文

---

[1] 尹铁燕.新时代乡村治理体系研究论纲[J].佛山科学技术学院学报（社会科学版），2023，41（2）25-35.

化活动显得尤为重要。通过开展多样化、丰富化的文化活动，能够激发乡村居民的文化参与热情，传承和弘扬乡村传统文化，促进道德观念和价值观念的提升，形成良好的文化氛围和生活方式。

首先，健全乡村公共文化服务体系。除了开展多种形式的文艺文体活动外，还可以通过举办文化讲座、经典诵读等形式，提高村民的道德文化素养。另外，可以组织传统文化活动，如民俗节庆、传统手工艺展示等，以保护和传承当地的传统特色文化。此外，引入新媒体和数字技术，开展线上文化活动，提供便捷的学习和交流平台，使乡村文化能够适应时代发展的需要。

其次，大力开展农村公共文化活动并注重本区域的传统特色文化。通过结合市场需求、乡民喜好和本地传统文化，创造具有地方特色的乡村文化活动，形成乡风旺盛的氛围。同时，鼓励乡村社会团体和组织参与活动的策划和组织，激发社会文化团体和组织的活力，充分发挥村民的主体性和创造力。此外，加强与城市文化交流和合作，通过城乡文化交流活动，丰富乡民的文化生活，拓宽视野，促进村民的自我发展和进步。

3.鼓励创新乡村公共文化

开展乡村文化活动和鼓励文化创造是两条并行的线，彼此相互交织，能够有效地推动乡村发展。

第一，鼓励开展乡村文艺活动是对乡村原有文化的继承与传承，能够保留和弘扬乡村传统文化，增强乡民的文化认同感和凝聚力。同时，鼓励文化创造是在尊重传统文化基础上进行文化创新，激发乡村居民的创造力和想象力，推动文化的蓬勃发展。

第二，鼓励乡村农业技术创新是乡村发展的关键。农业是乡村经济的支柱，鼓励农民使用新技术、新理念来提高农业生产效率，不仅可以解决农民的生存问题，还能促进乡村经济的可持续发展。引入信息技术和第三产业技术创新，能够为乡村经济注入新的活力，培育新的增长点。

第三，鼓励农民创新文化同样至关重要。通过建立激励机制和提供专业指导，可以帮助农民更好地参与和创造文化活动，丰富乡村文化内涵，提升乡民精神文化素养。农民自身和当地社会文化组织共同参与，形成合力，推

第六章 乡村振兴背景下"三治结合"乡村治理体系的构建路径

动乡村文化的繁荣和多样性发展。

（三）积极宣传社会主义核心价值观

1.增强社会主义核心价值观宣传的创新力

倡导和践行社会主义核心价值观在农村文化建设中具有重要意义，能够引领农村社区形成正面向上的价值导向，促进全民文明素质的提升和社会和谐稳定的构建。在乡村治理过程中积极传承中华优秀文化的同时，吸纳社会主义核心价值观的精华，能够助力乡村建设。

首先，将社会主义的基本价值体系纳入乡村文化建设，致力于形成中华民族优秀文化的精神文明建设和伦理道德资源的关联活动。这一举措有助于强调社会主义核心价值在农村社区中的引领作用，促进乡村居民树立正确的思想观念和道德观念，提高整体文明素质。

其次，通过宣传、教育和引导，着力加强对社会主义核心价值观的普及和传播，确保其成为农村社会的主流价值取向。这种引导方式有助于乡村居民逐渐树立道德标准，筑牢善恶辨析的思想基础，培养积极向上的生活态度和心灵追求，促进社会和谐与稳定。

最后，推动法治、德治与个人自律相结合，强调农村村民自律习惯的培养。农村基层党组织在此过程中扮演着重要角色，鼓励村民深入学习国家法律和政策，树立正确的道德观念，实现自我教育和自我管理。这一措施有助于提升乡村社区的文明水平，激发乡村文化在新时代更为蓬勃地发展。

2.加强社会主义主流价值观的合理引导

在社会主义核心价值观引领下，加强社会主义主流价值观的合理引导成为当前时代的重要课题。随着时代的发展和变迁，社会各界对于如何在推动社会发展的同时培育和践行社会主义核心价值观提出了更高要求。通过树立典型人物的道德模范形象，榜样的力量能够深入人心，影响村民树立正确的价值观念；通过充分利用互联网等新媒体平台，广泛传播社会主义核心价值观，确保信息覆盖广泛、传播迅速；通过举办展示先进人物、典型事迹的文艺活动，如报道、电影和纪录片放映等方式，让村民更直观地了解社会主义核心价值观的内涵；村级干部可利用广播、电视、手机微信平台等渠道，积极传播正能量，强化道德舆论引导，引领村民树立正确的价值观和道德观；通过各种方式增强人民的国家自豪感和荣誉感，让村民对国家和社会产生更深层次的认同和责任感。以上措施可以有效地引导人们树立正确的价值观念，培养他们的社会主义主流价值观，推动乡村治理向更加文明、和谐的方向发展。

（四）发挥习俗和村规民约的治理功能

村规民约作为乡村居民自发参与、共同遵守的行为规范，在乡村治理和社会主义核心价值观引导中具有重要意义。通过规范村民行为、维护村民利益、管理村庄公共事务、倡导精神文明和发展集体经济等方面，村规民约可以引导村民树立正确的道德观念，落实社会主义核心价值观，促进乡村文明的和谐发展。在实践中，应充分挖掘当地传统文化，结合实际问题制定具体规定，注重与村民生活密切相关的方面，并不断完善、修订和推广村规民约，是发挥其作用的关键所在。通过将村规民约纳入年度考核和督察机制，强化道德规范内化的过程，从源头预防化解矛盾纠纷，培养村民的道德观念和责任意识，确保乡村治理和社会主义主流价值观的有效引导。在村规民约的指导下，乡村可迈向更加美丽、和谐、文明的未来。

（五）建设村民认同的乡村"精神共同体"

精神共同体是指一个群体或社会中通过共同的价值观念、信仰、文化传统等形成的内在联系和共鸣。它强调的是人们在思想、情感和认同上的共同体验和归属感。[1]乡村精神共同体能够帮助村民重新建立起相互关怀、安全感、认同感和幸福感。这样的共同体结构不仅有助于传承和发扬传统文化，

---

① 王微.新时代乡村治理体系构建研究［D］.长春：东北师范大学，2021.

第六章　乡村振兴背景下"三治结合"乡村治理体系的构建路径

也能够满足现代社会对精神层面需求的追求,促进村民之间的互助合作、共同发展和社会稳定。

1.树立乡村文化意识

在当今中国城乡文化互动不平等的情况下,强调农村文化意识的重要性是至关重要的。乡村文化意识应该在传统与现代的互动中实现可持续发展,为农民生活和乡村振兴提供基础支撑。

第一,保持乡村传统和历史记忆的连续性。传统仪式、节日习俗、民间宗教活动、儿童游戏等,都是代代相传的文化遗产,是乡村文明的重要组成部分。这些仪式和象征不仅传递情感和文明,也是农民生活中的精神支柱。这些传统元素在乡村文化中扮演着重要的角色,应当珍惜和传承。

第二,创新乡村文化的元素、内容和形式。基于现代价值观,如平等、自由、独立、民主等,应该强调超越长期存在的人格缺陷,如管理思想的改变、等级制度的消除等。同时,传统文化元素可以通过转换和创新来发挥新的心理和精神功能。例如,传统孝文化中"尊重"和"敬爱"等元素可以与"人格平等"的现代理念相结合,以适应当代农村社会的发展需求。

通过发展乡村社会关系和非政府组织、鼓励积极参与和合作精神,加强相互协作和自治意识,形成相互支持、团结、独立的道德观,可以促进农村地区精神共同体的健康发展,推动乡村文化的融合与创新,为村民提供更丰富、更有意义的精神层面支持。

2.依托乡土文化重塑精神寄托

当前,我国的新农村精神社区建设正面临着一系列亟待解决的问题。这些问题的核心在于农村文化结构的失衡,表现为基础设施的滞后、行动手段的缺失、控制机制的不完善、文化人才储备的匮乏,以及文化活动传播的不广泛、形式单一、氛围不浓厚、主体性发挥不足等。针对这些问题,乡村必须从乡土文化出发,转变村民的精神信仰,并通过社会主义核心价值的引领,推动农民精神社区的建设。

乡土文化是农村地区长期形成的文化传统,承载着丰富的历史和民族文化内涵。它是农村社会的集体记忆和文化基因,反映了农村社会的生活方式、价值观念和习俗传统。乡土文化体现了不同地域和民族的特色和个性，反映了农村社会在地理环境、气候条件、经济生产等方面所形成的独特文化表达和风俗习惯。乡土文化使每个农村社区都有自己独特的文化面貌。乡土文化对农民群体来说具有重要的认同性和归属感。村民通过乡土文化可以找到自身在社会中的位置和价值，增强自我认同，形成共同体意识和凝聚力，提升村民群体的自信心和自豪感。乡土文化在农村社会中起到维系社会稳定和促进社会道德建设的作用。乡土文化通过其独特的价值观念、道德准则和行为规范，引导村民形成良好的行为习惯和社会风尚，维护社会秩序和社会和谐。

乡土文化作为农村社会的精神根基，对于农村发展和乡村振兴具有重要的支撑作用。传承和弘扬乡土文化有助于激发农民群众的创造力和活力，推动乡村经济、社会和文化的全面发展。因此，新农村精神社区建设应以乡土文化为基础，通过挖掘和传承农耕文化中的精髓，重塑村民的精神世界。

在这个过程中，必须充分发挥中国的精神力量和优良传统文化的灌溉作用。这不仅可以为农民精神共同体的建设提供有力的支撑，还能在消除市场经济带来的负面影响中发挥至关重要的作用。对于培养和造就适应新时代需求的新型现代农民而言，这一点尤为重要。

同时，政府在新农村精神社区建设中扮演着举足轻重的角色。政府应明确对地方文化发展的责任，从制度设计、资金配置和政策执行等多个层面推动文化建设。此外，应简化地方文化建设管理体系，充分发挥村民的作用，开展广泛的文化活动，这也是政府的重要职责。

（六）充分调动新乡贤的人才支撑作用

1.培育新乡贤社会责任意识

在老一代乡贤的年龄日趋老龄化的情况下，就需要培养新的乡贤加入乡村治理的过程。年轻化的乡贤更具活力和创新精神，他们更容易接受新事

第六章 乡村振兴背景下"三治结合"乡村治理体系的构建路径

物、掌握新知识,并具备强大的应用能力。[①]此外,老一代乡贤则拥有丰富的社会经验和权威性,在处理事务时更加稳妥。因此,结合新老乡贤参与乡村治理是明智之举。年轻乡贤可以通过建立网络平台,加强与村民的联系和沟通,同时借助其活力和创新精神为乡村治理注入新活力。而老一代乡贤可以利用其丰富的经验指导年轻一代,并确保决策的稳健性。

在培养新乡贤过程中,提高乡贤自身参与乡村治理的水平至关重要。通过不断学习和培训,提升基本理论知识和道德素养,新乡贤可以更好地参与到乡村治理中,弥补公共服务资源不足的情况。同时,引导农民参与乡村治理也是必要的,培养他们具备基层民主意识和政治素养,促进基层民主的发展。[②]

通过新老乡贤相结合的方式,互相学习、取长补短,促进乡村治理的现代化和乡贤社会责任感的强化。这样的模式将有助于提升乡村治理效果,为乡村振兴提供更加有效的支持。

2.发挥乡村精英的协同作用

乡村精英能够带来创新思维、务实能力和领导才能,为乡村的发展注入活力,并起到引领和榜样的作用。为了鼓励乡村精英返乡贡献,政府可以出台一系列的优惠政策,如提供创业支持、优质教育、医疗保障等,吸引更多乡村精英回到家乡参与乡村治理和发展。同时,要完善乡村人才流动机制,畅通城乡间的人才流动渠道,使乡村精英能够在城市和乡村之间自由选择,实现资源的优化配置。

此外,基层党组织应加强与乡村精英的协同与互动,确保其在农村建设中发挥较大作用。应确保乡村精英的地位定位清晰,明确其在基层建设中的责任和权益。乡村精英具有较高的权威性,能够广泛传播主流价值观和道德观念,帮助塑造良好的社会文化氛围。基层党组织应激发乡村精英的服务意识,引导他们参与基层治理,积极投身公共事业,树立法治意识,始终以人

---

① 王微.新时代乡村治理体系构建研究[D].长春:东北师范大学,2021.
② 王文英.新时代"三治结合"乡村治理体系建设研究[D].郑州:郑州大学,2022.

民群众的利益为出发点，推动农村发展建设。

3.乡村精英与村民之间相互配合

仅仅依靠乡村精英是无法有效完成乡村治理工作的，还需要广大村民的有效配合。农村公共事务的建设可以作为重建精英与村民之间联系的桥梁，帮助恢复共同社会资本，增强农村地区内生性振兴的动力。

在推进农村公共事务的建设中，可采取多种措施：一方面，充分利用当地乡村居民的建设热情，改变政府适度授权的模式，鼓励地方精英筹集资金并引导村民积极参与，以建设具有地方特色的公共设施；另一方面，开展当地的公共文化活动，恢复当地精英和村民的互惠网络，通过社会主义核心价值的提升和当地文化资源的利用，增强村民自治意识和集体认同感，从而促进农村社区的发展和建设。

在乡村自治实践中，需要持续创新乡村治理方式，建立健全的自治、法治、德治体系，以实现乡村善治格局。通过改善村民自治、推进乡村法治和发挥德治等措施，可以有效帮助农村地区实现经济发展和社会进步。各地乡村应在提升乡村治理水平的路上不断探索、不断完善，确立健全的治理体系，并以此为基础，推动乡村振兴战略取得更大成就。

第三节 把握治理方向，推动"三治结合"乡村治理现代化

在落实乡村治理现代化的实践中，必须密切结合乡村发展的实际情况，完善农村治理的相关制度和政策，提升治理体系的科学性和适应性，不断提高乡村治理能力的现代化水平，为实现乡村治理体系和治理能力现代化提供有力支撑。

第六章 乡村振兴背景下"三治结合"乡村治理体系的构建路径

一、明确推进乡村治理现代化的主要原则

通过前章关于我国乡村治理实践和国际经验可以看出，在推进乡村治理现代化的过程中，需要牢记原则方向，明确领导主体、途径和目标，以免迷失方向。

（一）以党的全面领导为治理根本

在解决乡村治理问题过程中，强化党对乡村治理工作的全面领导至关重要，这是推动乡村治理现代化的关键所在。为实现乡村治理现代化的目标，应遵循以下几个重要方面：

首先，加强和完善党对乡村治理的领导体系。要建立健全党组织领导的乡村治理体制机制，明确党组织在乡村治理中的领导地位和作用。通过加强党组织建设，提升党组织的组织力和领导力，确保党组织能够有效地引领和推动乡村治理现代化进程。

其次，深化党建引领乡村治理的实践创新。积极探索党建引领乡村治理的新路径、新模式，如通过"党建+"模式，将党建工作与乡村治理各项工作紧密结合起来，形成工作合力。同时，要注重发挥党员的先锋模范作用，引导党员积极参与乡村治理，为乡村治理现代化贡献力量。

再次，提升乡村治理主体的素质和能力。加强对乡村治理主体的教育培训，提高其政治素质、业务能力和法治意识。特别是要加强对农村基层干部的培养和管理，打造一支忠诚干净担当、懂农业爱农村爱农民的基层干部队伍，为乡村治理现代化提供有力的人才保障。

最后，党要管乡村青年。青年是乡村发展的希望，党组织应与共青团合作，开展青年教育和培训项目，培养新型职业农民。通过针对青年特点的教育活动，为乡村治理现代化注入新的活力。

（二）以解放和发展农村生产力为治理中心

在乡村治理现代化进程中，以强调解放和发展农村生产力作为中心，是推动乡村治理取得实质性进展的基础。农村土地集体所有制是中国特色社会主义优势的重要体现，对于保障乡村生产力的持续发展起到关键作用。在此背景下，需要明晰以下几点：

首先，坚持农村土地集体所有制的基础。土地是农村的生产资料，保持农村土地集体所有制有利于维护农民的土地权益，促进农村生产力的提升和集体经济的发展。同时，要不断完善相关制度，确保土地集体所有制在实践中的适应性与灵活性。

其次，实现乡村治理社会化的转型。推动治理社会化，促进农村集体经济的活力和发展，需要在保持土地集体所有制不变的前提下，引入更多社会资源、激发市场活力，推动乡村产业升级，增强乡村经济的竞争力。

再次，规范治理主体行为。法治化是推动乡村治理现代化的重要保障，必须确保各治理主体依法履行职责，规范行为，创造公平、公正的发展环境，为生产力发展提供良好的外部条件。

最后，推广"三权分置"政策，鼓励引入民营企业和社会资本，促进行业专业化发展。通过"三权分置"，让不同主体在监管下自主运营，推动集体经济专业化发展，以提升效益，为乡村治理现代化提供新的动力。

（三）以村民共同富裕为治理动力

确保村民共同富裕是新时代乡村治理的重要动力和目标。村民自治制度可以充分发挥村民主体地位，促进村民共同富裕。乡村治理现代化应以人民为中心，关注解决村民的政治、经济和社会权益，让广大村民充分参与乡村治理实践，并成为建设乡村社会和分享成果的主要力量。

为了实现共同富裕的目标，需要构建完善的乡村治理体系，保障村民的合法权益。村民应当参与决策和管理，通过村民会议、选举等形式来提高民主监督和参与度。同时，要提升乡村治理能力现代化水平，包括提高乡村居民的素质，改进治理方式和手段，加强基层干部队伍建设，推动乡村治理向

第六章 乡村振兴背景下"三治结合"乡村治理体系的构建路径

着科学、民主、法治的方向发展。

此外，要注重乡村人口的现代化素质提升，包括教育、技能培训、健康保障等方面的提升，让广大村民具备更好的发展能力。同时，通过发挥乡村治理的制度优势，激发村民的创业创新活力，推动农村经济社会的发展，创造更多机会和条件，实现村民的共同富裕。

二、促进"三治结合"乡村治理体系的完善

（一）提高法治对自治的保障水平，建设法治乡村

第一，要完善法律法规体系，确保乡村自治在法治框架下实施。要制定和修订适应乡村发展需求的法律法规，包括土地制度、集体经济组织、乡村治理等方面的法规，以确保乡村自治的合法性和程序性。

第二，加强法治意识与法治素养的培养。要引导广大村民充分认识法治建设对于乡村自治的重要性，提高他们的法治素养。通过教育、宣传和培训等方式，增强村民的法律意识和法律知识，使其能够依法参与乡村自治事务，并主动维护自身权益。

第三，健全乡村法律服务体系，保障广大村民的法律权益。要建立健全乡村公共法律服务网络，增加法律援助机构和人员，提供法律咨询、法律援助等服务，为村民提供便捷、高效的法律服务。同时，加强对村民的法律教育工作，增强他们的法律意识和法律技能。

第四，加强乡村执法能力建设，确保法律的有效实施。要加强乡村基层政府和执法机构的建设，提升执法队伍的素质和业务能力。加大执法监督和执行力度，坚决打击违法行为，保护广大村民的合法权益。

（二）强化"德治"对自治的引领，提升乡村治理软实力

1.弘扬乡土文化以提升广大村民的认同感

在乡村振兴的大潮中，乡土文化扮演着至关重要的角色。乡土文化不仅是村民的精神家园，更是乡村治理的根基。因此，提升广大村民对乡土文化的认同感对于推动乡村振兴和有效治理具有深远的意义。

乡土文化承载着村民的根与魂。乡村是中华文明的发源地，乡土文化则是这片土地上生生不息的精神血脉。在漫长的历史长河中，乡村形成了独具特色的道德规范、家风家训和地方志史。这些传统文化资源是乡村治理的宝贵财富，必须得到深入的挖掘和传承。

为了弘扬乡土文化，需要从多个方面入手。一方面，要深入挖掘乡村传统道德规范，让村规民约、家风家训等传统文化资源在乡村振兴中发挥更大的作用。通过传承和弘扬这些道德规范，可以引导村民树立正确的价值观，形成良好的社会风尚。同时，修好地方志史也是弘扬乡土文化的重要举措，它能让村民更加深入地了解自己的家乡，增强对乡土文化的认同感。

另一方面，要搭建乡村公共文化平台，大力建设新时代乡村公共文化。这包括完善乡村公共文化服务网络，创新乡村公共文化服务方式，为村民提供丰富多彩的文化活动。通过这些平台，村民可以参与到各种文化活动中，感受到乡土文化的魅力，从而增强村民对乡村的归属感和认同感。

2.充分发挥道德的约束作用

在当今社会，乡村的道德建设与文化发展尤为重要。乡村道德建设不仅是提升乡村居民生活品质的需要，更是社会和谐稳定的基石。加强乡村道德建设、推进乡村文化发展是一项长期而艰巨的任务。具体来说，需要从多个方面入手，可以通过评选道德模范、抵制封建迷信、推进移风易俗等措施，全面提升乡村居民的道德水平和文化素养。

首先，树立乡村道德典范。可以在乡村范围内开展道德模范的评选活动，为乡村设立明确的道德基准。这一举措旨在通过评选出的道德模范，引导乡村居民树立正确的道德观念，形成良好的社会风尚。为确保评选活动的公平公正，需要增强评议组织的权威性，选拔出一批有影响力、有公信力的

第六章　乡村振兴背景下"三治结合"乡村治理体系的构建路径

评议人员，规范评议流程，确保评选结果真实可信。同时，还应该加强对评议人员的培训，提高他们的评议能力和水平，确保评选活动的高质量进行。

其次，坚决抵制乡村中的封建迷信活动，加强无神论宣传教育。封建迷信活动不仅影响乡村居民的科学素养，还可能引发社会矛盾和不稳定因素。因此，县乡村三级政府应联动强化舆论引导，加大宣传力度，让广大乡村居民了解封建迷信的危害，自觉抵制迷信活动。同时，还需要充分发挥党员的先锋带头作用，引领乡村居民树立正确的信仰观念，形成健康、科学、文明的生活方式。

最后，为彻底扭转乡村中存在的人情攀比、失信行为、黄赌毒黑及庸俗表演等不良风气，可成立专项工作领导小组，全面统筹并强力推进移风易俗文明行动。在此过程中，要充分发挥村民议事会、道德评议会等基层组织的核心作用，激发村民自治活力，共同参与到陋习的整治中来。针对上述陋习，可以制定一系列针对性强、操作性好的整治措施，明确责任分工，加大监管与执法力度，确保每一项措施都能精准落地，有效遏制不良风气的滋生蔓延。通过法律手段与道德教化相结合，既严惩违法行为，又引导村民树立正确的价值观与道德观。此外，为确保移风易俗工作的长效性与可持续性，应把此项工作纳入村级年度考核的重要指标体系之中，通过量化考核、定期评估等方式，推动移风易俗工作制度化、规范化、常态化运行。此举不仅能够有效遏制陋习的反弹，更能在潜移默化中提升乡村居民的整体素质与文明素养，为乡村社会的和谐稳定与繁荣发展奠定坚实的基础。

（三）发展城乡多元投入治理的共同体格局

推进乡村治理体系现代化需要从城乡关系的视角出发，促进城乡的紧密联系和互相融通。这就需要建立城乡多元投入治理的共同体格局。这意味着要构建一个城乡地位平等、优势互补和彼此融入的治理体系。政府应该发挥主导作用，制定相关政策，并加强协调和合作机制。同时，要推动多方参与，包括政府、企业、社会组织和居民等，共同参与乡村治理，共同负责乡村的发展和建设。

1.促进城乡之间的紧密联系和互相融通

在推进城乡协调发展的征途中，科学规划需先行一步，旨在加速形成布局合理、分工明确、优势互补的城乡一体化格局。具体而言，应从以下几方面着手：

第一，强化城乡治理机制融合，把握政府机构改革契机，专门设立城乡协调机构。该机构应致力于促进城乡居民公共服务均等化，并搭建城乡治理经验交流的长效平台。特别要强调城市管理部门对乡村的积极帮扶作用，通过引入并推广先进的信息网络系统，加速乡村治理的信息化进程，从而实现城乡信息资源的无缝对接与高效共享。

第二，聚焦城乡接合部治理难题，针对长期以来因地域界限模糊、治理权限不清而导致的治理空白，加大协作治理力度。通过强化城乡间在治理领域的合作与沟通，不仅能够解决"两不管"的困境，还能促进双方治理经验的互学互鉴，共同提升治理效能，填补社会治理的薄弱环节。

第三，加大公共服务投入，优化资源配置。结合城乡实际，选取对双方均便利的地点，建设共享型娱乐休闲设施及专业贸易市场。此举旨在引导城乡居民生活方式的逐步趋同，增进相互理解和融合，同时满足居民日益增长的精神文化需求和物质交易需求，为城乡一体化发展奠定坚实的民生基础。

2.引导社会资本合理流动

在乡村治理中，根据政策和实际情况，要引导社会资本向乡村地区合理流动。特别是通过推行"三权分置"政策（"三权分置"政策是指将土地的承包权、经营权和流转权分开，赋予农民更多的自主权利，促进土地资源的有效流转和集约利用，推动农村产业结构调整和提升农民收入水平的一项重要改革举措），鼓励民营企业扎根乡村发展。

第一，政府主动作为：省市政府和乡村基层政权应积极主导乡村土地制度改革，加大对"三权分置"政策的宣传力度，并提供相应的政策支持和配套措施，为乡村土地流转和产业规模经营提供良好的环境。

第二，支持民营企业参与乡村振兴：政府要鼓励并指导民营企业拓展乡村市场，利用"三权分置"政策带来的机遇。为民营企业提供投资环境优化、资金支持、税收减免等方面的政策支持，激发他们参与乡村建设的积极性。

第三，促进城乡资源要素的互通互联：通过加强城乡之间的资源要素的互通互联，如交通网络、信息技术等，为民营企业在乡村的发展提供便利条件。同时，也可以引导乡村优势资源和市场需求向民营企业倾斜，促进产业链条在乡村完整延伸。

第四，推动乡村治理现代化：民营企业可以参与乡村治理的创新，为乡村提供解决问题的新思路和新方法。政府可以积极吸纳民营企业的意见和建议，完善乡村治理的相关政策和措施，真正实现城乡多元治理的目标。

3.建立健全人才由城乡向乡村流动机制

过往经验中，大学生村官、驻村第一书记等项目已有效促进了人才向乡村的倾斜，并显著推动了乡村发展。[1]在此基础上，我们需要进一步优化和完善这一机制，以吸引和留住更多优秀人才。

首要任务是完善激励机制，为乡村急需的医生、教师、技术人才等提供具有吸引力的政策支持和财政补贴。这些措施不仅要解决他们的基本生活需求，如住房、子女教育等，还要注重激发他们的工作热情和创造力，确保他们能够长期、稳定地在乡村扎根。

从长远和可持续的角度来看，重点应放在鼓励和支持本土人才回乡发展上。这些人才对家乡有着深厚的情感连接，了解当地的风土人情，更容易融入乡村社会。同时，他们拥有土地和住房等稳定的生活基础，这为他们履行村民治理主体责任、积极参与乡村建设提供了有利条件。

因此，需要制定更加灵活和包容的政策，鼓励和支持在外求学、务工的本土人才回乡创业或就业。可以通过提供创业资金、税收优惠、技术指导等支持，帮助他们将所学知识和技能应用于乡村建设，为家乡的发展贡献智慧和力量。同时，也要加强乡村基础设施和公共服务建设，提升乡村的生活品质和发展环境，吸引更多人才回流。

---

[1] 孔祥智.乡村振兴的九个维度［M］.广州：广东人民出版社，2018.

三、全面推动乡村治理能力现代化进程

全面推动乡村治理能力现代化进程，需要政府、村民和各方共同努力，通过合作、创新和政策支持，推动乡村振兴战略的有效实施，打造美丽乡村、实现乡村现代化的目标。

（一）着力提升村民的现代化素质

要实现乡村现代化，必须注重人的现代化，提升村民的素质，扩大教育资源覆盖面，提高乡村教育质量，加强职业技能培训，培育乡村人才，推动乡村人口的整体现代化。只有在人的现代化的基础上，乡村现代化才能迈出坚实的步伐，实现经济社会可持续发展的目标。

1.打造现代化的乡村干部队伍

第一，要拓宽选拔视野，选优配强村两委。一是应完善干部选拔机制，采取多元化的选拔方式和标准，如推、提、派、选、挖、找等，选优配强村两委，注重实绩、能力、作风等方面的综合评价，确保"过硬"人才进入乡村干部队伍，提升整体素质。二是建立健全村级干部培养和选拔的长效机制，注重人才梯队建设，打破地方封闭性，引进外部优秀人才，也可结合特殊优势群体，如优秀党员、复退军人、大学生村官和专业技能人才，实现人才多元化。

第二，抓关键问题，全面提升村干部综合治理能力。应当加强理论学习和业务培训，提高村干部对乡村发展战略和政策法规的了解和理解能力。应组织实施针对性的能力提升培训，包括领导力、沟通协调、项目管理、社会矛盾处理等方面的能力培养，增强村干部的综合治理能力。

第三，强化顶层设计，为村干部干事创业提供有力的制度保障。一是完善乡村治理体制，建立健全村级权力运行机制，落实权责清单，防范权力滥用和腐败问题。二是支持村干部在决策和执行层面上更多地发挥主观能动性，鼓励创新思维和务实作风。三是建立激励机制，通过薪酬和职称评定等

第六章 乡村振兴背景下"三治结合"乡村治理体系的构建路径

方式予以激励,激发村干部的工作积极性,倡导勇于创新的工作风气,允许试错、容忍失败,营造良好的改革氛围。

2.培育现代职业农民

乡村振兴与乡村治理现代化的核心驱动力在于"人",因此优先开发乡村人力资源成为当务之急。在推动乡村发展的道路上,提升农民的现代化能力是关键,这直接关乎乡村振兴战略的成效。

首先,乡村基层政府应创新宣传与教育方式,通过丰富多彩、贴近农民生活的活动,激发农民对现代化的向往与追求。这些活动旨在拓宽农民的视野,使他们更加关注社会发展的新趋势,了解外界对乡村的真实需求与期待。通过这样的互动,农民能够逐步树立起现代化的思维方式,为乡村振兴注入新的活力。

其次,乡村基层政府应积极寻求与专业机构和社会组织的合作,共同开展对农民的集中培训。这些培训应聚焦于农业生产的专业知识、先进技术的应用以及市场趋势的分析等方面,旨在培养一批既懂技术又懂市场的新型职业农民。通过这些培训,农民将能够更深入地理解现代农业的运作方式,掌握高效、环保的农业生产技术,进而提升农业生产的效率与质量。

值得注意的是,提高农民的现代化素质并非一蹴而就,而是一项需要长期坚持、循序渐进的工作。乡村基层政府应保持耐心与决心,根据农民的实际需求与关注点,不断调整培训内容与方式,确保培训工作的实效性与针对性。同时,还应将农民现代化水平的提升与他们的增产增收紧密结合起来,让农民在参与培训的过程中看到实实在在的利益,从而激发他们学习新知识、掌握新技能的积极性与主动性。

3.夯实乡村教育基础

夯实乡村教育基础对于人才培养和乡村现代化具有关键性作用。

首先,将乡村教育水平作为乡村两委的重要考核指标是非常必要的。通过建立健全的考核评估机制,促使乡村两委从高度重视乡村教育工作,鼓励和支持乡村教育工作的改善和提升。这将激励乡村干部积极推动教育改革,提高教育质量,促进乡村人才的培养和乡村现代化进程。

其次，落实城乡统一规范的教育和课程体系是非常重要的，能够让农村学生接受同等优质的教育资源和教学内容，消除城乡教育不均衡的问题。应借助现代信息技术手段，实现城乡教育资源的共享和互通，提高农村学生的教育水平和综合素质。

另外，加大对乡村教师的激励力度也至关重要。应不断提高乡村教师的待遇和福利，为他们提供更多的专业培训和职业发展机会，激励他们更加努力地为乡村孩子的未来奉献。同时，吸引优秀师范类大学毕业生回乡任教，从而为乡村注入新鲜的教育理念和方法，提升乡村教育教学水平，带动乡村教育的整体进步。

最重要的是，要营造崇学好学的良好氛围。通过开展丰富多彩的教育活动和课外教育，激发学生学习的兴趣和动力，树立正确的学习态度和价值观。家庭、学校和社会共同协作，为学生创造良好的学习环境和氛围，培养他们勤学好问、积极向上的品质，推动乡村教育的全面发展。

（二）加速创新乡村治理方式

1.推进乡村治理智能化

互联网在拉近政府与村民之间距离、改善乡村治理效率等方面具有重要作用，因此，要全面加快乡村治理智能化进程。

第一，要发挥互联网在乡村治理中的作用。通过建立政务平台、大数据分析等手段，可以帮助政府更好地了解民意和诉求，提高决策科学性；加强公共服务水平，提升乡村治理现代化水平；促进信息共享，实现便捷行政审批和高效公共服务。

第二，推动乡村智慧治理。以信息化为主要载体，扩展多元化服务渠道，提升公共服务水平；投入信息化基础设施和专业人员培训，普及智能服务和管理；实现行政审批便捷、政府监管有效、公共服务完善，构建现代化治理新局面。

第三，借鉴乡村智能治理的典型案例。各地涌现出多种智能治理模式，如"农事通"智能治理模式等；结合移动互联网和微信的"一站式"乡村服务平台等，提升乡村治理效率；这些探索不仅提高了农村信息化水平，也对

第六章　乡村振兴背景下"三治结合"乡村治理体系的构建路径

乡村农民生活产生积极影响。积极从这些典型案例中寻求经验是加快乡村治理智能化进程的重要途径之一。

2.提高乡村治理精细化水平

推进乡村治理的精细化是现代化的方向，有助于形成适应时代发展的乡村社会治理格局。通过提升乡村治理的精细化水平，社会治理能够更加有效，党员和群众对乡村治理的满意度也会提高。

第一，乡村治理精细化要从乡村实际出发，将乡村划分为"小网格"，每个网格都有明确的责任人和工作职责，确保工作能够精确到户、精确到人。通过建立乡村基础数据库，能够全面掌握乡村的基本情况，为精细化治理提供数据支持。同时，村干部要每户一台账，对乡村居民的基本信息、需求等进行详细记录，并进行动态更新，确保信息的准确性和时效性。

第二，在治理过程中，要注重收集村民的需求信息，确保信息的准确性和及时性。通过建立信息收集、对接和行动机制，能够确保村民的需求得到及时响应和有效处理。同时，要注重服务的质量和效率，确保能够解决服务乡村居民的"最后一公里"问题，让村民真正感受到治理带来的实惠。

（三）加强乡村土地产权治理能力

随着城乡发展不平衡问题的凸显和现代化进程的加快，乡村土地产权治理成为推动乡村现代化发展、保障农民权益、实现乡村治理有效运行的关键环节之一。加强乡村土地产权治理能力意味着建立健全的土地产权管理体系，确保土地资源合理利用、权益清晰明确，增强农民的土地权益保障和乡村治理的现代化水平。在这一背景下，探讨和加强乡村土地产权治理能力势在必行，将为乡村发展提供更加稳定有序的发展环境，促进乡村治理水平的持续提升。

1.抓紧界定和明晰土地产权关系

在推进乡村治理现代化的进程中，精准界定与明晰土地产权关系是基础且关键的一步。因此，应全面开展农村土地确权登记颁证工作，通过科学的方法和严格的程序，确保每一块土地的所有权、承包权、经营权都能得到清晰界定。这一过程不仅是对历史遗留问题的梳理，更是对未来土地流转和市场交易秩序的规范。通过确权登记，能明确村集体、农户及其他土地经营主体之间的权利与责任边界，减少因产权模糊而引发的纠纷，为土地资源的有效配置和合理利用奠定坚实基础。同时，清晰的产权关系还能激发农民保护土地、投资土地的积极性。政府要加强对土地流转市场的监管，规范土地交易行为，防范乡村土地资源过度开发和滥用现象的发生，确保农民合法权益不受损害，同时促进乡村经济的可持续发展。

2.调动村两委积极性并有效监督

村两委作为乡村治理的重要主体，在土地产权治理中发挥着至关重要的作用。为了激发村两委的活力，需要加强对村两委成员的培训和教育，提升他们的政策水平、业务能力和服务意识。通过培训，使村两委成员能够熟练掌握土地产权治理的相关法律法规和政策措施，提高在土地流转、资源整合、利益协调等方面的管理能力和服务水平。同时，还要构建多元监督体系，确保村两委在土地产权治理中的行为受到有效监督和制约，包括建立健全由村代会、监督委员会及村民广泛参与的监督机制，通过定期公开信息、接受群众监督等方式，增强村两委工作的透明度和公信力。此外，还可以通过引入第三方评估机构等方式，对村两委的工作进行客观评价和监督，确保土地产权治理工作的规范有序进行。

3.建立土地流转与法律文本信息数据化平台

建立土地流转与法律文本信息数据化平台，是实现土地流转规范化和便捷化的重要举措。

第一，土地流转信息管理。应建立土地流转信息数据库，包括土地位置、用途、土地权属等关键信息，并及时更新和维护。通过信息化平台，进行土地流转信息的收集、整理、分析、展示，为有意进行土地流转的各方提供便捷的查询和匹配功能。

第二，法律文本与合同管理。应建立土地流转相关的法律法规与合同文本数据库，包括常用法律文本、合同格式以及相关的法律依据。通过平台，

第六章 乡村振兴背景下"三治结合"乡村治理体系的构建路径

禁止审阅和下载这些文本,帮助各方了解土地流转的法律规定和合同要求,确保土地流转行为合规和合法。

第三,仲裁渠道与纠纷解决。为了应对土地流转过程中可能出现的纠纷,平台还可以提供相应的仲裁渠道和纠纷解决机制。例如,提供联系仲裁机构的信息和在线纠纷解决服务,帮助各方高效解决争议,确保土地流转交易的顺利进行。

第四,监管与审核。平台可以设立监管与审核机制,加强对土地流转的监管和审核工作。通过数据化的管理和审查,推动土地流转过程的规范化和合法性,减少潜在的违规行为。

(四)培育建设现代化乡村小城镇的能力

乡村小城镇不仅是促进城乡融合发展、实现乡村全面振兴的有效路径,也是构建现代生态宜居、产业繁荣、文化多彩的乡村社区的重要体现。因此,加强对乡村小城镇建设能力的培育具有重要意义,需要进一步探讨和完善相关政策措施,激发乡村潜力,促进乡村经济社会可持续发展。随着新时代的到来,培育建设现代化乡村小城镇的能力将成为推动整个乡村振兴事业的关键动力,引领乡村走向更加美好的未来。

1.健全小城镇现代产业体系

健全小城镇现代产业体系的关键在于强化现代化理念、抓住特色产业和品牌产业、优势互补和共同发展。具体措施如下:

第一,强化现代化理念,小城镇要注重引进现代化的思维方式和管理模式,不断更新发展观念,紧跟时代发展趋势,适应市场需求的变化。

第二,小城镇应根据自身的区位优势、资源优势等,发掘和培育已有或潜力较大的特色产业和品牌产业。例如,以农业为主的小城镇可加强农产品深加工产业、乡村旅游型小城镇可发展特色文化品牌。

第三,不同小城镇之间应实现优势互补,形成合作共赢的局面。党委和政府应统筹规划,乡镇企业和村民要发挥积极性和能动性,发挥社会经济组织的协调作用,避免产业竞争激烈。

第四，小城镇要注重创新，提高科技水平，吸引和培育科技人才，推进科技成果转化。通过科技的支持，可以提升小城镇产业的竞争力和创新能力。

第五，完善支持政策和服务，政府部门应制定鼓励和支持小城镇现代产业发展的政策，包括财税、金融、用地等方面的支持，提供完善的服务，为企业提供优良的发展环境。

2.构建乡村小城镇现代服务体系

第一，建立小城镇基层社区服务中心，作为服务型机构直接面向基层群众，提供基本的公共服务和社会管理。这样的服务中心能够有效整合资源，提高服务效率，促进乡村小城镇的发展。

第二，通过基层民主协商，解决乡镇群众实际问题和困难，建立有效的民主协商平台和实施机制。不仅有助于解决实际问题，还能增强居民参与感和获得感，促进基层治理的有效性和透明度。

第三，创新公共服务运营机制：推动乡村小城镇政府工作人员角色转型，打造面向公民的公共服务提供者。同时，探索专业化、成熟社区的公共服务运营机制，结合当地特色优势，提升公共服务质量，满足居民需求。

第七章 乡村振兴背景下"智治"赋能"三治结合"乡村治理体系

第一节 数字赋能乡村"智治"

随着我国农村改革的深入，乡村治理面临着前所未有的挑战。传统治理模式在应对农村社会复杂问题时显得力不从心，亟待创新。乡村"智治"作为一种新型治理形态应运而生，它将现代信息技术与乡村治理深度融合，推动了乡村治理数字化、智能化发展，为乡村发展注入新活力。

一、强化数字协同，构筑乡村善治新网络

数字赋能乡村治理主体的过程旨在通过数字技术的深度应用，促进乡村治理主体之间的协同合作，形成高效、精细、科学的乡村治理网络，进而实现乡村社会的和谐稳定发展。

在乡村治理中，政府、村民自治组织、社会组织以及村民个体等多个主

体共同参与,形成了一个多元化的治理格局。然而,传统的治理方式往往存在信息不对称、沟通不畅、协作不紧密等问题,导致治理效率低下,难以满足新时代乡村治理的需求。数字技术的引入可以打破这些壁垒,促进治理主体之间的信息共享、沟通协作和资源整合,从而提高治理效能。

通过搭建乡村治理信息共享平台,实现政府、村民自治组织、社会组织以及村民个体之间的信息互通有无。这不仅可以提高信息的透明度和公开性,还可以增强治理主体之间的信任和理解,为协同治理打下基础。乡村治理各主体之间利用大数据、云计算等先进技术,对乡村治理数据进行深度挖掘和分析,为治理决策提供科学依据。同时,通过对数据的实时监测和预警,可以及时发现和处理乡村治理中的问题和风险,提高治理的针对性和有效性。

利用智能化治理工具,如智能监控设备、移动应用等,可以提高治理的效率和便捷性。例如,通过智能监控设备可以实现对乡村环境的实时监测和管理,通过移动应用可以方便村民参与自治和享受便民服务。

二、创新数字机制,推动乡村精准治理

善治目标的实现依赖于高效的治理机制,这一理念在数字化时代尤为重要。当前,通过数字赋能,致力于构建科学性、前瞻性的乡村治理机制,这不仅是提升治理效能的关键,也是实现善治目标的必由之路。

数字技术的引入使我们可以持续、系统地收集并分析乡村治理中的各类数据。通过对这些数据的深度挖掘和相关性分析,能够敏锐地捕捉到数据变化背后的深层含义,进而迅速了解事情发展的来龙去脉。

乡村治理的核心在于服务广大村民,满足他们的多样化、个体化需求。因此,可以将数字化公共服务水平作为衡量乡村治理能力的重要指标。通过数字技术,能够更精准地把握村民的需求和偏好,为他们提供更具针对性的公共服务。这不仅提升了服务效能,也增强了村民对治理工作的满意度和认同感。

第七章　乡村振兴背景下"智治"赋能"三治结合"乡村治理体系

在基层治理实践中，党建引领发挥着关键作用。通过加强数字技术赋能党建工作，可以推动村级党建工作的数字化、智能化进程，提升党建事务管理的科学化、合理化水平。这不仅有助于加强党组织的领导力和凝聚力，也为乡村治理提供了坚实的组织保障。

同时，还需要创新乡村基本公共服务供给机制，利用大数据、物联网、人工智能等先进技术，实现公共服务的精准化、高效化供给。这不仅可以解决传统治理模式中存在的信息不对称、供需不匹配等问题，还能够提升公共服务的整体质量和效率。

三、数字赋能"三治"，打造新型村治模式

"三治结合"乡村治理是我国地方基层组织在长期实践探索的基础上，总结和提炼出的一种符合我国基层治理现实需求的创新型治理体系。这一体系的出现旨在解决村民自治面临的困境和乡村发展中的难题，为农村治理提供了新的思路和方法。

"三治结合"中的"三治"各有侧重，相互补充，共同构建起一套完整的乡村治理体系。乡村自治是"三治结合"图式的主要内容和基础性作用。它强调村民的主体地位，鼓励村民参与乡村事务的决策和管理，提高村民的自治能力和水平。乡村自治有效地调动了村民的积极性，使乡村治理更加贴近民生，更加符合村民的实际需求。乡村法治是一种规范性力量，为乡村自治和德治提供规则和保障。它通过建立健全的法律制度，规范乡村治理行为，使乡村治理从主观化向规范化转变。乡村法治的实施有助于提高乡村治理的公正性和公平性，保障村民的合法权益。乡村德治是一种柔性治理方式，可以有效弥补硬治理方式的不足。它通过弘扬乡村传统文化，培育乡村道德观念，引导村民自觉遵守法律法规，形成良好的乡村社会风气。乡村德治既体现了乡村治理的人文关怀，也增强了乡村治理的内在凝聚力。数字赋能通过运用现代信息技术，可以进一步提升乡村治理的智能化、数字化水平，实现乡村治理能力的提升。数字赋能不仅有助于提高乡村治理的效率，

还有助于推动乡村治理的公平化和公正化。

数字技术的赋能和赋权不仅提高了乡村治理的透明度、简化了治理程序，还扩大了村民参与的广泛度，进一步提升了乡村的自治水平。在数字技术的应用下，村民有了更多介入乡村政治场域的机会以及表达自身观点和诉求的渠道。

为了更好地发挥数字技术在乡村治理中的优势，可以利用微信群等平台，创建"移动议事厅"，将广大村民紧密团结起来，共同参与乡村发展的重大事务讨论，或者与自己利益密切相关的事务研讨。这样村民可以在线上议事与现场议事相结合的方式下，更好地发表意见、交流想法，共同为乡村发展出谋划策。

此外，还应加快推进"互联网＋公共法律服务"的建设，利用大数据、云计算、人工智能等现代信息技术，推动法律服务数字化和智能化升级，提高服务效率和质量。可以开发智能化法律服务系统，为人民群众提供个性化的法律咨询和解决方案，实现法律服务的精准化和精细化。

在此基础上，还需大力推广"互联网＋党建"模式，通过云计算等网络技术，以及办公自动化系统，进行基层党建信息采集、发布与考核、党务公开、民主评议、教育学习、精神领会、经验交流以及优秀党员形象展示等工作。这样一来，乡村治理将更加高效、有序，为实现乡村振兴奠定坚实基础。

四、规范权力运行，提升基层监督效能

（一）利用数字技术推进高效便民的"互联网＋政府服务"改革

"互联网＋政务服务"是我国政府在新时代提出的一项重要改革举措，其核心目标是将现代科技与政务服务相结合，以提高政府服务效率，便利人民群众办事。在这一理念的指导下，我国正大力推进政务服务向基层延伸，

第七章　乡村振兴背景下"智治"赋能"三治结合"乡村治理体系

以便让更多人享受到高效、便捷的政务服务。

一方面，要充分利用现代技术优势，深化审批制度改革。通过简化办理流程、提高办理速度，可以使政务服务更加高效便民。此外，借助智能化手段，还可以实现审批事项的一网办理，让数据多跑路，群众少跑腿。

另一方面，还要依托数字化平台，实行网上流转和依法依规公开透明处理各种事项。全流程监控可以消除工作人员的自由裁量空间，确保权力运行规范有序。在此基础上，还应当注重数字赋能，让权力在阳光下运行，增强公众对政府工作的信任。

（二）加强监督，确保权力规范运行

乡村治理过程中，每一个人都是参与者、受益者，也是监督者。

1.数字技术创新机制在乡村干部队伍管理中的应用

运用数字技术创新机制对乡村干部队伍进行管理，不仅有助于提高村干部的工作质量，还能规范权力运行，促进乡村治理体系和治理能力现代化。具体来说可以通过以下方面进行：

第一，建立村干部积分管理系统。通过构建村干部积分管理系统，可以对村干部的工作表现、工作态度、权力行使等方面进行量化评价。积分管理系统可以根据村干部的具体工作任务和完成情况，设置相应的积分标准，从而实现对村干部工作表现的全面评估。此外，该系统还可以实现积分数据的实时更新和统计分析，为后续的奖惩措施提供有力依据。

第二，强化村干部惩戒约束机制。一方面，要对村干部的权力行使进行严格监督，防范权力滥用、腐败等现象发生；另一方面，要加大对村干部违法违规行为的惩处力度，确保法治权威。通过强化惩戒约束机制，能促使村干部树立正确的权力观，切实履行职责。

第三，突出村干部考核指标精准化。对村干部的考核评价要坚持精准化、具体化，确保评价结果的科学性和客观性。在制定考核指标时，要充分考虑村干部工作的特点和需求，确保考核指标具有实际意义和可操作性。同时，要加强对考核指标的解释和说明，确保各方对考核标准的理解一致。通

过精准化的考核指标，能更加客观地评价村干部的工作成绩，激发其工作积极性。

第四，优化村干部激励机制。首先，要建立与积分管理系统相挂钩的奖励制度，让村干部明确知道自己的努力方向和目标。其次，要根据村干部的岗位职责和能力要求，提供有针对性的培训和晋升机会，激发其自我提升的动力。最后，要关注村干部的福利待遇和心理需求，营造关心、关爱村干部的良好氛围。

2.利用数字化平台管理村务信息

将村务、财务等事务信息放置于数字化平台，可以极大地提高信息的透明度，方便村民知晓和监督，从而进一步规范公共权力的运行，增强村民对村务管理的信任感。[1]

首先，数字化平台能够确保村级公共事务的实时、全面公开。通过定期更新平台内容，常规性、一般性的村级公共事务得以及时向村民展示，使村民能够实时了解村庄的运营状况。对于涉及群众切身利益、村民关注度较高的事项，如基础设施建设、土地流转等，更要做到及时、准确、详细地公开，以满足村民的知情权。

其次，数字化平台可以创新公开模式，提高公开的针对性和实效性。通过数据分析，可以了解村民的信息需求和关注点，进而有针对性地公开相关事项。例如，针对村民普遍关心的财务问题，可以设立专门的财务公开板块，详细展示各项收支情况；针对支农惠农政策，可以及时发布政策解读和落实情况，确保村民能够充分了解和享受政策红利。

再次，数字化平台有助于实现村务管理的全程公开。通过将村庄公共事务的处理过程、决策依据、实施结果等全方位无死角地向村民公开，可以确保村民能够全面了解村务管理的各个环节，从而加强对村干部的监督。这不仅可以约束村干部的廉洁自律，还可以提高村民对村务管理的满意度和参与度。

---

[1] 黄博.数字赋能乡村"智治"[J].群众，2023（6）：18-19.

最后，利用数字化平台开设"乡村公众号""民情直通车"等互动渠道，可以为村民提供便捷的表达话语和监督村政的途径。通过这些渠道，村民可以随时随地提出自己的意见和建议，反映问题和诉求，实现与村务管理部门的实时互动。这不仅可以提升基层监督效力，还可以优化乡村治理生态，推动乡村社会的和谐稳定发展。

第二节 "三治结合"乡村治理的智治化建设

"智治"是利用先进的信息技术和数据分析手段，通过智能化、数字化手段来进行有效的治理和管理。智治可以辅助决策制定、资源配置、风险防控、公共服务等方面的工作，实现精细化、高效化的管理和服务。乡村治理智治化建设是借助现代信息技术和大数据分析等手段，致力于构建科学、高效、便利的农村管理体系，以满足乡村发展新需求，提升乡村治理水平。

一、"智治＋自治"实现乡村事务管理智慧化

乡村自治作为社会主义民主政治的坚固基石，不仅是基层民主政治深化与农村治理创新的核心议题，也是推动乡村有效治理的主导路径与关键环节。随着大数据时代的到来，智治——这一依托大数据、云计算、人工智能等尖端科技的新型治理模式，正逐步渗透并深刻改变着社会治理的面貌。在此背景下，利用数字技术赋能基层治理已成为不可逆转的时代潮流。将智治与乡村自治有机融合，创造出一种技术赋能的自治新模式，不仅能够显著提升乡村事务管理的智能化、精细化水平，还能有效增强乡村自治能力的现代

化程度，为乡村振兴战略的深入实施注入强劲动力。

（一）"智治+自治"建设的意义

在当今快速发展的数字时代，"智治"作为一种前沿的治理理念与实践模式，正逐步成为乡村自治不可或缺的重要组成部分。它通过将区块链、大数据、云计算等现代信息技术深度融合于乡村治理活动，不仅实现了治理行为的智慧化、智能化、信息化，更是推动乡村治理模式转型升级、提升乡村治理效能的关键力量。

1.优化服务供给，提升治理效率

智治的引入首先体现在对乡村公共服务供给模式的根本性变革上。传统乡村服务往往受限于烦琐的程序和信息不对称，导致村民办事难、效率低。而智治模式通过构建综合性信息平台，实现了跨区域、跨部门的数据共享与业务协同，大大简化了服务流程，使村民能够享受到"一网通办""一窗受理"的高效便捷服务。这不仅减轻了村民的负担，也提高了村级组织的服务效能，促进了乡村治理的精细化与高效化。

2.拓宽参与渠道，激发民主活力

智治显著拓宽了村民政治参与的渠道，增强了村民的主体意识和参与感。通过互联网平台，村民可以实时了解村内事务，发表意见建议，参与决策讨论，实现了从"旁观者"到"参与者"的角色转变。同时，智治模式还保障了村民的知情权、表达权、管理权和监督权，使村民能够更加积极地投入到乡村治理中来，形成上下联动、共建共治的良好局面。

3.促进科学决策，完善管理体系

智治与自治的深度融合，有助于推动村级组织科学决策和健全管理体系。在智治模式下，村级组织能够借助大数据技术精准分析村民需求和市场动态，为决策提供科学依据。同时，互联网平台的开放性和互动性也促进了村民与村干部之间的沟通交流，使决策更加民主化、科学化。此外，智治还

第七章　乡村振兴背景下"智治"赋能"三治结合"乡村治理体系

通过智能软件等工具加大了组织内部的管理力度，规范了用权行为，提高了管理效率，为乡村治理的可持续发展奠定了坚实基础。

4.推动高质量发展，实现乡村振兴

智治在乡村自治中的应用能够有力推动乡村社会的高质量发展。一方面，通过优化资源配置、提升服务效能、激发民主活力等举措，智治为乡村经济发展注入了新动力；另一方面，智治还促进了乡村社会治理体系的现代化转型，提升了乡村治理的智能化、精细化水平。这些变化将共同推动乡村社会全面进步，实现乡村振兴的宏伟目标。

（二）乡村事务管理智慧化的建设路径

随着网络化、信息化和数字化的快速发展，大数据、云计算、区块链等智能手段在乡村经济社会发展中得到广泛应用，智治成为乡村自治的重要驱动力。将智治嵌入乡村自治中，能够为乡村治理带来动力、活力和能力，推动乡村自治的发展。

1.让数字赋能实现乡村政务服务的精准高效

数字化技术不仅可以加速政务服务的办理过程，提高工作效率，更能实现政务服务的精准化和个性化。通过数字赋能，乡村居民可以享受到更便捷、高效、贴心的政务服务，促进乡村经济社会的可持续发展。

（1）数据采集精准化，搭建乡村政务服务平台。为实现精准化数据采集，需要建立通用的数据标准体系，并统一规定数据采集的手段、编码方式和储存方式，以确保数据的准确性和一致性。此外，可以通过运用网格化数据采集方式，由农村网格员负责采集所辖区域的数据信息，提高数据的完整性和全面性。利用现有的互联网平台如微信、QQ、微博、乡村论坛等，结合"三农"综合信息服务系统，可以将乡村内部的信息资源集中整合到政务服务平台中。这样一来，可以为村民提供丰富多样的政务信息和相关服务，如法律服务、舆情分析、病虫害预警等，提升乡村政务服务的精准度和便捷性。

（2）数据运用多元化，提升政务服务效能水平。通过运用多元化的数据，并采取相应的措施，可以提升政务服务的效能水平，更好地满足村民的需求，推动乡村治理和服务的现代化发展。首先，通过对乡村地区的数据进行深入分析，包括人口、农业、经济等方面的数据，可以帮助基层政府更好地了解村民的需求和问题。基于数据分析的预测模型可以帮助政府提前预判和应对可能发生的问题，如农作物病虫害预警、自然灾害风险评估等。这样可以提高政府的应对能力和决策效率。其次，建立在线政务服务平台，通过建立政府部门信息平台和电子政务信息系统，实现数据的联动和共享。村民可以通过在线平台获取政府发布的各种政务信息，也可以在线上办理政务事务，如申请证件、查询政策、提交反馈等。这样可以提高政务服务的便利性和效率，减少纸质材料的使用，节约资源。再次，引入智慧办公和智能设备，如"居民身份证自助办证一体机"和"居民身份证自助取证机"，可以大大提高办事效率，为村民提供更为便捷的政务服务。另外，还可以推行智慧办公，利用人工智能技术提供智能化的辅助工具，如自动归档、自动回复等功能，减轻政务工作人员的负担，提高效率。最后，设立综合性政务服务网点：在乡村设立不同类型的政务服务窗口，如办证窗口、咨询窗口、投诉窗口等，并将这些窗口整合成一个"一网通办"的综合性政务服务网点。村民可以在该网点办理各类政务事务，无需再跑多个部门、窗口，提高办事效率和便利性。

2.用科技的力量帮助群众监督小微权力

村级组织及村干部在乡村自治中扮演着重要的角色，他们享有管理监督权力，但同时也要遵守法律法规，保持廉洁履职。应推行村级小微权力运行清单制度，加大基层小微权力腐败惩处力度，这为加大对村级组织和村干部监督提出了明确要求。现代信息技术如大数据技术可以帮助收集、分析和处理各级村务信息，统一整合到村务监管平台中，让信息更加透明、便于查询。互联网技术则可以提供即时公开和实时公开的平台，让村民第一时间获取村务信息，促进监督和参与。此外，建议在监管平台上设置村民监督投诉专项渠道，让村民能够在线质询、监督和反馈问题，增强民众对村级权力行使的监督力度。

第七章 乡村振兴背景下"智治"赋能"三治结合"乡村治理体系

（1）加快建设村务智慧监管平台，拓展监管渠道。在智慧化、智能化时代，运用人工智能、大数据等技术可以实现对小微权力的全面有效监管，提升村务管理的透明度和效能。

①收集整合信息，实现村务"数据一张网"。应建立起村务智慧监管平台，集中收集整合村中大小事务和村民关心的热点难点议题等信息。确保该平台在省、市、县（区）、镇（乡）、村五级全覆盖，并让与村民切身利益相关的信息都能在电子网络公开平台上查询。应对收集到的信息进行分类整理，构建信息数据库，确保即使在大量的数据中也能快速准确地找到需要的信息。将村务监管平台上的各项信息按照不同板块进行统一整合，便于村民查找和使用。应建设村务智慧监管平台时，要遵循科学合理、突出重点、操作简单的原则。根据不同地区的特点和需求，进行个性化的设计和设置，因地制宜、实事求是。应注重简化平台功能和操作方法，使其易于使用和操作，方便所有村民获取信息。如果平台操作复杂，村民可能不太愿意使用，因此应考虑提供简明易懂的界面和指引，让村民轻松上手。要特别关注板块设计，重点突出村级财务开支、民生资金发放、惠农扶助政策、建议反馈等与村民切身利益相关的板块内容设计。这些板块的信息需要更加透明和及时，以满足村民关注的需求，并增强平台的可用性。通过以上措施，可以建设一个对村务进行全面监管和信息公开的平台，提高信息共享的效率和透明度，方便村民查询相关信息，并促进村务管理的规范化和透明化。

②规定公开内容，对农村小微权力清单中8大类24个项目进行全面公开。在即时公开板块：针对重要村务信息和事件，立即公开，包括选举产生的村干部名单、财务收支明细、资产核实结果、资源开发利用情况、重要政策变动等。在实时公开板块：定期更新村务信息，包括村务会议议程与会议纪要、村民协商结果、村庄环境整治进展、村级公共服务设施建设情况、扶贫帮困工作开展进度等。每月固定日期公开：在每月固定日期（例如月底或月初）公开上一个月的村务落实情况，内容涵盖各项目进展、资金使用情况、公共设施维护情况、村级活动开展概况等。重大事项决策公开：村务重大事项经过全体村民会议表决后，及时将表决结果公开，包括决策内容、表决结果、实施计划及时间安排等，确保村民了解和监督决策过程。为保证信息传递的时效性和透明度，相关村务信息应该通过多种渠道进行公开，如村务公

告栏、村务网站、微信公众号、手机App等，以确保全体村民方便地获取到相关信息。同时，应注重信息的真实性、准确性和可信度，避免信息造假和误导。这样的规定有助于提升村务公开的透明度，促进乡村治理的民主化和法治化，增强村民对村务管理的监督和参与意识。

③拓宽监督渠道，在平台开设村民监督投诉专项渠道。传统的村务公开往往只能进行信息获取，无法实现质询、监督和反馈的功能，而通过智慧监管平台建设，可以有效弥补这方面的短板。这样的做法不仅增加了村民对村务管理的参与度和满意度，也提高了村务监管的效率和透明度。通过村民监督投诉专项渠道，村民可以在线质询和提出疑问，让村民对村务信息有更清晰的了解，并发挥监督作用。这有助于解决村民对村务信息存在疑虑和质疑的问题，推动村务信息透明度的提升。通过设立反馈交流通道，村民可随时与村干部交流、反馈问题，进一步增强了村民和村干部之间的互动与沟通。这种形式的交流有助于改善村民对村务管理的满意度，也促进了良好的村务管理主体之间的互动关系。

（2）融入"互联网+"技术，创新监管方式。结合传统村务公开方式与现代信息技术手段，可以有效强化村民对村务的监督与参与，提升村级小微权力运行的透明度和有效性。

通过将"互联网+"技术与村务信息化建设融合，不仅可以打通村民监督的"最后一公里"，还能提升村民对权力运行的监督水平。建立官方网站、村务论坛等在线平台，方便村民随时随地获取相关信息，并参与村务管理监督，有助于增强村民对村级小微权力行使的监督力度。同时，利用微信群、QQ群等社交媒体形式同步公开村务信息，可以加强信息传递的即时性和便捷性，让更多的村民参与到村务监督管理中来。综合运用各种信息技术手段，有利于提高监管效率、降低成本，并促进村级事务管理的规范化和透明化。

以上举措不仅有助于实现数字乡村建设，助力治理有效，也符合当前时代的要求，推动乡村自治和廉洁治理水平不断提高。通过"互联网+"技术与传统村务公开方式的有机结合，可以更好地保障村民的监督权力，促进村级小微权力运行的公开透明，促进乡村治理的现代化和科学化。

第七章　乡村振兴背景下"智治"赋能"三治结合"乡村治理体系

3.加快构建促进群众参与的智慧平台

现代信息技术的逐步应用为农村社会治理提供了新的机遇，可以促进村民更广泛地参与农村事务管理和决策过程，并为推动农村社会治理现代化提供有力支持。建立乡村智能网络协商平台是实现村民参与农村社会治理的重要举措。通过这样的平台，村民可以随时了解村务动态、参与讨论、提出建议和意见，以及直接参与村务决策过程。这种开放、理性、共建、共享的网络协商平台不仅拓宽了村民参与农村社会治理的渠道，也促进了民主参与和社会共治的实践。

（1）加大智慧平台基础设施建设力度。加强乡村信息化基础设施建设是推动乡村智能网络协商平台构建的关键一步，是打下硬件基础的必要条件。首先，政府可以通过各种政策和资金支持，推动互联网服务在农村地区的普及。鼓励互联网服务提供商拓展业务到农村地区，提供更多适合农村需求的产品和服务。其次，加大对5G和光纤网络在乡村地区的覆盖投入，提高乡村地区的网络速度和质量，满足日益增长的信息传输需求。再次，网络运营商可以给予乡村通网一定的资金支持，提供优惠服务，如提速降费等，促进乡村地区的信息化建设。接着，政府可以出台相关政策，引导和支持乡村地区信息化基础设施建设，并积极参与基础设施建设的投入。同时，鼓励农村居民学习和应用信息技术，提高他们的数字素养，同时推广数字化应用，如在线办事、远程教育、电子商务等，让信息化成果更好地惠及乡村地区。最后，发展通信信息服务站，为农村地区提供信息咨询、网络服务等支持。同时，鼓励采用多种技术手段构建"数字家园"，为农民提供便捷的信息化服务，推动乡村生产生活的现代化。

（2）打造乡村综合网络协商平台。打造乡村综合网络协商平台首先需要具备功能完善的平台架构，该平台应当包括各项基础功能，如用户注册和登录、议题发布与管理、在线讨论与投票、意见收集与汇总等。其次，公开透明的协商过程，即在平台上公开协商活动的议题、背景和相关事项。平台应提供相关信息的归档存储和检索功能，方便村民随时了解和查找历史的协商记录。再次，互动和参与的机制设计，鼓励村民积极参与线上讨论，通过回复、评论、投票等方式展开交流与合作。适度引导和激发村民的参与热情，提供多样化的互动方式，使协商过程中真正实现各方的意见充分表达和多元化的讨论。接着，意见收集与汇总的机制建设，在协商过程中，平台需要有系统地记录和归纳村民的意见建议和留言信息，并及时进行整理和汇总。政府和相关部门可以利用这些数据为决策提供参考，使协商过程更加科学和具有针对性。然后，可以通过公众号、微信群等载体，及时发布村务信息，包括会议通知、政策解读、重大决策等。通过这些渠道，村民可以方便地获取最新的村务信息，并就相应议题进行及时的讨论与表达意见。最后，平台安全和隐私保护，在建设综合网络协商平台时，要确保平台的安全性和隐私保护。采取必要的安全措施，保护用户的个人信息和意见信息不被滥用和泄露。当然，建设这样的平台需要政府、相关部门和技术团队的共同努力和支持，同时也需广大村民积极参与和使用，才能真正发挥其在乡村自治和民主决策中的作用。

二、"智治＋法治"实现乡村社会综合治理精细化

在城乡一体化不断推进和乡村社会结构深刻转型的背景下，传统乡村的德治和自治面临着前所未有的挑战。为了应对这些挑战，必须将法治元素深度融入乡村治理之中，构建起自治、法治、德治相互结合、相互支撑的乡村治理体系。借助信息技术手段，实现乡村治理的智能化、精细化，提高治理效率和质量，是应对城乡一体化和乡村社会结构转型的必然要求。

（一）"智治＋法治"建设的意义

近年来，中国经济社会的飞速发展以及城镇化步伐的不断加快，使农村社会结构发生了翻天覆地的变化。这一变革中，农民的利益诉求逐渐呈现出多元化的特点，对乡村治理提出了更高的要求。为了满足这些需求，乡村治理方式必须不断创新，以适应现代化的发展要求。在这一背景下，数字技术的崛起为乡村治理带来了前所未有的机遇。数字技术的赋能，不仅为提升法治乡村建设提供了强大的科技支撑，还为乡村法治现代化开辟了新的方法路

第七章 乡村振兴背景下"智治"赋能"三治结合"乡村治理体系

径。借助大数据、云计算、人工智能等新一代数字技术,可以构建乡村数字治理新体系,推动乡村治理向精细化、智能化迈进。

1. 数字治理适应乡村法治建设的转型方向

通过数字化技术的运用,乡村法治建设能够实现更高效、更精准的资源供给和服务提供。数字化技术可以解决传统分配方式所面临的种种困难,为村民提供个性化、多样化的公共法律服务,解决了公共法律服务碎片化的问题。数字化治理为法治乡村建设提供了强大的支撑,通过建立线上网络信息化平台,能确保信息传播高效准确,进而拉近村民与基层政府之间的距离,实现线上交流互动。线上平台还能促进村民对法律知识的学习,与企业联动运作,为村民提供良好的线上法律服务平台使用体验。同时,线上法律服务反馈平台的建立使村民可以及时反馈意见,从而有利于平台根据反馈情况做出调整,满足村民不断变化的需求。

2. 数字治理满足乡村法治建设科学化需求

通过智能化技术和数字化平台,村民能够参与乡村决策的表达与讨论,为乡村法治建设提供意见和建议。数字赋能的治理方式有助于打破传统的利益网,拓宽村民参与决策的渠道,提升公共决策的科学性和合意性。同时,数字化平台还可以提供监督管理机制,让村民对乡村决策过程进行实时监督和评估,促进决策的公平公正。这种科学化的乡村决策能够维护村民的权益、促进村庄的发展,为乡村法治建设奠定坚实的基础。

另外,数字治理也能够提升乡村治安工作的效果。通过线上公共法律平台的建立,村民可以参与对乡村事务的监督,举报黑恶势力,打击犯罪行为,保障村民的生命财产安全。数字化平台的监督问询模块能够为村民提供监督乡村决策的参与机会,确保决策的合理性和民意的充分表达。

3. 数字治理符合乡村法治建设的发展方向

通过数字化技术的运用,乡村法治建设能够更好地应对公共突发事件,打破传统单一领导结构、僵化的治理模式,实现乡村公共治理的多元化和高效化。

数字化治理可以通过大数据收集和分析，获取乡村社会变迁中的风险规律，从而实现对公共危机事件的预测和控制。数字化平台能够为乡村法治平安建设提供强大支持，释放出更大的能量和活力，提升整体的应急响应能力。

在乡村法治建设中，数字赋能也体现了与时代发展相适应的发展方向。应制定具有实践意义的乡村数字化治理制度，并结合信息技术的应用特点，解决乡村法治建设中的核心问题，以优化村民参与公共法律服务的体验，促进村民与数字化平台的密切联系。同时，要重点解决跟乡村生活相关的法治问题，增强村民对数字化治理的接受度和参与度，共同关注乡村面临的挑战。

数字化治理也要突破乡村法治建设的壁垒，统一村规民约与数字化治理的制度，形成双向嵌入的治理方式格局，构建多元治理主体下的协同合作格局。通过数字化技术的跨区域和客观特性，满足村民多样化的法治治理需求，吸纳更多治理主体参与乡村法治建设，不断改善乡村的治理体系。同时，增强数字技术与乡村法治建设的耦合度有助于提升乡村公共安全的预防能力，及时应对突发事件，保障乡村的安定与发展。

（二）乡村社会综合治理精细化的建设路径

乡村社会综合治理精细化是指通过科学规划、有力措施和有效手段，全面提升乡村社会治理水平，实现乡村治理的高效性、公平性和透明度。在推进乡村治理体系建设中，治理精细化是提高农村社会治理效能、实现乡村振兴战略的重要保障。

1.更新乡村社会综合治理理念

第一，将治理思维从"粗放"转向"精细"，注重细节、关注个体需求。在农村治理过程中，要以人民群众的利益为出发点和落脚点，从尊重、满足和保障群众的合理需求出发，提升乡村居民生活质量，实现乡村振兴的目标。

第二，积极听取基层村民的意见建议，通过广泛的调查研究和座谈会等形式，了解村民对治理工作的期望和需求。将群众的声音纳入决策过程，促进治理工作更加贴近民生、针对实际需求。

第三，在乡村治理过程中，要运用科技手段，促进信息技术与农村治理的深度融合。借助互联网和大数据等技术，提升治理效率和服务水平，构建智慧法律服务平台，为农村居民提供高效便捷的公共法律服务。

第四，建立健全、适应精细化治理需要的制度机制，明确各级政府、相关部门和社会组织的职责和权责，形成相互协调配合、互为补充的治理格局。同时，加强监督机制，确保治理工作的透明度和有效性。

第五，注重培养和引进具有专业知识和技能的乡村治理人才，提高他们的素质和能力，为乡村治理提供有力支撑。通过加强培训和学习，不断提升农村干部的治理水平，使其能够适应精细化治理的要求。

2.树立以人民为中心的价值观

树立以人民为中心的价值观是乡村社会综合治理精细化工作的重要指导原则。

第一，常怀敬畏之心，始终站在人民的立场上。重大决策与具体措施要充分考虑民众的实际需求，积极解决居民关心的问题，以改善民生、提升幸福感为行动的出发点和落脚点。

第二，拓宽公众参与渠道，倡导公民参与基层治理事务。通过志愿者和各方人士的参与，促进数字化乡村治理工作的推进，建立起多方参与、合力推动的良好局面。

第三，利用微信公众号、网格社群、微博等网络平台，开展乡村治理的宣传活动，促进政策宣传、舆论引导等措施有效落地。与传统媒体和商业平台合作，拓展信息传播的渠道，激励更多民众参与到乡村治理工作中去。

第四，打造线上线下齐头并进的宣传模式，促进整个社会的共同参与，共同建设和谐社区。营造携手共进、协力开创美好未来的氛围，提升居民的获得感和幸福感，增强居民对乡村数字化治理工作的认同感。

第五，鼓励更多志愿者参与到乡村治理工作中，激励社会各界积极参与，形成全社会参与治理、共建美好家园的良好局面。

3.创新乡村社会治理模式

为创新乡村社会治理模式，可以采取以下措施来促进乡村社会治理的精细化发展：

第一，建立多元化治理体系，制定公共政策时应注重信息化和标准化，寻求政府、社会组织、居民等多方参与，以推动自治、法治、德治相结合的领导体制和工作机制建设。

第二，强化法治保障，重视法治在农村社会治理中的作用，加强法治意识，依法推进乡村治理工作，确保治理合规、规范有序进行。

第三，借助科技手段，推行乡村治理数字化管理，利用信息化技术提高治理效率和服务水平，构建智慧乡村，为农民提供更便捷、高效的服务。

第四，建立健全网格化管理体系，实现对乡村各个角落的精细化覆盖，加强信息共享和协同联动，提升乡村治理的精准性和实效性。

第五，加强制度创新，符合当代乡村发展需求的法规政策体系建设，实施优先发展"三农"工作，完善乡村社会治理体系，加大对小微权力腐败的惩治力度，规范乡村治理行为。

第六，加强各方主体之间的协同合作，包括政府、社会组织和居民自治等，形成共建共治共享的社会治理格局，实现社会治理的全面协同。

4.强化多要素的综合保障

（1）实行以数据为载体、信息技术为平台的运转模式

第一，建立基层治理数据库，创建包括公共设施、人口、住房、地下空间等各方面的基础数据库，并确保数据的及时更新和完整性，以便给政府决策提供支持。

第二，推动数字资源共享，促进基础数字资源的共享和开放使用，使居民可以按需向政府申请查看相应的数据，增强政府与居民之间的信息互通和透明度。

第四，开发面向不同场景和需求的应用软件，实现多功能集成，包括数据汇总、信息查询、协同治理、多方监管等功能，便利政府管理和居民参与。

第四，整合智能预警、自动推送、风险评判等功能，打造主动预见性智

第七章 乡村振兴背景下"智治"赋能"三治结合"乡村治理体系

慧网格服务,帮助政府及时了解问题并采取措施处理,提高响应速度和决策准确度。

第五,建立信息平台时需要兼顾管理事项的井然有序和实际使用情况,在添加管理事项至网络管理平台的同时,关注管理者和群众的实际需求,实现管理资源的集中一体化建设。

第六,针对实际需求,持续优化应用软件和信息平台,不断完善功能和性能,确保系统的稳定性和高效性,以推动基层治理工作不断向前发展。

(2)坚持以政策助推为基本抓手、以人才振兴为根本核心的可持续发展

在信息化社会,技术手段的广泛应用为基层社会治理带来了前所未有的便利,但同时也带来了诸多挑战。其中,数据管理和数据隐私安全问题尤为突出。为了打破单凭信息破解难题的现状,必须从制度层面出发,制定细化的基层社会治理数据管理规范以及数据隐私安全规范,以确保数据融合管理的标准化和规范化。

首先,制定基层社会治理数据管理规范是推进数据融合管理标准化的基础。这一规范应包括数据的收集、存储、使用、共享等各个环节,确保数据在整个生命周期中都能够得到有效管理和利用。在数据收集阶段,应明确数据的来源、范围、目的和方式,避免数据的滥用和误用。在数据存储阶段,应建立安全可靠的存储机制,确保数据不被非法访问和篡改。在数据使用阶段,应明确数据的使用权限和范围,避免数据泄露和滥用。在数据共享阶段,应建立统一的数据共享平台,实现数据资源的互通互联和共享利用。

其次,制定数据隐私安全规范是保障个人信息安全的关键。随着大数据、云计算等技术的快速发展,个人信息的泄露和滥用问题日益严重。因此,必须加强数据隐私保护,制定严格的数据隐私安全规范。这一规范应包括个人信息的收集、使用、存储、传输等各个环节,确保个人信息不被非法获取和滥用。同时,还应建立个人信息泄露的应急响应机制,及时应对个人信息泄露事件,保障个人信息安全。

最后,推进数据融合管理的标准化需要全社会的共同努力。政府、企业、社会组织等各方应共同参与数据融合管理的标准化工作,形成合力。政府应加强对数据融合管理的监管和指导,推动数据融合管理的规范化和标准化。企业应加强对数据融合管理的投入和创新,提升数据融合管理的效率和

质量。社会组织应积极参与数据融合管理的监督和评估，推动数据融合管理的持续改进和优化。

在保证数据安全和隐私的前提下，建立细化的数据管理和隐私安全规范，推进数据融合管理的标准化，确保数据资源的安全共享。打造数据对接和交互平台，促进不同部门数据资源的互通共享，提高信息利用率和决策效率。制定相关管理规则，明确各部门治理执法权限的界定和限制，保障规范执法程序的合法性、公正性和公平性。在执法过程中，各执法部门与乡镇综合执法部门办公室之间做好责任分工，明确工作职责，确保科学管理程序的有效实施。重视培养高素质专业人才，包括数据分析、平台维护、舆情监管等方面的综合专业人才，通过社会招聘、选调派遣和青年干部培训等方式引进人才。加强乡村治理人员的专业培训，借鉴城市管理等领域的实务经验，结合具体实例进行专题培训和交流活动，增强人员的问题解决能力和实践经验。

（3）在发展模式上坚持以政企合作为引领、精细化治理为要领

为加速乡村治理的数字化转型进程，必须深化政企合作模式。具体而言，企业应担纲系统平台的设计与构建，利用其技术优势打造智能、高效的治理工具；同时，政府需在确保数据安全的前提下，开放必要的基础信息数据资源，形成互惠共赢的合作局面。这种合作模式不仅促进了技术的快速迭代与应用，还保障了数据资源的合理配置与高效利用。

为拓宽资金来源，应积极探索市场化引资机制，通过政府购买服务、企业外包项目等多种方式，吸引民间资本参与乡村治理，实现从单一政府投资向多元化社会投资的转变。这一转变不仅增强了资金流的稳定性与可持续性，还为乡村治理提供了更为坚实的经济基础。

在推进精细化治理的过程中，应注重治理流程的科学化、标准化与全面化设计。通过制定详细的规则、流程与指标，为乡村社会综合治理提供坚实的秩序支撑。同时，应明确多元主体的治理责任，鼓励政府、企业、社会组织及村民等各方共同参与，形成协同治理的良好氛围。

为确保精细化治理理念深入人心，需加强宣传教育与引导工作。一方面，要提高乡村治理人员的专业素养与治理能力，使其深刻理解并践行精细化治理的原则；另一方面，要增强村民的参与意识与主人翁精神，让他们认识到精细化治理对于提升乡村生活质量、促进乡村社会和谐的重要性，从而

第七章　乡村振兴背景下"智治"赋能"三治结合"乡村治理体系

主动配合并积极参与治理工作。

5.健全公共法律服务体系

（1）构建线上线下融合的服务网络，实现法律服务全覆盖

在线下，强化以区县司法局、乡镇司法所为核心的法律服务平台建设，通过设立法律服务中心或服务站，为村民提供面对面的法律咨询、法律援助、人民调解、普法教育等全方位服务，有效消除服务盲区。同时，积极推进线上服务创新，利用互联网技术打造集在线法律咨询、法律援助申请、司法调解预约等功能于一体的线上法律服务平台，让村民能够随时随地通过手机或电脑享受便捷的法律服务，真正实现"数据多跑路，群众少跑腿"。

（2）加强顶层设计与保障机制，确保法律服务高效运行

首先，要整合政府各部门和社会各界的法律服务资源，建立由党委领导、多部门协作的公共法律服务体系领导机制，明确职责分工，形成服务供给合力。其次，要推动信息化建设，利用大数据、云计算等现代信息技术优化司法机关工作考核，提升数据共享水平，实现公共法律服务与其他政务系统的无缝对接，为村民提供更加便捷、高效的服务体验。此外，还要注重创新技术手段，引入卫星定位、指纹识别、人脸识别等先进技术，提升信息采集、处理速度，实现远程执法和矛盾纠纷的快速化解，为乡村治理提供强有力的技术支持。

（3）强化人才队伍建设与考评监督，提升法律服务专业化水平

人才是公共法律服务体系建设的关键。要致力于打造一支高素质、专业化的法律服务队伍，通过公开招标、社会市场采购等方式遴选合格的线上法律服务组织，招募优秀的法律服务工作者，并加强对其培训和管理，提升他们的专业素养和服务能力。同时，要完善考核体系，将精细化理念融入考核方案，制定科学、合理、标准化的工作考核办法，利用各级政府部门的绩效考核机制推动"互联网＋公共法律服务"建设。还要构建多样化、多主体、多渠道的监督体系，确保公共法律服务工作的透明度和公正性，提升村民对法律服务的满意度和信任度。

（4）提升线上法律服务效能，推动乡村治理现代化

首先，要加强村民的法律意识培育，通过线上线下相结合的普法宣传方

式，以生动形象的视听效果向村民普及法律知识，提升他们的法律素养和维权意识。其次，要优化服务流程，整合法律服务部门、法律援助中心和相关执法部门的资源，打造一体化的网络服务平台，方便村民快速获取法律信息和寻求帮助。同时，运用数据分析技术深入挖掘数据价值，为农村公共法律服务提供精准决策支持。最后，要加快构建智慧法律服务平台，推动人工智能、大数据、云计算等信息手段与公共法律服务的深度融合，以村民的法律需求为导向，提供精准化、协同化的服务，推动"互联网＋公共法律服务"体系的优化升级，加快法治乡村治理现代化的进程。

三、"智治＋德治"建设实现乡村德治信息化

（一）"智治＋德治"建设的意义

"智治＋德治"这一模式深度融合了现代信息技术与乡村德治体系，通过建设数字化治理平台，实现了信息共享、数据分析和决策优化，极大地提升了乡村治理的效率和精准度。数字技术不仅优化了传统乡村德治建设的模式，更重要的是激发了创新思维，为乡村文化的创新发展注入了新的活力。通过数字技术与乡村网络文化的深度融合，乡村网络文化阵地得以加强，乡村网络文化的引导作用显著提升，乡村文化供给日益丰富，村民的道德素质和文化自信也随之增强。同时，这一模式还满足了农村居民日益增长的文化消费需求，提升了村民的数字素养，加速了乡村德治文化的现代化转型。更重要的是，"智治＋德治"的协同发展模式促进了政府、社会组织、村民等多元主体在乡风文明建设中的积极参与，降低了治理成本，加速了信息传播速度，优化了乡村道德舆论环境，显著提升了乡村文化治理的效能和水平。

1.协同多元主体参与，增强德治建设合力

数字技术为乡村德治建设注入了更多活力和可能性，推动了乡村社会的发展和变革。通过建立智慧平台，构建协同治理机制，激发主体合作力量，

第七章 乡村振兴背景下"智治"赋能"三治结合"乡村治理体系

从而实现乡村德治各方资源的整合与共享,促进乡村振兴战略的顺利实施,推动乡村社会治理模式向更加开放、包容和有效的方向发展。

借助现代数字技术,特别是大数据、人工智能和物联网等工具,能够激发乡村居民的自我意识和能力,赋予他们更多参与乡村振兴的机会,推动乡村民众积极参与乡村德治建设。在此基础上,建立乡村德治载体——智慧平台,智慧平台的搭建为不同主体提供了参与乡村德治建设的便捷渠道,使乡村精英、社会组织、志愿者等各方力量得以汇聚,共同为乡村德治贡献力量。这种协同共治的模式不仅打破了乡村德治建设主体弱化的困境,还提高了治理的效率和效果,为乡村社会的和谐稳定提供了有力保障。

2.丰富文化产品供给,提升文化服务质量

随着新技术的不断变革,通过数字化的手段,乡村文化得以焕发活力,乡村公共文化内容的供给形式日益多元化、多形态化,村民也更多地体验到现代化的文化产品服务,促进了乡村社群和谐发展。通过直播、短视频等新媒体手段,乡村的优秀文化得以更便捷、生动地展现给广大村民,满足了他们多样化的精神文化需求。同时,数字技术的引入还推动了文化产业的高质量发展,为乡村德治建设提供了坚实的物质基础。此外,通过数字技术对乡村文化资源的收集、整理、转化和传播,促进了文化资源的流动和共享,增强了乡村文化发展的活力与潜力。

3.完善乡村德治体系建设,提高乡村善治水平

乡村治理现代化是对乡村治理发展的新要求,尽管取得了历史性成就,仍然存在着发展不充分等问题。但通过转变治理模式、加强智慧治理能力建设,并利用现代数字技术手段,为推进乡村治理现代化提供了新的机遇和路径。

数字乡村战略是破解乡村治理现代化难题的有效途径。面对乡村治理现代化进程中存在的挑战与不足,智治通过引入现代数字技术手段,为创新乡村社会治理方式和模式提供了有力支持。这一转变不仅推动了自治、法治、德治相结合的乡村治理体系的完善,还重塑了文化生产和传播的整体环境,为乡村治理提供了丰富的治理资源。乡村德治作为乡村治理现代化的道德支

撑和价值基础，在智治的推动下不断焕发新的生机与活力，为乡村社会的和谐稳定与繁荣发展奠定了坚实基础。

4.推进乡村文化创新，筑牢文化自信之基

数字化媒介的发展为乡村文化的传承、挖掘和创新提供了机遇，同时也提升了乡村居民的媒介素养和参与能力，推动了乡村文化的蓬勃发展，为乡村振兴注入了新的动力。

第一，数字化技术的应用使乡村居民能够更便捷地接触到丰富多元的文化信息内容，提升了文化生活的质量与宽度。乡村居民通过数字媒体可以积极参与到各种文化活动中，增强文化自觉，塑造乡村文化的自信心。

第二，数字化技术为传统文化的传承和弘扬提供了新的途径。通过数字化手段，优秀传统道德文化得以更广泛地传播，唤起人们的文化记忆和文化认同，同时激发乡村居民对传统文化的热爱和保护意识。

第三，数字技术的运用推动了乡村文化的创新和转型。以社交媒体、短视频为代表的数字媒体平台，促进了乡村文化的多样化创作和表达，催生了一批具有影响力的文化创作人物，进一步提升了乡村文化的艺术性和创造力。

第四，数字化技术的普及和应用提高了乡村居民的媒体素养和信息获取能力，使他们能够更好地参与文化创作、传播和消费，拓展了乡村文化范围和内涵。同时，数字技术的普及也让乡村居民拥有更多话语权和主体性，成为乡村文化传播的重要推动者。

第五，乡村文化自信能够转化为乡村发展的实力。通过展示真实的需求和丰富的乡村民俗文化，乡村居民不仅在数字媒体平台上赢得了话语权，还能够吸引外界的关注和支持，促进乡村发展的硬实力构建。

（二）乡村德治信息化的建设路径

乡风文明作为乡村全面振兴的璀璨明珠与中华民族文化基因的牢固纽带，其建设是一项深远而持久的任务，需要我们持之以恒地投入与努力。在这一进程中，数字化技术不仅是时代的浪潮，更是推动乡风文明跃上新台阶

第七章　乡村振兴背景下"智治"赋能"三治结合"乡村治理体系

的强大引擎。

将数字化技术深度融入乡风文明建设，旨在以科技之光点亮乡村的精神世界，为乡村振兴注入不竭的精神动力。通过数字赋能，我们能够更加精准地识别乡风文明建设中的薄弱环节，并以更加高效的方式加以改进，从而加速补齐短板，提升乡村居民的整体素质与自我发展能力。

面对乡村德治信息化建设中存在的挑战与不足，必须清醒地认识到，数字化不仅是技术层面的革新，更是思维方式的转变，在实施数字驱动乡风文明建设的路径上，应坚持创新驱动，积极探索符合乡村实际、贴近农民需求的数字化应用模式。

1. 加快补齐乡村德治建设信息短板

精准把脉乡村现状，核心在于强化农村基层党组织的引领作用，构建"党委领导、组织协调、部门联动"的工作格局，以党建为引领，驱动乡村德治信息化进程，精准施策于乡风文明建设。运用数字技术和工具，深入剖析乡村居民的精神需求图谱，评估其幸福感指数，明确乡村德治中的短板与症结所在，进而清晰界定乡风文明建设的攻坚方向、挑战焦点及实践中的误区。

基于详尽的数据分析，应智慧地借鉴先进地区的成功经验，量身定制符合各乡村独特情况的乡风文明建设策略与措施。鼓励各地区勇于创新，探索符合自身发展的新模式，确保政策举措不仅高屋建瓴，更需脚踏实地，细致入微地落地实施。

例如，要积极响应乡村治理现代化的时代要求，构建乡村文化数据服务平台，利用大数据技术深度剖析平台数据，洞悉用户偏好变迁，灵活调整文化资源的供给内容与形式，丰富数字文化服务的多样性与个性化。同时，融合前沿技术，创新服务模式，从多维度提升用户体验，让乡村居民在享受文化盛宴的同时，感受到科技的温暖与便利。

此外，应积极对标先进典型，寻找自身差距，汲取成功案例中的宝贵经验，推动乡村德治建设不断攀登新高峰。当前，全国各地已涌现出众多利用"智媒+"模式赋能乡村德治的生动实践。有的通过信息技术激活乡村文化资源，建立全面详实的数据库与资源平台；有的则利用现代网络媒体强化正面宣传，弘扬乡村传统文化、道德伦理及社会主义核心价值观，厚植乡村居民的道德根基；还有的构建智慧监管平台，实施网络道德管理，增强村民的道德自觉与责任感，并运用技术手段净化网络环境，有效阻截不良信息的侵入。

2.完善乡村德治建设基础设施硬件

加强乡村数字基础设施建设，对于充分挖掘、开发和利用农村丰富的传统文化资源，有效推动乡村文化振兴具有不可估量的价值。完善数字基础设施建设可以有效推进乡村文化振兴，并提供稳定的互联网接入方式，从而提高乡村信息化水平。

为解决乡村数字基础设施建设不足的问题，需将乡村数字文化服务建设深度融入乡村振兴战略，与5G通信、光纤宽带、广播电视等现代化公共服务网络建设紧密对接，致力于提升网络覆盖率，特别是要确保偏远地区也能享受到稳定、高质量的互联网接入服务。这要求政府和社会各界加大资金投入和技术支持，以硬件设施升级为核心，逐步消除乡村地区的"接入鸿沟"[①]，让信息时代的红利惠及每一位村民。

在推进过程中，应秉持科学规划、统筹建设的原则，避免重复投资与资源浪费。通过技术创新与突破，解决关键领域的"卡脖子"问题，促进基础设施的共建共享，实现资源的最优化配置。同时，要充分考虑我国乡村在经济发展水平、教育环境、资源分布及村民文化需求等方面的多样性和差异性，因地制宜地构建多元化乡村文化信息服务平台。

具体而言，应加快数字乡村博物馆、数字图书馆、纪念馆、农家书屋及网络课堂等平台的建设步伐，这些平台不仅承载着传承乡村文化的重任，也是提升村民文化素养、丰富精神生活的重要载体。通过资源整合与服务联盟的形式，促进各类文化资源的共享与交流，形成覆盖广泛、内容丰富的乡村数字文化服务体系，为乡村德治建设提供坚实的硬件支撑和丰富的精神食粮。

---

① 秦秋霞，郭红东，曾亿武.乡村振兴中的数字赋能及实现途径［J］.江苏大学学报（社会科学版），2021，23（5）：22-33.

3.强化乡村德治信息化的要素保障

在乡村德治信息化建设的宏伟蓝图中,供给主体、数据与信息知识,以及人才队伍是三大不可或缺的核心要素。数字驱动乡风文明建设,关键在于如何有效激活这些要素,使其协同作用,共同推动乡村社会的全面发展与进步。

(1)加强信息服务供给主体建设

第一,政府应引导并鼓励乡村企业、文化组织和社会力量参与数字文化服务信息的供给,实现多元化数据来源。

第二,完善宣传和招募机制,以及激励制度,吸引更多志愿者投身乡村德治信息化建设服务。

第三,建立数字文化信息资源共享平台,加强信息资源的整合和共享,提高农民获取信息的便利性和及时性。

(2)加强专业人才队伍培养

为促进乡村振兴和乡村文化振兴,培育高素质的"三农"人才队伍至关重要。

第一,引入外部数字化专业人才。一是针对乡村振兴发展实际需求,采取灵活有效的措施引进外部数字化专业人才,注重人才结构的多元化和专业化。二是加强与高校、科研机构、企业等的合作联盟,建立人才对接平台,便于人才交流和合作,共同推动农村数字化发展。三是提供政策支持,包括薪酬待遇、职业发展机会等方面,以留住优秀人才并激发其创新力和活力。

第二,做好人才输送和对口培养。一是加强相关政府组织与高校、科研机构的协作,开展人才的输送和培养工作,培养适应乡村振兴需求的专业人才。二是设立奖学金、实习机会等制度,提供各种形式的支持和激励,吸引更多年轻人关注、投身农村事业。

第三,建立科学评价激励机制。一是建立完善的人才评价体系,包括绩效考核、晋升机制等,激发人才的工作热情和积极性。二是提供个性化发展规划和职业培训,帮助人才不断提升专业素养和发展空间。

第四,开展文化活动和专业培训。通过举办各种文化活动、学习培训班等方式积极开拓乡村德治技术人才视野,提高其综合素质和专业技能。组织外地学习考察等活动，拓宽人才视野，促进知识交流与分享，提高人才参与公共文化服务的积极性。

（3）加大网络信息资源整合力度

在当今数字化时代，信息量庞大且多元，而有效整合这些信息资源则成为提升社会发展和人民生活质量的关键。尤其在乡村振兴与文化建设中，加大网络信息资源整合力度，意味着更多元化、更高效率地提供符合农民需求的文化信息内容，以推动乡村文化振兴、促进乡村数字化发展。

第一，深入调研与需求分析。进行广泛深入的调研，了解农民群体的文化需求和喜好，掌握他们的阅读、学习和娱乐偏好。通过问卷调查、座谈会、实地走访等方式，与农民进行有效沟通，了解他们的关注点和需求，为他们量身定制文化信息服务。

第二，建立适用终端的文化资源平台。根据农村不同地区的特点，建立公共文化数字资源库和信息系统平台，以满足各类终端设备的接入需求。为基层群众提供多样化的文化资源内容，包括文字、图片、音频、视频等形式，并确保内容质量和及时更新。

第三，引导文化资源数字化互联互通。通过引导企业、社会组织、科研机构等主体参与，促进农村文化资源的数字化采集、整合和开放共享。建立合作机制，推动城乡文化资源之间的数字化互联互通，创造更广阔的文化交流平台。

第四，提升智能终端的信息共享能力。加强乡村智能设备的建设和普及，提高计算机、手机、数字卫星机等智能移动设备终端的信息共享能力。开展培训和推广活动，帮助农民熟练使用智能终端获取数字文化信息资源，提高信息获取效率和便捷性。

第五，制作喜闻乐见、通俗易懂的文化内容。选择内容主题贴近农民生活、易于理解和接受，符合他们的审美和文化需求。制作有趣、实用的文化形式，如乡土文学、传统手工艺制作视频、农业科普知识等，增加农民对文化资源的认同感和参与度。

（4）提升农民信息素养与文化素养

乡村德治建设的主体是农民，为了更好地适应数字化时代的发展要求，推动乡村德治建设和数字乡村发展、实现农村全面振兴、增强农民自身文化

第七章　乡村振兴背景下"智治"赋能"三治结合"乡村治理体系

底蕴和科学素养至关重要。

第一，开展科学文化教育。开展针对农民的科学文化教育活动，包括举办主题讲座、文化课堂等，提高农民的科学文化素质。弘扬勤劳节俭、孝老爱亲等中华传统美德，加强中华传统文化的传承，树立正确的价值观念。

第二，推广数字技能培训。通过举办培训班、技能竞赛等方式，提升农民的数字技能水平，让他们熟练掌握手机应用、网上办事、电商物流等知识和技能。将数字服务和培训向农村地区延伸，让更多农民受益于数字化"新农具"，从而提高生产效率和融入数字社会的能力。

第三，利用"土专家"资源。挖掘和重用身上有本事、手中有绝活儿的"土专家""田秀才"，让其成为乡村数字化发展的带头人和示范者，引领其他农民群众积极参与数字化进程。建立"师徒传承"机制，让"土专家"分享经验、技能和知识，培养更多新型农民，推动乡村文化素质的整体提升。

第四，倡导多种途径培训。倡导多种途径的培训方式，如线上课程、线下讲座、实践操作等，满足不同农民的学习需求和特点。加大宣传力度，普及数字化知识和技能，搭建数字素养提升平台，让更多农民了解和掌握相关信息。

4.健全完善乡村网络文化建设机制

第一，建立严谨有效的舆论监督机制。加强网络监管，整治农村互联网非法活动，清理网络空间违法和不良信息，规范网络舆论传播秩序。同时，科学运用智媒传播技术手段，让"正能量"主导舆论，提升乡村社会主流价值观的传播效力。[1]

第二，促进乡村网络诚信文化建设。通过多种手段培植乡村网络诚信文化，广泛搭建公共信用信息服务平台，推动乡村善治秩序的建设，重塑乡村道德体系，构建乡村社会文化信任基础。

第三，对数字技术应用进行有效引导和约束。充分认识到数字技术的优势和局限性，避免盲目追求"数字化仪式"，建立适配的制度框架对数字技

---

[1] 徐敏，曹然.推进乡村文化建设智媒化［N］.中国社会科学报，2021-11-12.

术应用进行规范和约束，确保其朝着正确方向发展，发挥技术赋能的作用，同时避免对乡村文化产生负面影响。

第四，加强县级融媒体资源和乡村基层文化服务机构的信息化建设，形成积极健康、昂扬向上的主流舆论，宣传乡村振兴实践中的先进事迹和先进典型，为乡村文化振兴提供有力支持。

第三节 "智治"赋能"三治结合"的乡村治理新体系的实现路径

在科技日新月异的时代背景下，智治作为乡村治理新体系的技术引擎，正逐步成为推动乡村治理现代化的关键力量。它不仅代表了治理手段的创新，更是对传统"三治结合"治理体系的深化与拓展。面对"三治结合"中如何有效整合各治理方式的挑战，智治技术赋能提供了全新的解决思路和实现路径。

一、强化"智治"效能，助力"三治结合"

"智治"作为现代科技与传统治理理念的深度融合，正以前所未有的力量推动着"三治结合"乡村治理体系的升级与转型。随着互联网、人工智能、大数据、云计算等新一代信息技术的飞速发展，"智治"已成为推动乡村治理现代化的重要驱动力。

数字乡村作为乡村振兴战略的关键一环，正通过云计算、大数据、人工智能等技术的广泛应用，加速乡村发展与治理的数字化转型。在这一进程

第七章　乡村振兴背景下"智治"赋能"三治结合"乡村治理体系

中,农村网络基础设施的持续优化、信息技术的深度渗透以及资源的高效共享,为"智治"赋能"三治结合"奠定了坚实基础。

"智治"的核心在于通过数字化、信息化手段实现治理的精准化、高效化。为有效解决基层治理中的痛点与难点,需积极运用现代信息技术,推进乡村治理的数字化转型。具体而言,可构建基层社会治理智能平台,集自治、法治、德治功能于一体,实现治理方式的深度融合与协同创新。

在实践中,移动云平台等先进技术展现出巨大潜力。通过部署云喇叭等智能设备,可以迅速将政策信息、防疫知识、农业生产指导等内容传达至乡村每个角落,有效提升治理效能与村民生活质量。同时,微信公众号等新媒体平台成为民意上传的新渠道,不仅增强了村民的参与感与获得感,也促使镇村干部更加及时地响应群众诉求,提升治理满意度。

此外,深化网格化管理,构建"党支部+网格党小组+网格员"的治理格局,是实现精准治理的重要举措。通过"慧眼工程"等智能监控系统,我们能够实现预警信息的即时传递与联防联控的紧密协作,进一步织密乡村治理的安全网。

为激发村民自治活力,推行村民积分制管理同样值得推广。通过制定科学合理的积分规则,引导党员群众积极参与环境治理、志愿服务等公益活动,不仅能够营造积极向上的乡村氛围,还能形成党员带头、群众响应的共建共治共享良好局面。

二、构建智慧治理体制,实现高效简约

(一)有机结合,统筹兼顾

首先,要明确自治、法治、德治三者之间并非孤立存在,而是相互依赖、相互促进的。仅仅依靠这三种治理方式中的某一种,都无法形成合力,达到理想的治理效果。因此,必须运用系统思维对自治、法治、德治进行统筹兼顾,形成优势互补的治理格局。

在实际操作中，要根据不同地区的具体情况，因地制宜地推进乡村治理体系建设。在注重发挥自治、法治、德治各自优势的同时，还要加强顶层设计，确保三者相互衔接、相互支持。例如，在制定相关政策时，要充分考虑乡村社会的特点，尊重农民的意愿，让政策更加贴近实际，更好地服务于乡村治理。

此外，还应该充分利用现代科技手段，特别是信息化技术，提升乡村治理能力。构建简约高效的智慧基层治理体制，有助于提高治理效率，降低治理成本，使乡村治理更加精准、更加精细化。通过大数据、云计算等技术手段，可以实时掌握乡村社会动态，快速响应农民需求，为乡村治理提供有力支持。

（二）建立智治中心，优化乡村资源配置

建立智慧治理中心来优化乡村资源配置，不仅有利于提升治理效率和水平，还有助于强化基层治理能力和社会服务能力，推动乡村治理走向数字化、智能化，从而实现更加精细化、高效化的社会治理。

第一，要建立智治中心，作为乡镇基层社会治理的核心枢纽。该中心应优化机构编制资源配置，整合法律服务、平安建设、应急管理、人民调解、民政服务等多元职能，确保专人专岗，负责日常运维与信息处置，强化治理平台的综合效能。

第二，构建智慧网络平台，整合网格化管理、矛盾纠纷多元化解等系统资源，设计涵盖党的建设、人口管理、项目管理、社会治安防控、特殊人群服务管理等在内的全方位治理模块。通过全覆盖的信息采集、动态更新与管理，以及微信等便捷渠道的接入，鼓励群众广泛参与，为智治奠定坚实基础。

第三，在运行机制上，实行分类授权、分级管理制度，明确镇村两级治理责任清单，赋予相应管理权限，确保治理任务精准落地。建立健全培训、考核等配套制度，加强平台运行的日常监测与调度，利用视频会议等现代通信手段，提升工作协同效率，压实智治责任。

第四，基层政府应准确定位自身角色，作为乡村治理的统筹者、指挥者与监管者，既要发挥主导作用，又要尊重村民自治的主体地位。依据《村民委员会组织法》，明确基层政府与村民委员会之间的指导关系，保障村民在

民主选举、民主决策、民主管理、民主监督等方面的合法权益,促进乡村自治的真实有效运行。

三、健全激励机制,激发群众参与热情

群众参与是"三治结合"乡村治理的重要推动力量,而激励群众参与则可以进一步激发社会活力和创造力。建立健全的激励机制能够有效引导群众积极参与各种社会事务,并持续推动社会发展。

(一)树立乡村治理与乡村发展相互促进的理念

乡村层面"治理与发展互促"的理念是我国乡村振兴战略的重要组成部分。这一理念强调在乡村发展过程中,治理和发展的关系是相互促进、相辅相成的。通过有效的治理,可以创造一个良好的发展环境,进而推动乡村经济的可持续发展。反之,乡村经济的发展也能为治理提供更多的资源和条件,使治理更加有效。这种理念有助于实现乡村的可持续发展,提高村民的生活质量。

以红色资源为例,通过开发红色革命教育基地,如革命烈士纪念馆、红色文化长廊等,不仅丰富了德治教育的内容与形式,还带动了红色旅游和乡村文化体验活动的发展。[1]这不仅能增强村集体的经济实力,还能为周边村民提供创业就业机会,促进乡村经济的多元化发展。

在乡村振兴背景下,乡村治理与乡村发展的良性互动关系,是我国乡村发展的重要路径。这种互动关系体现在三个方面:一是环境治理和生态保护为绿色发展提供了基础和保障。通过环境治理和生态保护,可以改善乡村生

---

[1] 唐皇凤,汪燕. 新时代自治、法治、德治相结合的乡村治理模式:生成逻辑与优化路径[J]. 河南社会科学,2020,28(6):63-71.

态环境，为绿色发展创造条件。二是绿色发展反过来又能促进环境治理和生态保护。乡村经济的发展可以为环境治理和生态保护提供更多的资金和技术支持，使治理更加有效。三是环境治理、生态保护和绿色发展相互促进，形成一个良性的循环。

通过这种方式，可以为村民打造宜居环境和创收渠道，增进他们的幸福感和满足感。这不仅有利于村民的生活，也能够激发他们参与乡村治理的积极性。因此，实现乡村治理与乡村发展的相互促进，是激励村民参与乡村治理的长效之策。

（二）利用精神激励触发物质激励

在当今社会，道德和精神力量对于一个国家和民族的繁荣与发展具有重要意义。在这个背景下，我国某县推出了一项颇具创新意义的举措——"道德信贷工程"。该工程将精神激励与物质激励相结合，旨在推动文明家庭的建设，提升社会道德水平，同时为金融信贷营造良好的诚信环境。这一做法不仅延长了评选先进的活动链条，还实现了社会效益与经济效益的双赢。

某县实施的"道德信贷工程"巧妙地将"文明家庭"和"道德信贷"相结合。对于荣获"文明家庭"称号的村民，在贷款利率、额度和流程等方面享受政策优惠。[1]这一政策设计旨在激励更多家庭积极参与文明创建活动，提升整个社会的道德水平。

首先，这一做法有助于增强"文明家庭"的"隐性"社会资本。在浙江省德清县，"文明家庭"的评选不仅是一项荣誉，更是一种社会责任。获得称号的家庭在社会地位上得到了肯定，从而提高了他们的人际关系和社交网络，形成了良好的社会氛围。这种"隐性"的社会资本对于家庭和社会的和谐稳定具有重要意义。

其次，"道德信贷工程"为"文明家庭"带来了"显性"的物质实惠。

---

[1] 曹健华，吴厚庆，胡新良，高辉. 农业大省的乡村振兴之路研究［M］. 北京：人民出版社，2021.

在贷款利率、额度和流程等方面的政策倾斜，使"文明家庭"在经济发展中享受到实实在在的好处。这不仅激发了家庭参与文明创建活动的积极性，还推动了经济社会的可持续发展。

最后，浙江省德清县的"道德信贷工程"为金融信贷营造了良好的诚信环境。在政策激励下，"文明家庭"在贷款过程中更加注重诚信，这有利于金融机构降低信贷风险，提高信贷效率。同时，这种诚信环境也在潜移默化中提升了整个社会的信用体系，为经济发展提供了有力支撑。

（三）建立"参与积分"激励机制

在消费市场上，商家通过积分兑换商品的方式回馈顾客，这一策略已经成为商家吸引和留住客户的一种惯常做法。然而，这种策略同样可以创新性地应用于乡村治理领域，以调动村民积极参与乡村治理的积极性。随着我国农村改革的深入，乡村治理面临着越来越多的挑战。如何调动村民参与乡村治理的积极性，提高村民自治水平，成为当务之急。引入参与积分机制，有助于激发村民的参与热情，促进乡村治理体系和治理能力现代化。

在乡村治理中，相关部门可以设立积分项目，让村民参与乡村治理活动时，均可获得相应积分。这些积分可以按照一定权重计算，以体现不同活动的优先级，并且设定积分兑换规则，在村民累积一定数量的积分后，可以兑换相应的物质奖品。奖品可以是生活用品、文化娱乐产品等，以满足村民的多元化需求。另外，可以建立积分管理平台，通过信息化的手段，对村民的积分进行统一管理。积分管理平台可以实时更新村民的积分情况，方便村民查询和兑换奖品。

当然，实施这一激励机制需要政府、慈善组织和个人共同努力，创造有利于村民参与的条件。通过创新性的激励措施，我国乡村治理将焕发出新的活力，为乡村振兴提供有力支持。

四、创新网络文化宣传，巩固思想文化阵地

在当下信息时代，乡村网络文化的传播和宣传具有重要意义。随着数字化技术的不断发展和普及，乡村社区也应该积极探索创新的网络文化宣传路径，以适应社会发展的需求。

（一）通过网络传播社会主流思想

在乡村治理中通过网络传播社会主流思想，可以有效提高基层群众的思想觉悟，增强社会主义核心价值观的影响力，促进乡村社会的和谐稳定。具体措施如下：

第一，政府和相关部门可以建立乡村网络宣传平台，如官方网站、微信公众号、微博等，及时发布国家政策、法律法规、社会主义核心价值观等内容，实施常态化宣传，引导基层群众树立正确的价值观和世界观。

第二，通过网络对基层群众开展培训，教授他们网络知识和技能，帮助他们更好地利用网络获取信息、学习知识，提高自身素质。

第三，制作一些贴近基层群众生活的网络宣传资料，如微电影、动画、漫画等，以形象生动的方式传播社会主流思想，吸引农民关注和参与。

第四，通过网络组织开展一些线上线下结合的互动活动，如线上知识竞赛、线下实践活动等，让基层群众在参与过程中接受社会主流思想的熏陶。

第五，加强对乡村网络舆论的引导，及时发现和处理网络上的错误思想和言论，营造良好的网络舆论环境。

第六，建立投稿征集平台，面向社会征集优秀乡村振兴题材稿件，鼓励乡村群众积极参与文化创作。鼓励乡村群众创作一些富有乡土特色的网络文化作品，弘扬优秀传统文化，推动乡村文化的繁荣发展。

第七，加大投入，完善乡村网络基础设施，提高农村网络覆盖率和速度，为农民提供便捷的网络服务。

第八，组织一些热心公益的人士，通过网络志愿者队伍，开展网络宣传、教育和服务工作，帮助农民解决网络使用中遇到的问题。

（二）进行乡村特色文化宣传

我国政府高度重视地方特色文化的保护和传承，致力于推动乡村文化的发展。在此背景下，各级政府、公共文化资源服务平台和新媒体等应纷纷行动起来，共同打造一系列以地方特色文化为主题的宣传活动。

首先，政府可以依托地方特色文化专题资源库，策划并组织各类乡村文化主题活动。这些活动涵盖移风易俗、优秀农耕文化、重要农业文化遗产等多个方面，旨在传承和弘扬地方特色文化。通过新媒体等平台的宣传，让更多的人了解和参与到这些活动中来，共同感受乡村文化的魅力。

其次，政府可以以传统节日、重大活动等为契机，策划和组织各类乡村文化活动来丰富当地村民的业余生活，提升乡村文化的内涵。同时，通过新媒体平台，这些活动的传播渠道得到了拓宽，影响力也得到了进一步提升。

在这个过程中，各级政府应充分发挥公共服务职能，为乡村文化活动提供有力保障。例如，政府会统筹各类公共文化资源，为乡村文化活动提供资金、场地等支持。此外，政府还会鼓励和引导社会各界参与乡村文化的保护和传承工作，共同为乡村文化发展贡献力量。通过各级政府的共同努力，我国乡村文化活动能够得以蓬勃发展，地方特色文化得以传承和弘扬。

参考文献

[1]盛明科，蔡振华. 智治：构建数字乡村治理新体系[M]. 湘潭：湘潭大学出版社，2022.

[2]中国农网. 我们的美丽家园：中国乡村振兴故事·治理有效篇[M]. 合肥：黄山书社，2022.

[3]田毅鹏. 基层技术治理的结构与行动：以衢州智治经验为中心[M]. 北京：中国社会科学出版社，2022.

[4]王华斌. 乡村治理实务及案例分析[M]. 合肥：安徽科学技术出版社，2022.

[5]李锦顺，张旭红. 乡村治理体系的健全与发展[M]. 北京：华龄出版社，2022.

[6]钟海. 三治融合基层社会治理创新研究[M]. 北京：中国社会科学出版社，2021.

[7]章浩，李国梁，刘莹. 新时期乡村治理的路径研究[M]. 北京：北京首都经济贸易大学出版社，2021.

[8]郝兴娥. 乡村振兴战略引领下的乡村治理之路[M]. 北京：九州出版社，2021.

[9]霍军亮. 农村基层党组织引领乡村振兴的理论与实践[M]. 武汉：武汉大学出版社，2021.

[10]王滢涛. 中国特色乡村治理体系现代化研究[M]. 上海：上海社会科学

参考文献

院出版社，2021.

[11]冉勇.基于乡村振兴战略背景下的乡村治理研究[M].长春：吉林人民出版社，2021.

[12]许维勤.乡村治理与乡村振兴[M].厦门：鹭江出版社，2020.

[13]易梦秋."三治合一"乡村治理体系的形成逻辑、内在机理和推进路径[J].农村经济与科技，2023，34（13）：168-170.

[14]耿华蔚.乡村振兴背景下基层数字治理研究[J].智慧农业导刊，2023，3（18）：94-97.

[15]刘金海，谈晓花.从"双轨"到"三治"：中国乡村治理的现代之变[J].党政研究，2023（3）：102-110+128.

[16]范建红，吴文菲，叶诗彤.新乡贤参与乡村治理模式研究——基于广州市Z区25个村落的调研分析[C]//中国城市规划学会.人民城市，规划赋能——2022中国城市规划年会论文集（16乡村规划）.[出版者不详]，2023：9.

[17]祁红亭.新乡贤参与乡村治理的内在逻辑、现实挑战与推进策略[J].职业技术，2023，22（12）：103-108.

[18]杨晔."枫桥经验"与传统基层治理的经验和转化[C]//上海市法学会.《上海法学研究》集刊2023年第4卷——枫桥经验与基层治理现代化文集.[出版者不详]，2023：12.

[19]孔令泉，苏以云."三治融合"的"桐乡经验"[N].民主与法制时报，2023-09-12（001）.

[20]宋子月.贵阳贵安：数字赋能乡村"智治"[N].贵阳日报，2023-05-16（001）.

[21]邓念国.数字化重塑乡村治理：理论逻辑与实践路径——以枫桥镇社会治理中心为例[J].秘书，2023（3）：20-30.

[22]黄博.数字赋能乡村"智治"[J].群众，2023（6）：18-19.

[23]周梦冉.数字经济赋能乡村智治转型的体系构建与建设路径[J].农业经济，2023（5）：50-52.

[24]刘昊东，程爱.新时代推进乡村智治：重要性、现实困境及可行途径[J].智慧农业导刊，2023，3（7）：47-51+56.

[25]邵梦洁.乡村振兴背景下乡村治理智能化路径探究[J].西部学刊，

2023（24）：34-37.

[26]杨建武.乡村治理智能化赋能共同富裕：内在耦合、现实梗阻与实现路径[J].西南民族大学学报（人文社会科学版），2023，44（6）：187-194.

[27]余钊飞，林昕洁.乡村治理的"枫桥经验"数字化重塑模式研究[J].浙江工业大学学报（社会科学版），2022，21（1）：1-9.

[28]李尧磊，李春成.实现乡村有效治理的复合机制——以浙江桐乡"三治融合"治理实践为研究对象[J].农村经济，2022（10）：56-63.

[29]韩洁，王俏."三治"结合筑基乡村振兴研讨综述[J].农业农村部管理干部学院学报，2022，13（3）：48-53.

[30]姚媛.三治融合"桐乡经验"的启示与理论创新——基于乡村治理的视角[J].领导科学论坛，2019（9）：20-23.

[31]黄君录，何云庵.新时代乡村治理体系建构的逻辑、模式与路径——基于自治、法治、德治相结合的视角[J].江海学刊，2019（4）：226-232.

[32]公丕祥.新中国70年进程中的乡村治理与自治[J].社会科学战线，2019（5）：10-23.

[33]韩芳.以"三治结合"为视角重构乡村共同体[J].农业农村部管理干部学院学报，2019（2）：55-59.

[34]于颖.乡村治理模式的变迁及发展趋势——基于国家与社会关系的理论思考[J].现代商贸工业，2019，40（27）：148-149.

[35]高强.乡村善治的基本特征、实现路径与政策支撑[J].环境保护，2019，47（2）：19-22.

[36]杨帆.新时代健全"四治"推进乡村全面振兴[J].智库时代，2018（33）：290-291.

[37]王率滨.全面乡村振兴背景下乡村治理现代化研究[D].北京：华北电力大学（北京），2023.

[38]刘心蕊.新时代乡村治理体系现代化研究[D].长春：吉林大学，2023.

[39]王政.新时代乡村治理现代化研究[D].牡丹江：牡丹江师范学院，2023.

[40]锁兴润.乡村振兴背景下新乡贤参与乡村治理研究[D].贵阳：贵州民

族大学，2023.

[41]于淼. 新时代乡村治理体系研究[D]. 哈尔滨：黑龙江省社会科学院，2023.

[42]马铭聪. 岸堤镇"三治融合"乡村治理体系建设问题研究[D]. 济南：中共山东省委党校，2023.

[43]李明. 新时代"三治结合"乡村治理体系研究[D]. 长春：吉林大学，2023.

[44]于邦鑫. 自治、法治、德治相结合的乡村治理体系研究[D]. 济南：济南大学，2022.

[45]王硕. 新时代"枫桥经验"在乡村综合治理中的应用[D]. 长春：吉林大学，2022.

[46]王涛. 乡村振兴战略背景下"三治融合"路径研究[D]. 芜湖：安徽工程大学，2022.

[47]杨洋. "三治融合"视角下伊川县姬磨村推进乡村振兴研究[D]. 昆明：云南财经大学，2022.

[48]王岩. 新时代浙江乡村治理的"四治融合"模式研究[D]. 杭州：浙江财经大学，2022.

[49]王猛. 新时代"枫桥经验"的实施逻辑及其对基层治理现代化的启示[D]. 沈阳：辽宁师范大学，2022.

[50]钱彤彤. 乡村智能化治理路径研究[D]. 南昌：江西师范大学，2022.

[51]王微. 新时代乡村治理体系构建研究[D]. 长春：东北师范大学，2021.

[52]郭伟明. 乡村振兴背景下"三治合一"乡村治理体系优化研究[D]. 广州：广州大学，2021.

[53]薛奥. 国家治理现代化视域下"三治结合"乡村治理体系研究[D]. 郑州：河南大学，2021.

[54]高枫. 乡村振兴背景下三治融合的乡村治理体系研究[D]. 郑州：郑州大学，2019.

后 记

随着本研究的深入,我们对中国乡村振兴背景下"三治结合"乡村治理体系有了更为全面和系统的认识。通过历史和现实的考察,我们发现"三治结合"不仅是对中国传统治理经验的传承和创新,也是对现代社会治理需求的积极回应。在推进乡村振兴战略的过程中,"三治结合"展现出其独特的价值和意义。

通过对自治、法治、德治三者关系的系统分析,我们不仅梳理了"三治结合"乡村治理体系的历史演进、思想来源和理论基础,还结合多种实践路径,展示了其在现实中的应用。具体得出以下结论:

第一,"三治结合"乡村治理体系是对中国传统乡村治理智慧与现代治理理念的有机结合,既体现了马克思主义社会治理理论的精髓,又融合了中国共产党基层治理的实践经验。这一体系通过自治激发村民参与热情、法治保障治理规范、德治引领乡风文明,有效提升了乡村治理效能。

第二,党建引领是"三治结合"体系的核心。在"三治结合"乡村治理体系中,党建引领是不可或缺的一环。基层党组织通过强化领导作用,确保乡村治理的方向正确,为乡村发展提供坚强的政治和组织保障。

第三,多元主体参与是实现善治的关键。本书强调,乡村治理需要政府、村民、社会组织等多方主体的共同参与。通过激发各主体的积极性和创造力,形成共建共治共享的良好局面,有助于提升乡村治理的效能和水平。

第四,"三治结合"在实践中取得了显著成效,但仍然存在一些问题和挑战，如治理资源的整合不足、治理主体的参与度不高、法治和德治对自治的支撑不够等。

第五，通过对美国等发达国家乡村治理模式的分析，我们发现其城乡一体化的发展模式、基层政府的独立性和自主性以及完善的公共服务体系等，对我国乡村治理具有重要的借鉴意义。这些经验为我国乡村振兴提供了有益的参考。

第六，在数字化时代，智能技术为乡村治理提供了新的机遇。通过构建乡村治理信息共享平台、引入智能监控设备和移动应用等，可以大幅提升乡村治理的效率和精准度。同时，数字技术的运用也为"三治结合"乡村治理体系注入了新的活力。

尽管本书对"三治结合"乡村治理体系进行了较为全面的研究，但仍有许多值得深入探讨的领域。未来的研究可以从以下几个方面展开：

第一，区域差异与治理模式适应性研究。不同地区的乡村在经济、文化、社会等方面存在显著差异，这些差异如何影响"三治结合"乡村治理体系的实施效果？未来的研究可以关注区域差异对治理模式适应性的影响，探索更具针对性的治理策略。

第二，数字化与智能化在乡村治理中的应用。随着信息技术的飞速发展，数字化和智能化在乡村治理中的应用前景广阔。未来的研究可以探讨如何利用数字技术提升乡村治理的效能和水平，推动"智治"与"三治结合"的深度融合。

第三，乡村治理绩效评估体系构建。如何科学评估"三治结合"乡村治理体系的实施效果？未来的研究可以构建一套全面、客观、可操作的绩效评估体系，为乡村治理的持续优化提供科学依据。

第四，乡村治理人才队伍建设。乡村治理人才是实施"三治结合"体系的关键因素。未来的研究可以关注乡村治理人才的培养、引进和激励机制，探索如何打造一支高素质、专业化的乡村治理人才队伍。

第五，国际经验借鉴与本土化创新：在全球化背景下，借鉴国际先进经验对于提升我国乡村治理水平具有重要意义。未来的研究可以关注国际乡村治理的成功案例和经验教训，探讨如何将其本土化应用于我国乡村治理实践中。

总之，本书虽然对"三治结合"乡村治理体系进行了较为全面的研究，但仍有许多领域值得进一步探索。我们期待未来能有更多学者投身于此领域的研究，共同推动乡村治理体系和治理能力的现代化，为实现乡村振兴贡献智慧和力量。